KB190855

박영준 목사 자전적 에세이

“나는 네가 그렇게 될 줄 알았다”

차례

3. 모든 것이 합력하여 선을 이루다 (결혼)

4. 평화의 하나님께서 동행하셨다

5. 날마다 나의 십자가에 못을 박으며 (김포중앙교회 사역)

6. 사랑의 손길에 감사

7. 의의 면류관을 사모하며

서문

오직 주님 손만 잡고 걸었더니

교회가 한창 성장할 즈음에 후배 목사님들로부터 회고록으로 남겨서 후배들이 목회하는데 참고할 수 있게 해 주었으면 좋겠다는 요청을 받고, '흉내 내며 한 일들을...!' 하면서 망설이다가 긍정적으로 생각하고 '은퇴를 하면서 펴 내 볼까?' 하는 생각으로 조용히 준비를 했다. 그런데 기록하면서 생각해 보니 지난날 '김포중앙교회 111년사'를 편찬하면서, 글을 쓴 이는 권평 박사였으나 발행인은 당회장인 내 이름으로 되었는데 그 내용을 보면 내가 부임하기 이전의 100년 가까운 역사의 기록은 자료가 부족하여 분량이 얼마 되지 않는데 반하여 15년밖에 되지 않는 짧은 기간 동안의 교회 성장에 관한 내용을 싣다 보니 나의 업적을 자랑하는 내용들만 실린 것 같은 느낌이 들었다. 그러니 회고록도 그렇게 되지 않을까 하는 생각으로 망설이다가 집필을 중단하고 말았다.

그런데 은퇴한 후 고향 마을에 들어가 살고 있는 나에게 김포시의 대표 주간지인 김포신문 박태운 사장께서 내게 '보람 있게 목회를 마쳤으니 그 기록을 신문에 연재하면 어떻겠느냐'는 의견을 듣고 망설이다가 그것도 고향에 사는 내 생애의 보람이 되겠다 싶어 '박영준 목사의 자전적 에세이' 라는 주제로 2021년도 한 해 동안 연재해 실었었다.

그 후 나이가 들면서 우리 가정의 믿음의 뿌리를 글로 남겨둘 필요가 있겠다 싶어 시작한 것이 오늘의 회고록을 기록하게 된 것이다.

내가 쓴 글은 어떤 위인들 이야기나 유명인들의 회고록과 다를 수밖에 없으니, 나는 유명 인사도 아니요 드러내 놓을 만한 업적이 있는 사람도 아니기 때문이다. 다만 나의 살아온 지난 이야기들을 가감 없이 기록해서 어려운 환경 속에서 성장했거나 지금 열악한 환경 중에서도 열심히 목회하는 후배들에게 조금이나마 희망과 용기를 줄 수 있고 목회에 조금이라도 도움이 될 수 있다면... 하는 작은 바람을 가지고 기록해 보았다.

나는 그동안 설교를 하던 중에 가끔 지난날의 일들을 더듬으면서 이야기했었기 때문에 그 옛날 사건들을 많이 기억해 낼 수 있었고 한결같이 기록한 일기장이 많은 도움이 되었다. 무엇보다도 나의 삶의 진실을 그대로 이야기하려고 노력했다. 그래서 지난날 가난했던 시절의 이야기도 가감 없이 기록하면서 이 사실들을 내 아들과 딸, 며느리, 사위, 손녀들에게도 들려주고 싶은 마음이었으며 그 솔직함이 독자들의 마음도 열게 되리라 믿는다.

돌아보면 보잘것없는 사람, 고향에서 묻혀 살고 말았어야 했던 사람을 전능하신 그분께서 복막염으로 눕게 하셨고 귀인을 통해서 나를 세워 주시고 하나님의 일을 하게 하신 그분. 돌아보니 모든 것이 합력하여 선을 이루시는 그 역사를 체험하면서 감사하는 마음으로 맡겨주신 삶을 최선을 다해 살게 하신 그분께서 오늘의 나를 만드셨으니 감사할 뿐이다.

목회 초기에 어느 날 우연히 길을 지나다가 초등학교 5학년 때 담임이셨던 선생님을 만났는데 "자네는 지금 어떻게 지내나?"라고 물으시기에 "신학을 하고 장로교 목사로 일하고 있습니다."라고 했더니 "그래? 나는 네가 그렇게 될 줄 알았다"라고 하셨다. 물론 청소년 시기에 한두 번 만나 뵈었던 일은 있었지만 기독교인도 아니신 그 선생님께서 어떻게 나를 그렇게 보셨는지 궁금하다. 그 일이 있은 후, 중학교 1학년 때 부흥사 목사님께서 하신 말씀도 생각하면서 하나님의 인도하심은 놀랍고 신비하다는 생각을 했다.

앞으로 내게 주어진 삶이 얼마나 될지 모르지만 남은 생애도 오직 신실하신 주님 손만 잡고 성실하게 살 것을 다짐한다.

이 책이 나오기까지 수고해 주신 다바르 출판사 임경묵 목사님에게 감사드린다. 보잘것없는 나의 지난 삶의 이야기를 소중하게 여기며 다듬어 주지 않았다면 이렇게 옥석과 같은 글이 나올 수 없었을 것이다. 무엇보다도 나의 마지막 목회 여정을 은혜롭게 마무리를 잘할 수 있도록 협력해 주신 김포중앙교회 당회와 성도들에게도 진심으로 감사드린다.

그리고 부정적인 면이 많은 나에게 긍정의 힘으로 용기를 주고 힘이 되어 주었으며 목회 선상에 짐이 될까 염려하여 집안 대소사 일을 도맡아 하면서 어머니를 섬기며 동행해 준 아내에게 이 책을 바친다.

여기까지 도우신 에벤에셀의 하나님께서 앞으로 남은 세월도 이끌어 주실 줄 믿으며 감사를 드린다.

“이 일이 있은 후에 사무엘은 돌을 하나 가져다가 미스바와 센 사이에 세우고, 그 돌을 에벤에셀이라고 불렀습니다. 사무엘은 ‘여호와께서 우리를 이곳까지 도와주셨다’ 하고 말했습니다.”(삼상 7:12)

프롤로그

무조건적인 부르심에 순종하여

1968년 5월, 군에서 제대하고 돌아오니 김신조의 출현(1968년 1월 21일) 이후 예비군이 창설되어 나는 갓 제대한 예비군이라고 중대 서기병이 되어 군대 생활의 연장처럼 되었다. 그렇게 1968년 한 해는 지나가고 1969년 새해를 맞으면서 김포에 주둔하고 있는 해병대 여단의 주관으로 군관민 합동작전으로 간첩 소탕 시범훈련이 있게 되어 월곶 중대(중대장 성기범)의 각 소대에서 차출된 예비군 병력 1개 소대(소대장 조윤희)가 조직되어 고양리 염화 강변 산기슭에서 텐트를 치고 합숙 훈련을 하게 되었다. 이 훈련은 서해를 통해 침입하는 간첩을 해병대와 예비군 그리고 경찰의 합동작전으로 간첩단을 점멸시킨다는 시범작전이다. 그때 나는 시나리오 낭독자가 되어 산 위 높은 망대에서 작전 상황을 스피커를 통해 방송하는 일이었다. 그 방송에 따라 군 병력들이 작전을 벌이는 것이다. 그 시범 훈련 연습을 2월부터 시작하여 3월 중순경까지 약 40일간 했다.

아직도 강가에는 이른 봄의 찬바람이 불어오는 추운 날씨였다. 그렇게 연습을 하고 시범이 하루 앞으로 다가왔을 때 통진읍 곡물창고 마당에 천막 영화관이 들어왔다. 이제 훈련도 막바지에 이르러 내일이 시범일이니 병사들을 위로할 겸 영화 관람을 시키라는 지휘관의 지시에 따라 예비군 소대 병력이 영화 관람을 하고, 모든 병력들은 숙소로 돌아가고, 나는 성대를 보호해야 하니 따듯한 집에 가서 쉬고 오라는 지휘관의 편의를 받고 집에 돌아와 잠을 자는데 밤중쯤 되어 갑자기 배가 아파왔다. 따듯한 방바닥에 배를 깔고 누워서 참아야 했다. 응급실이 있는 병원이 없으니 밤새 참고 고생하다가 새벽녘에 일어나신 어머니께 말씀을 드렸더니 근처에 사는 아는 누님께 부탁해서 진통제 주사를 맞았는데도 가라앉지 않는다. 할머니께서는 체한 것 같다고 하시며 엿기름을 갈아 물에 타서 먹여 주시고 내 배를 싹싹 비벼주셨다. 그러나 그럴수록 배는 점점 더 아파왔다. 아침 9시경에 문을 여는 동네의원에 가려고 집을 나서는데 해병 여단장이 보낸 지프차가 와서 나를 태우고 의무대로 가는 것이다. 내 소식을 들은 해병 여단장의 지시라고 한다. 의무대에 도착하니 군의관이 어제저녁에 음식을 무엇을 먹었느냐며 몇 가지 묻더니 콩알 같은 하얀 알약 두 개를 주면서 “이거 미제 약이니 먹으면 잠시 후 가라앉을 것이다”라며 베드에 누워 있으라고 했다. 그러나 30분이 지나도 통증은 가라앉지 않고 점점 더 아파왔다. 이대로 있다가는 여기에서 죽을 것만 같았다. 집에 가겠다며 의무대를 나와 배를 움켜잡고 1km 정도 되는 논뜰 지름길을 걸어서 집에 와서는 쓰러지고 말았다. 그리고는 남자 어른들은 모두 시범훈련장에 갔기 때문에 동네 아주머니들이

미는 손수레에 실려 통진우체국 뒤에 있는 서울의원으로 갔다.

의사가 진찰해 보더니 맹장염이라고 하는 순간 "이젠 살았구나." 하는 생각이 들었다. 맹장 수술 정도야 어렵지 않은 수술이라고 생각했으니... 병원에서는 내 체질이 전신마취를 할 수 없는 체질이라며 부분 마취를 한다고 했다. 지금 생각하면 작은 의원이라 전신마취 할 시설이 없었기 때문인 것 같다. 그때가 오전 10시경 되었는데 그 후로 진통제 주사를 놨기 때문인지 통증은 없었다. 조그만 동네 의원에 의사 한 명뿐이니 통진 중고등학교 옆에 있는 의무중대 군의관을 초청하여 수술을 한다고 했다.

얼마 후 베드에 실려 수술실로 들어갔고 흰 휘장으로 내 앞을 가리고 나의 두 팔과 두 다리를 베드에 잡아매더니, 수술을 시작하는데 배를 째는 소리가 싸악~싸악~하고 들린다. 소리는 들리지만 아픈 줄은 몰랐는데 잠시 후 수술을 집도한 의사가 "크--"하면서 잠시 머뭇거렸다. 냄새가 지독하게 났다. 맹장이 만성이 되었는데 할머니께서 배를 마냥 문질러 주셨기 때문에 맹장이 터져 배설물이 배 안 전체에 퍼진 모양이었다. 먼저 터진 맹장을 찾아 절제하고, 배 안에 배설물을 닦아 내기 위해 장기를 배 밖으로 꺼내는 모양인데 배가 당겨서 참을 수 없이 아팠다. 비명을 지르며 몸을 뒤틀면서 창쪽을 바라보니 예비군 여러 명이 창밖에서 들여다보고 있는 것이 아닌가! 아마도 행사를 마치고 내가 이곳에서 수술하고 있다니까 몰려온 것 같았다. 그 광경을 보고 참으려고 이를 더 꽉 물었지만 비명을 참을 수는 없었다.

그렇게 3시간 가까이 수술을 마치고 병실에 누워있는데 날이 어두워진 밖에는 봄비가 억세게 쏟아지고 있을 때 창밖에서 의사와 어머니의 대화하는 소리가 들렸다. "오늘 수술하면서 부패한 장을 10cm 정도 절단했으니 이 청년이 전에는 무쇠 같았어도 앞으로는 힘든 일을 하지 못할 것입니다." 라고 하는 것이 아닌가! 그 말을 듣는 순간 절망감이 몰려왔다. 평생 농촌에서 살면서 농촌을 살리며 사는 것이 내 꿈인데 힘든 일을 할 수 없다면 나는 어떻게 되는 것인가? 나는 마음속으로 하나님께 항의하며 부르짖었다. "하나님, 어찌 이럴 수가 있습니까? 그러면 제 꿈은 어찌 되라는 것입니까?"

성경에 "우리는 환난을 당하더라도 즐거워합니다. 그것은 환난은 인내를 낳고, 또 인내는 연단된 인품을 낳고, 연단된 인품은 소망을 낳는 것을 알기 때문입니다."(로마서 5장 3,4절)라고 하였다.

그렇다. 이 환난이 내게 새로운 희망의 길로 인도하는 것임을 그때는 몰랐다.

01 어두움을 헤치고

1. 6.25 한국전쟁

독사에게 물려본 사람이 독사의 무서움을 알고, 추위에 떨어본 사람이 추위의 고통을 알고, 굶어본 사람만이 배고픔의 괴로움을 알게 되듯이 전쟁의 비극을 겪어본 사람만이 그 참상을 알 것이다.

1950년 6월 26일 월요일 아침, 7살짜리 초등학교 1학년 생으로 시대 상황을 모르던 때, 아침 일찍 모내기를 하러 논에 나가셨던 어른들께서 급히 들어오셨고 할머니와 어머니께서 황급하게 짐을 싸고 계셨는데, 영문을 모르던 나는 다른 날과 마찬가지로 입학할 때 할아버지께서 사 주신 책가방을 메고 집 대문을 나섰다. 학교 정문을 향해 가는데 정문에서 나오던 6학년 누나들이 두 손을 저으며 "오늘은 학교에 가지 않아도 되니 집으로 돌아가라"라고 해서 영문도 모르고 집으로 돌아와 그 길로 피난길에 나서게 되었다.

멀리서 포 소리와 총소리가 들려오지만 처음 듣는 소리였고 전쟁이 무엇인지 영문도 모르고 어른들이 가자는 대로 따라나섰던 것이다. 큰댁 식구들과 함께 짐을 마차에 싣고 남자 어른들은 지게에 짐을 잔뜩 메었고 여자 어른들은 머리에 일 수 있을 만큼의 짐을 이고 많은 사람들이 길이 메어지게 나선 것이다. 나도 책가방과 가벼운 짐을 메고 어른들의 재촉을 받으며 떠났는데 사실은 어디까지 가야 될지도 모르고 무작정 피난길을 나선 것이다.

그렇게 출발하여 처음 도착한 곳이 대곶면 송마리 산자메에 사시는 아버지 이모님 댁이었다. 그곳에서 점심을 해 먹고 있는데 포 소리가 점점 가까이서 들려오고 있는 것을 느꼈다. 그러나 나를 비롯한 우리 철없는 어린이들은 새로운 마을에서 즐겁게 놀았다. 그 동네는 특별히 감나무가 많았는데 우리는 감나무 밑에 떨어진 구슬만한 감을 양쪽 주머니에 가득 주워 넣고 마당 한쪽 나무 그늘에서 OP선을 불에 녹여 뽑은 철사 줄에 감을 꿰었는데 누가 더 많이 꿰매나 내기라도 하듯이 길게 꿰어서 목에 칭칭 감고 놀았다. 그러는 중에 어른들께서 서둘러 속히 떠나야 한다며 짐을 챙기시는 것이다. 결국 우리는 감줄을 목에 걸고 책가방을 등에 메고 다시 어른들을 따라나섰다.

그런데 감줄을 목에 걸고 바쁘게 걸을 때 감줄이 아래로 쳐지면서 발에 걸려 넘어지니까 어른들께서는 빨리 벗어버리라고 하시는데도 그걸 벗어버리지 못하고 챙기던 일은 지금 생각해도 웃음이 절로 난다. 만약 실에 꿰었더라면 발에 걸릴 때 쉽게 끊어지기라도 할 텐데 철사 줄에 꿰었으니 앞으로 넘어지기 십상이었다.

그렇게 해서 해가 저물기 전에 도착한 곳이 부평. 어떻게 아는 집이라며 그 집에 들어가 그 밤을 지나게 되었는데 나는 그곳에서 전깃불을 처음 보았으니 너무나 신기했고 황홀하기도 해서 어린애들은 천정에서 내려온 줄에 매달린 전등불을 보면서 좋아서 펄쩍펄쩍 뛰기도 했다.

그런 와중에 북쪽에서 따발총 소리와 대포 소리가 요란하게 울림을 듣고 뒷동산에 올라가 멀리 북쪽 방향을 바라보고 온 젊은 사람들은 불꽃놀이하듯이 쾅 소리가 나면서 불꽃이 피어오르는 모습에 아마도 조강거리 시내와 우리 동네가 모두 불타는 것 같다고 아우성들을 쳤다.

그 밤을 그렇게 지내고 아침이 되면서 우리는 포 소리를 들으며 다시 서둘러 출발하여 평택까지 갔는데 다리가 끊어져서 건널 수가 없었고 이미 인민군이 우리보다 앞서 갔기 때문에 더 이상 피난 가는 의미가 없다고 해서 집으로 되돌아오고 말았다.

돌아오는 길에 우리는 폭탄을 맞아 무너지고 불에 탄 집들을 바라보며 전쟁은 이렇게 무서운 것이구나 하는 생각을 했으나 우리 뒤에 돌아온 사람들은 길옆에 즐비하게 쓰러져 있는 죽은 사람들의 시체들을 보았다고 하며, 옆집 아저씨는 혼자 떨어져 지내다가 돌아오며 '혹시 내 가족의 죽은 시체는 없나'하며 작대기로 길가에 쓰러져 있는 시체를 뒤척이며 왔다고도 한다.

집에 돌아온 후 우리는 마음을 조이며 하루하루를 살아야 했다. 젊은 남자들은 모두 군에 나가든지 아니면 인민군에 잡혀 가든지 해야 했고 가끔 인민군들이 와서 돼지나 소 닭을 잡아가는 일도 있었다. 그 당시 농사도 제대로 지을 수 없었으니 양식도 없어 음식을 제대로 먹을 수도 없었다. 그러다가 9월에 유엔군의 인천상륙작전으로 서울이 탈환되면서 자유롭게 살 수 있었지만 1951년 1월 중공군이 다시 밀고 내려오면서 우리는 다시 피난길에 오르게 되었으니 그것이 바로 1.4 후퇴였다. 그 후 1953년 7월 27일 휴전협정을 맺음으로 인해서 전쟁은 일단 그쳤지만 폐허가 된 이 땅에는 피폐한 삶이 이어지게 되었다.

6.25의 비극, 1950년 6월 25일 주일 미명(未明). 소련제 탱크 3백 대를 앞세우고 동포의 가슴에 총칼을 겨누면서 이리 때처럼 밀려 내려왔는데 김포에서는 그다음 날에 피난길에 나서게 되었던 것 같다. 그 붉은 군대의 남침으로 백만 명의 사상자가 나오고, 십만여 명의 전쟁고아와 미망인이 생기고, 수천수만의 애국 인사가 납치를 당하고, 도시는 폐허가 되고, 공장은 잿더미가 되고, 조국의 강산은 피바다로 변하고, 3천만의 동포는 공포와 기아의 사선을 헤매었다.

독사에게 물려본 사람이 독사의 무서움을 알고, 추위에 떨어본 사람이 추위의 고통을 알고, 굶어본 사람만이 배고픔의 괴로움을 알게 되듯이 전쟁의 비극을 겪어본 사람만이 그 참상을 알 것이다.

2. 전쟁이 남기고 간 흔적

이 땅에 다시는 피비린내 나는 전쟁이 일어나지 않도록 하자며 꾸준히 힘을 키워 우리나라가 이만큼 성장했으니 얼마나 다행한 일인지 모르겠으나 강대국들의 틈바구니에서 헤어나기 위해 온 국민이 더욱 힘써야 되겠다.

전쟁이 우리에게 남기고 간 것은 상처와 가난뿐이었다. 한국군뿐만 아니라 유엔군도 많은 사상자를 내었고 이북의 인민군 사상자도 엄청나게 많았으니 6.25 사변은 삼천리 금수강산을 초토화시킨 재앙이었다.

뿐만이 아니라 젊은 상이용사들이 많았는데 그 상이용사들은 나라를 위해 싸우다가 입은 상처라는 명분으로 엄청난 권한 행사를 했는데 가끔 목발을 짚거나, 한쪽 팔을 잃은 상이용사가 가방을 어깨에 메고 불쑥 교실에 들어와 연필이나 노트를 팔아달라고 하면 담임 선생님은 거절을 못하시고 가정 형편이 원만한 학생들에게 강매를 하다시피 해서 팔아 주어야만 했다. 선생님들도 무척 힘들었으리라 생각된다.

초등학교 2학년, 당시 있었던 잊지 못할 일이 생각난다. 오전 수업 시간에 상이용사 아저씨가 교실에 들어와서 연필 몇 타스를 팔고 간 후 점심시간이 지나고 오후 수업 시간이 되었는데 연필 한 타스를 산 친구의 연필이 없어졌다는 것이다. 담임 선생님께서 학생들을 밖으로 나가지 못하게 하고 모든 학생들의 소지품을 샅샅이 뒤지기도 했지만 아무런 소용이 없었다. 자리에 앉은 학생들에게 눈을 감으라 하고 “가져간 사람은 속히 내 놓으라” 라고 설득하기 시작했지만 없어진 연필은 나오질 않는다. 그러더니 담임 선생님께서 나를 나오라고 하시며 교실 밖으로 데리고 나가 교실 뒤편 화단 옆 돌계단에 앉으시더니 나를 앞에 세워놓고 솥뚜껑 같은 손으로 내 뺨을 사정없이 때리신다. 8살 배기 뺨이 얼마나 강했겠나... 그때 그렇게 아프게 맞아보기는 생전 처음이었고 그 후에도 없었다. 그러더니 “빨리 바른대로 말해. 너 점심시간에 점심 먹으러 집에 갈 때 가지고 가서 두고 왔지? 빨리 가서 가져와.” 그러나 거짓말로 그렇다고 말할 순 없지 않은가! 아니라고 했지만 그래도 다시 사정없이 양쪽 뺨을 때리는 매를 맞으면서도 아니라고 부인하니 결국은 들어가라고 하신다. 얼굴이 벌겋게 퉁퉁 부었지만 울지도 않고 들어가 내 자리에 앉았다. 친구들의 눈총이 있었지만 나는 아무렇지 않게 앉아 있었다. 사실 우리 반에서 점심시간에 집으로 식사하러 가는 사람은 나만이 아니었다. 몇 사람이 있었지만 누구보다도 우리 집이 가장 가난했기 때문에 혹시나 하고 나를 의심했던 것으로 생각된다.

그 당시에도 그랬지만 지금도 결국 가난하기 때문에 사람을 죄인으로 몰고 가는 경우가 있다는 생각이 든다. 그때만 해도 나는 우리 반에서 우등

생이었고 누구에게도 착한 아이라고 인정받았는데도 담임 선생님께서는 그렇게 나를 의심했던 것이다.

그리고 그날 오후 수업이 끝나고 청소 시간에 청소하던 학생들이 교실 마루창 밑에 들어가 뒤져보았더니 거기에 연필 한 타스가 풀어져 떨어져 있었는데 교실 마룻바닥에 소나무 관솔이 빠져 생긴 구멍으로 연필을 집어넣은 것을 발견하게 되었는데 그 구멍 위 책상 자리는 우리 반에서 도벽이 있기로 소문난 학생이었다. 결국 범인을 찾게 되었고 나는 도둑의 누명을 벗게 되었다는 생각에 마음이 가벼웠다.

50여 년이 지난 후 내가 김포중앙교회에서 목회할 당시 선생님은 초등학교 교장으로 은퇴하셨는데 학교가 바로 어머니께서 사시던 집 근처에 있었기에 은퇴식장에 참석하여 축하 인사도 드렸고 그 후, 초여름에 큰 수박 한 통과 두둑한 용돈 봉투를 들고 선생님 댁을 찾아가 인사를 드렸고, 우리 김포중앙상록대학에 초청하여 학우들에게 '나의 어린 시절의 담임 선생님이시라'고 소개도 하고 간단한 강의도 하시도록 했다.

한문의 무(武)라는 글자는 뜻이 깊은데 과(戈)와 지(止)의 합자로 과는 옛날 전쟁을 할 때에 쓰던 무기 즉 창의 모양을 상형한 것이며 창의 변형이라는 것이다. 전쟁을 하는 것을 한문에서는 간과(干戈)를 서로 부딪친다고 하는데 고대 사회의 전쟁무기로 무력의 무, 무장(武裝)의 무는 원래 창을 들고 싸움을 방지한다는 뜻이라고 한다. 그러니까 무는 본시 전쟁의 무기로서의 무기가 아니라 평화의 도구로서의 무(武)라는 것이다.

이 땅에 다시는 피비린내 나는 전쟁이 일어나지 않도록 하자며 꾸준히 힘을 키워 우리나라가 이만큼 성장했으니 얼마나 다행한 일인지 모르겠으나 강대국들의 틈바구니에서 헤어나기 위해 온 국민이 더욱 힘써야 되겠다. 피로써 피를 씻고 폭력으로써 폭력에 대항하는 동족상잔(同族相殘)의 비극은 절대로 일어나서는 안 되겠고 우리 후대들에게 다시는 가난에 시달리는 일이 없도록 해야겠다.

어린 시절에 겪었던 잊지 못할 전쟁과 가난의 쓰라린 경험을 안고 청소년시절부터 잘 사는 마을을 만들어야겠다는 굳은 결심을 하면서 자랐던 것 같다.

3. 꿈을 심어준 김영익 선생님

"지성(至誠)이면 감천(感天)이라, 쇠붙이나 돌덩이라도 온 정성을 다 하면 뚫을 수 있는 법이다. 너희들이 온 정성을 다하면 이루지 못할 일이 없을 것이다. 지금 이 전쟁 시대에 환경이 어렵더라도 환경을 탓하지 말고 최선을 다해 열심히 공부해서 훌륭한 사람이 되어라."

초등학교 1학년 때 6.25 한국동란을 만나 피난 시절을 경험하고, 전쟁 중이던 초등학교 3학년 어느 봄날이었다. 새 학년 첫 시간에 새로 부임하신 담임 선생님이 수업 시간에 들어오셨다. 지금 생각하기에 한 60세 정도 되신 것 같아 보였다. 낡고 허름한 양복을 입고 교실에 들어오셔서 칠판에 큰 글씨로 [김영익]이라고 당신의 이름을 쓰셨다. 실은 성함을 기억하지 못했었는데 내가 회갑 되던 해, 시간을 내어 모교에 가서 확인하고 알게 된 존함이다. 김영익 선생님은 양곡초등학교 교사로 근무하시다가 우리 학교 교감으로 부임해 오셨다가 일 년 후에 다시 양곡초등학교 교감으로 전근해 가셨다.

그때는 전쟁 당시였기 때문에 교사가 부족해서였는지 교감 선생님도 반을 맡으셨던 것 같다. 그런데 첫 수업을 시작하기 전, 우리에게 들려주시던 이야기가 칠십 년이 다 된 지금도 내 귓가에 조용하게 들려오는 것 같은 느낌이 든다.

중국 한나라 유흠이 짓고 진나라 갈홍이 모은 것으로 알려져 있는 서경잡기라는 저서에 나오는 이야기다(인터넷을 통해 출처를 알게 되었음). 가장 강한 사람의 이유는 언제나 최선이라는 내용이다.

어릴 적부터 힘이 장사였고, 천성이 쾌활하여 동네 꼬마들을 거느리고 산야를 달리며 사냥하기를 즐겼다는 한나라의 장수는 대단한 명궁이어서 그의 화살이 날아간 곳에는 어김없이 새나 짐승들이 쓰러져 있었다고 한다.

어느 날 그는 산중에서 혼자 사냥을 하다가 깊은 숲 속에서 길을 잃고 말았다. 날이 어두워지기 시작했고 밤 새들이 여기저기서 우는데 그는 길을 찾아 이리저리 헤매고 있었다. 그런데 문득 풀숲에서 거대한 호랑이가 자신을 노려보고 있는 것이 아닌가! 그는 놀라 뛰는 가슴을 진정하고 급히 화살을 집어 들었다. 호랑이가 너무나 가까이 있었기 때문에 이 화살이 빗나가면 그는 영락없이 호랑이 밥이 되고 말 처지였다. 이 장수는 몸의 신경을 곧추세우고 호랑이를 향하여 활시위를 당겼다. 그런데 이상한 일이었다. 호랑이 등에 분명히 화살이 꽂혔는데도 호랑이가 움직이질 않는 것이다. 한참을 숨을 죽이고 지켜보다가 이 장수는 고개를 갸웃거리며 아주 조심스럽게 그 호랑이가 있는 곳으로 가까이 가서 보니 그것은 호랑이가 아니라 호랑이 형상을 한 큰 바위가 아닌가. 그가 쏜 화살은 바위 깊숙이 박혀 있었다. 기이한 생각에 그는 활을 쏘았던 자리로 가서 다시 그 바위를 향하여 화살을 쏴 보았다. 그러나 이번에는 화살이 박히기는커녕 화살촉은 돌에 맞아 튕겨 나가고 마는 것이다, 몇 번을 쏴도 마찬가지다. 이미 박혔던 화살을 뽑으려니까 화살대가 부러지고 말았다. 상대가 호랑이라고 생각했을 때 날린 화살과 호랑이를 닮은 바위라고 생각했을 때 날린 화살의 모양은 같지만 그 날린 사람의 뜻은 엄청나게 다르다는 이야기다.

이 이야기를 들려주시면서 선생님은 이렇게 교훈의 말씀을 주셨다.

"지성(至誠)이면 감천(感天)이라, 쇠붙이나 돌덩이라도 온 정성을 다 하면 뚫을 수 있는 법이다. 너희들이 온 정성을 다하면 이루지 못할 일이 없을 것이다. 지금 이 전쟁 시대에 환경이 어렵더라도 환경을 탓하지 말고 최선을 다해 열심히 공부해서 훌륭한 사람이 되어라."

어린 시절에 들은 이 이야기를 귀한 교훈으로 받았기에 지금도 그 선생님께서 교단에서 하시던 모습이 내 머릿속에서 지워지지 않고 있다. 그 당시 나는 신앙이 없던 어린 시절이었지만, 지금 장성하면서 지표로 삼고 신앙생활을 하고, 목회를 하면서 깊이 깨달아지는 것은, 성경에 사도 바울이 고백한 "형제 여러분, 내가 아직 목표에는 이르지 못했으나 여러분에게 한 가지 자신 있게 말씀드릴 수 있는 것은 내가 과거의 것은 잊어버리고, 앞에 있는 목표를 향해 힘껏 달리고 있다는 것입니다."(빌립보서 3장13-14

절)라는 말씀이다. 최선을 다하는 것이 바로 우리의 삶을 승리로 이끄는 길임을 깨닫게 된다.

[김영익] 선생님. 그분은 지금 이 세상에 안 계시겠지만, 그때 주신 그 교훈은 내 일생에 영향을 주었을 뿐 아니라 지금도 내 속에 살아 있음을 부인할 수 없다.

4. 학예회

'목회자에게는 찬양이 부전공이 되어야 한다.'라고 생각하는데 나에게 이런 달란트를 주신 하나님께 감사드린다.

초등학교 4학년 때의 일이다. 학교에서 학예회를 하게 되었는데 우리 반에서는 합창을 하게 되었다. 담임 선생님은 이종국 선생님이었는데 합창이라고 하지만 지금 생각하면 남녀 혼성 중창팀이라고 하는 것이 좋을 듯하다. 그런데 나도 뽑혀 연습을 하게 되었다. 노래 곡목은 "풍년가"였다. 약 두 주간 정도 연습을 하였는데 발표하던 날, 바로 입장하기 전에 문 밖에서 연습하던 생각이 난다.

가사는 이렇다.

'풍년이 왔어요. 어디든~지 풍년이
앞산 뒷산에 오고요 논과 밭에도 풍년이
어디든지 풍년이
밭에 나가 밭 갈며 씨를 뿌려 가꾸고

때를 따라 단비는 풍년재촉 하였네.

풍년 들었네 기쁨으로 노래 부~르세'

얼마나 잘했는지는 모르지만 그때 이후 나는 노래 잘하는 사람으로 구별되었고 나 자신 스스로도 그렇게 생각했다.

그 후 중학교에서 전교 노래자랑이 있었는데 1학년 대표로 나가서 음악 선생님께서 정해주시는 '보리수'를 불렀다. 그때 입상은 하지 못했으나 좋은 경험을 했다.

교회에서는 작은 교회였으니 중학생 때부터 장년부 찬양대를 하면서 중3 때 악보를 보고 계명 창을 할 수 있을 정도가 되었고, 군에 입대하기 전에도 때때로 교회 찬양대 지휘를 했으며, 군대에 가서는 50여 명 되는 찬양대 지휘를 했으며, 신학교 재학시절에도 학년별 합창대회 할 때 지휘를 하기도 했다.

목회를 하면서도 예배 시간에 제일 자신 있는 것이 찬송을 부르는 것이었다. 어떤 때 새벽기도회 시간에는 피아노 반주가 없으므로 음을 높이 잡아서 헤맬 때도 있었지만...

'목회자에게는 찬양이 부전공이 되어야 한다.'라고 생각하는데 나에게 이런 달란트를 주신 하나님께 감사드린다.

5. 어린 시절의 우리 집

비록 가난했지만 할아버지, 할머니, 부모님, 고모, 삼촌 그리고 여러 형제들이 있는 환경에서 자랐다는 것이 얼마나 행복한 일인가. 그런 좋은 환경이 오늘의 원만한 나의 성품을 만들었다고 생각을 하며 하나님께 감사를 드린다.

내가 태어난 곳은 경기도 김포군 월곶면 서암리 416번지. 대서명동. 일명 큰서명골에서, 아버지 박천희(朴天喜)와 어머니 김수여(金壽女) 사이에 5남 3녀의 맏아들로 태어났다. 할아버지(朴善遠)께서는 6.25 사변 이전에 한문 글방 선생을 하셨고 동네 구장(리장)을 하시며 박 씨 문중의 족보 관리도 하셨다는데, 가정 살림에는 관심이 없어 6남매의 맏아들인 나의 아버지 시절의 우리 집은 가난했다. 내가 어린 당시에 우리 집은 서암초등학교 운동장 바로 아래에 있었고 우리 마당을 통해서 학교 정문을 들어가야 했으며 나를 사랑해 주시던 10살과 13살 위의 고모 두 분이 국민학교에 다닐 때 고모들이 공부하는 교실에 들어가 옆자리에 앉아 고모 친구들의 귀여움을 받기도 했던 기억이 난다.

그때 서암초등학교는 월곶초등학교 분교였다. 나의 놀이터는 거의 초등학교 운동장이었고 오후에 학생들이 다 돌아간 후에는 나무 그늘 밑에서 친구들과 땅 뺏기를 하며 놀았다. 조금이라도 더 내 땅을 넓히고 상대 친구의 땅을 빼앗으려고 손가락이 아프도록 손 뼘을 벌려 땅을 차지하며 해가 지는지도 모르고 재미있게 놀다가 할머니께서 “얘야, 저녁 먹어라”라고 소리치시면 모든 것 다 휘휘 저어 지워버리고 손을 툭툭 털며 집으로 가던 일이 생각난다. 항상 학생들의 책 읽는 소리, 아니면 운동장에서 학생들이 뛰놀며 떠드는 소리를 들으며 자랐다.

우리 집 뒤뜰은 제법 넓었고 울타리에는 무궁화나무 큰 참중나무 미루나무, 그리고 측백나무로 둘려져 있었으며, 우리 집 우물은 반쪽은 집 안쪽에 있어 우리가 사용하고 울타리 밖의 반쪽은 이웃집 사람들이 물을 길어다 먹을 수 있도록 되어 있어, 이른 아침부터 이웃집 아주머니들이 아침밥을 짓기 위해 물동이를 이고 와서 물을 길어 갔고, 낮에는 국민학교 학생들이 식수뿐만 아니라, 수업이 끝난 후에는 청소용으로 길어다가 사용하기도 했다. 때문에 우리 집 두레박은 수시로 망가져서 고쳐야 했는데 두레박은 원래 함석을 나무에 대서 만든 것을 사다가 사용하였지만 하도 여러 사람들이 사용하니까 함석도 찌그러지고 나무도 망가져서 쉽게 상하게 된다. 그래서 속이 상하신 우리 할머니께서는 두레박을 집 안에 들여다 놓아서 물 길러 온 학생들이 ‘두레박 주세요.’라고 소리치면 할머니는 ‘조심해서 사용하라’라고 하시며 내주시던 일이 기억난다.

이웃 사람들과 국민학교 학생들이 그 두레박을 사용하니 오래가지 못하여 감당할 수가 없게 되어 결국 학교에서는 각 반마다 1.5 리터짜리 우유 깡통으로 두레박을 만들어 각자가 가지고 다니기도 하는 것을 보았다.

그리고, 뜰 안 우물 옆에는 탐스런 앵두나무가 있어 봄이면 꽃이 만발할 뿐만 아니라 새빨간 앵두가 얼마나 많이 열리는지 우리 여러 형제들이 실컷 먹고도 남을 정도였다.

뿐만 아니라 장독대 옆에는 넓은 화단이 있어 봄이면 그 화단 가득히 함박꽃, 내게 한길이 넘는 나리꽃, 그리고 수백 송이의 백합꽃이 피는데 그 향기는 온 뜰 안에만 아니라 우리 집 근처만 와도 백합화 향기로 충만했다. 사실은 고모 두 분이 그처럼 아름답게 화단을 가꾸었던 것이다.

국민학교 시절, 봄에는 울타리에 있는 참중나무에 새순이 돋아나면 그 나무에서 연한 순을 따서 장독대에 있는 고추장 항아리에서 고추장을 찍어 맛있게 먹던 재미도 있었는데, 그때는 그것이 유일한 간식거리였다.

가을이면 굴뚝 모퉁이에 있는 밤나무에 어른 주먹만큼 탐스런 밤송이가 주렁주렁 열리는데 그것이 누렇게 아람이 벌면 할머니 몰래 그 나무에 올라가 벌어진 밤송이에서 알밤을 뽑아 먹었는데 나중에 알맹이 없는 빈 껍데기 밤송이가 떨어진 걸 보신 할머니께 야단을 맞던 기억도 난다. 할머니께서는 다 여문 다음에 함께 따서 큰 항아리에 넣어 두었다가 며칠 후 꺼내면 벌겋게 익은 알밤을 함께 거두어야 한다며 따먹지 못하게 하셨던 것이다.

나는 고모님들의 사랑을 많이 받으며 자랐다. 내가 우리 집 첫 아이로 태어났으니 태어나서부터 나를 업어 키우셨고, 고모들이 친구네 놀러 갈 때도 데리고 다녀서 고모 친구들의 사랑도 많이 받았던 기억이 생생하다.

비록 가난했지만 할아버지, 할머니, 부모님, 고모, 삼촌 그리고 여러 형제들이 있는 환경에서 자랐다는 것이 얼마나 행복한 일인가. 그런 좋은 환경이 오늘의 원만한 나의 성품을 만들었다고 생각을 하며 하나님께 감사를 드린다.

6. 너도 교회에 같이 갈래?

어느 주일 아침에 주일학교 교사를 하던 삼촌께서 "너도 교회에 같이 갈래?"라고 하시는데 "네!" 하고 무조건 따라나선 것이 처음 교회에 발을 들여놓게 된 것이다.

6.25 사변 이후 폐허가 된 지 몇 년이 지나, 우리 동리에서 1km 정도 떨어진 조강 거리에 조그만 예배당(서암교회)이 세워지면서 할머니와 삼촌께서 출석하시게 되었다. 내가 11살 되었을 때였다. 마을에서는 이미 주일학교에 다니며 연필도 받고 지우개 노트도 받았다며 자랑하면서 나에게 같이 가자는 친구들도 있었지만 왠지 가고 싶은 생각이 없었는데 어느 주일 아침에 주일학교 교사를 하던 삼촌께서 "너도 교회에 같이 갈래?"라고 하시는데 "네!" 하고 무조건 따라나선 것이 처음 교회에 발을 들여놓게 된 것이다.

교회에 출석하면서부터 삼촌을 따라 주일학교뿐만 아니라 삼촌이 참석하는 주일 밤 예배, 수요 예배 등 모든 예배에 출석하며 재미를 붙였고 무엇보다도 찬송 부르는 시간이 가장 즐거웠다. 처음으로 익힌 찬송이 '참 아름다워라'였는데 집에서도 수시로 부르고 흥얼거리며 지냈는데 그렇게 좋을 수가 없었다.

7. 준치 한 코

나는 그때 그 생선이 '준치'라는 것을 알았고 준치 고기가 그렇게 맛있다는 것도, 그리고 준치에는 가시가 엄청나게 많다는 것도 알았다. 가난했던 시절에 그날 저녁에 우리 집 식사 자리는 생선 잔칫날이었다.

초등학교 6학년 가을. 따뜻한 햇볕이 내려 쪼이는 어느 날, 월곶초등학교 운동회가 있었다. 그날은 오전 수업만 하고 귀가했다. 나는 서암초등학교에 다녔지만 그 당시 운동회 날은 이웃 학교 선생님들도 그 운동회에 참관해서 축하해 주는 그 지역의 축제였다. 특히 서암초등학교는 월곶초등학교 분교로 시작되었기 때문에 더욱 그랬던 것 같다.

오전 수업을 마치고 집에 돌아온 나는 부지런히 점심을 먹고 운동회가 열리고 있는 월곶초등학교로 향해 시장을 지나 비포장도로인 48번 국도를 따라 터덜터덜 걸었다. 그 당시에는 버스가 드물었기 때문에 보통 십 리 정도는 걸어서 다니던 때였다.

군부대를 지나 갱고개 가까이 이르렀을 때, 도로 옆에 세워진 가로수

보호대에 못이 빠져 말뚝이 쓰러져 있는 것이 아닌가! 그 당시 비포장도로 양 옆에는 마을 별로 도로 보수용 자갈을 쌓아 놓았고 어린 가로수로 미루나무를 심고는 그 가로수를 보호하기 위해 목재로 보호대를 세워 주었는데 그 보호대에 못이 빠져서 말뚝이 쓰러져 있었다. 나는 그것을 보수해야겠다는 생각으로 쓰러져 있는 말뚝을 세워 옆에 있는 돌로 못을 두드려 박고 있었다.

그때 마침 순경 두 사람이 서울 방향에서 걸어오고 있었다. 그 순간 나는 '내가 이렇게 착한 일 하는 것을 순경이 보면 나를 칭찬해 주겠지'라는 생각을 하고 더 열심히 두들겨 박았다. 그런데 순경이 가까이 오더니 "야 이놈아, 너 왜 그것을 망가트렸어?"하면서 무서운 눈으로 나를 쳐다보는 것이다. 나는 "제가 망가트린 것이 아니라 망가져 있어서 다시 세우는 것이에요."라고 했더니 순경은 더욱 큰 소리로 "이 녀석이, 우리가 저기서 오면서 다 보았는데 무슨 거짓말이야. 너 지소로 가서 혼 좀 나야겠다."라고 하면서 내 팔을 붙잡고 끌고 가려고 하는 것이 아닌가! 내가 들은 소문에 그 당시에 범인들이 파출소에 끌려가면 두들겨 맞는 것으로 알고 있었기에 무서운 생각이 들었고 얼굴이 빨개 가지고 "거짓말이 아닙니다. 난 잘못한 게 아니에요."라고 버티니까 옆에 있던 순경이 "바쁜데 그냥 갑시다."라고 하니까 순경은 잡았던 내 팔을 놓고는 "다음에 또 이런 짓 하면 너 감옥에 넣고 말 거다. 알았지?" 하면서 자기들이 가던 강화 방향으로 가는 것이다. 너무 속이 상하고 어이가 없어 그 순경들이 내 시야에서 살아질 때까지 그 뒤를 물끄러미 바라보았다.

그때 마침 생선 장수 아저씨가 자전거에 생선 상자 몇 짝을 싣고 힘겹게 강화 쪽 갱고개 언덕길을 올라가고 있었다. 나는 울적한 마음으로 보호대 수리하던 일을 마무리하고 마음이 상해 땅만 쳐다보며 돌부리를 차면서 터덜터덜 걸어서 언덕을 오르고 있는데 길바닥에 큰 생선 한 코(두 마리)가 떨어져 있는 것이 아닌가. 아마도 조금 전에 지나간 생선 장수 아저씨가 흘리고 지나간 것 같다. 앞을 쳐다 보니 아저씨는 이미 고개를 넘어가서 보이질 않는다. '이걸 어떻게 하나... 이 생선은 내 것이 아니니 내가 가져가면 안 되는데, 그렇다고 여기다 그냥 두고 갈 수도 없고....' 망설이던 나는 집으로 가져가기로 했다. 그래서 생선을 어깨에 둘러메고 지름길로 담터를 지나 서암초등학교 정문 앞인 우리 집으로 향했다. 생선이 어찌나 큰지 초등학교 6학년인 내가 어깨에 둘러메었는데 꼬리가 내 종아리에서 철거덕 철거덕 하면서 걷는 나를 불편하게 했다. 너무 힘들었고 이마에는 땀도 흘렀다. 그래도 사실 어린 내 마음은 은근히 즐거웠다. '순경 아저씨에게 무모하게 야단맞았지만 하나님께서는 그 보상으로 이 생선을 내게 주셔서 위로해 주시는구나.'하는 마음이 들었다.

집에 도착하니 마루에서 가마니를 짜시던 부모님께서 그게 웬 것이냐고 하시기에 자초지종의 이야기를 했더니 어쩔 수 없는 게 아니냐고 하시면서 저녁에 그 생선으로 국을 끓여서 온 가족이 맛있게 먹었다. 나는 그때 그 생선이 '준치'라는 것을 알았고 준치 고기가 그렇게 맛있다는 것도, 그리고 준치에는 가시가 엄청나게 많다는 것도 알았다. 가난했던 시절에 그날 저녁에 우리 집 식사 자리는 생선 잔칫날이었다.

그날 저녁 잠자리에 들기 전 일기를 쓰면서 그 생선 장수 아저씨에게 미안한 생각이 들었다. 많은 손해를 보셨을 텐데, 그리고 그 아저씨도 온 식구와 함께 생선 요리를 맛있게 먹을 형편이 아니었을 텐데... 그러나 그때 상황이 어쩔 수 없었으니...

그 후 일생을 살면서 그때 일을 가끔 돌아보게 된다. 매사에 내 판단대로 만 쉽게 처리할 것이 아니라 다시 한번 더 깊이. 때로는 상대방의 입장에서 생각을 하면서 살아야 하는데... 그리고 선한 일을 하다가 혹 내게 손해가 되는 것 같은 때도 있겠지만 결국은 때가 되면 모든 일이 더 아름답게 된다는 믿음을 갖고 내 목표한 인생을 살아왔다.

성경에 "선한 일을 하다가 낙심하지 말아야 합니다. 때가 이르면 영원한 생명을 거둘 것이므로 포기하지 말아야 합니다."(갈라디아서 6장9절)라는 말씀을 되새김질해 본다.

02 큰 바위 얼굴을 꿈꾸며

1. 너는 조국을 위해 무엇을 했는가?
2. 6년 + 3년 =9년 개근
3. 대서명동 4-H 구락부
4. 큰 바위 얼굴
5. 나의 젖줄이었던 염소 한 마리
6. 나를 나보다 더 잘 아시는 하나님
7. 군 입대 이야기
8. 군 복무 이야기
9. 서암교회 이야기

1. "너는 조국을 위하여 무엇을 했는가?"

나는 그곳에 들어갈 때마다 "너는 조국을 위하여 무엇을 했는가?"라고 묻는 그 물음이 바로 나를 향해 묻는 것으로 보고 듣게 되었고, "내가 저 사람과 같은 50대가 되었을 때 저 물음에 나는 무엇이라고 대답할 수 있을까?"를 생각하곤 했다.

내가 중학교에 다닐 당시 우리 김포 통진 지역에는 인삼을 많이 심기 시작하였으며 우리 학교 주변에도 인삼밭이 많았다. 나는 그때 소 두 마리가 큰 쟁기를 끌며 밭을 가는 모습을 처음 보았다. 큰 쟁기를 황소 두 마리가 꾸벅꾸벅거리면서 끌고 가는 모습을 보면서 신기하게 생각했다. 그때까지만 해도 쟁기는 소 한 마리가 끄는 것으로만 생각했고 그것만 보았기 때문이다.

인삼밭은 1년 된 종삼을 모종 내어 5년 동안 키운다. 그래서 뿌리를 잘 내리도록 해 주어야 하기 때문에 몇 번을 깊이 갈아엎어서 흙을 부드럽게 만들어 인삼이 뿌리를 곱게 내리게 할 뿐만 아니라 병충해 예방과 토양 개량을 위해도 한 해 동안 그렇게 밭을 관리한다. 김포 통진 지역에는 생각이 앞선 분들이 인삼을 많이 심어 경제적으로 재미를 본 사람들이 많았다.

그 당시, 내가 다니던 통진중학교의 교무실 현관에 걸린 큰 유화 한 폭이 지금도 눈에 선하게 보인다. 그 그림이 나에게 강한 메시지를 주었음을 지금도 잊지 못한다. 등록금을 납부하기 위해 학교 현관으로 들어서면 왼쪽에는 교무실이 있고 오른쪽에는 서무실인데 그 전면 벽에 큰 액자가 걸려 있었다. 이마에 태극기를 질끈 동인 50대 노동자가 오른손을 들어 검지 손가락을 앞으로 향해 "너는 조국을 위하여 무엇을 했는가?"라고 외치는 그림이다. 그 그림은 그 당시 미술 교사였던 강환섭 선생님이 그린 그림이라고 한다.

나는 그곳에 들어갈 때마다 "너는 조국을 위하여 무엇을 했는가?"라고 묻는 그 물음이 바로 나를 향해 묻는 것으로 보고 듣게 되었고, "내가 저 사람과 같은 50대가 되었을 때 저 물음에 나는 무엇이라고 대답할 수 있을까?"를 생각하곤 했다.

중국 양(梁) 나라의 왕언장(王彦章)은 "표사유피(豹死留皮), 인사유명(人死留名)"이란 말을 했다. 범은 죽어서 아름다운 가죽을 남기고, 만물의 영장인 인간은 죽은 뒤에 훌륭한 이름을 남겨야 한다는 말이다.

나는 청년 시절에 가끔 학교 서무실 현관에 걸려 있는 벽화를 생각하며 '나의 생애가 끝날 때, 나는 무엇을 남겨 놓을 것인가'를 생각하며 열심히 살아야겠다는 다짐을 하였다. 지금 돌이켜 보면 나 나름대로 최선을 다 한다고 했으나 떳떳하게 대답할 말이 없을 것 같지만 그래도 한 가지 분명한 것은 내가 목사가 되어 40여 년간 한 번도 뒤돌아보지 않고 앞을 향해 열심히 달려온 것만은 사실이다.

한때 세계를 제패했던 알렉산더(Alexander) 대왕의 아버지 필립 2세는 자신의 충직한 종을 항상 데리고 다녔는데, 그 종에게 아침마다 첫인사를 할 때 "대왕이여, 당신은 죽어야만 한다는 사실을 잊지 마십시오"라고 이상하게 여겨지는 말을 하게 했다고 한다. 이 말이야말로 모든 인간이 꼭 기억해야 될 말인 것 같다. 그런데 많은 사람들이 이 피할 수 없는 엄숙한 죽음이라는 사실을 생각하지 않으려고 할 뿐만 아니라 심지어 자기는 죽음과는 아무런 상관이 없는 줄로 착각하고 살아가는 경우가 허다하다.

내 목회지가 어느 정도 안정되었을 때, 내게 귀한 메시지를 전해 주었던 모교의 그 그림을 생각하며 후배들에게 장학금이라도 주어 그 그림이 준 교훈의 고마운 마음을 표하고 싶어서 우리 교회 G 안수집사께서 모교의 교감으로 취임하면서 나는 두 명의 졸업생에게 각각 20만 원씩 장학금을 주게 되어 내 마음이 얼마나 흘가분했는지 모른다. 그렇게 내가 은퇴할 때까지 수년간 전할 수 있었다.

그즈음에 나의 가난하던 시절에 힘들게 공부하던 일을 생각하며 모교인 서암초등학교 교장선생님을 찾아가 만나 "가정형편이 어려운 학생을 돕고 싶은데 어떤 방법이 있겠습니까?" 물으니 "결식아동들이 있으니 그들을 도와주면 좋겠습니다"라고 해서 2년간 3명 어린이들의 급식비를 지원했는데 그 후 출금이 되지 않기에 학교에 전화해서 확인을 해 보니 담당 교사가 전근해 가면서 업무 인수인계를 제대로 하지 않았기 때문에 그리되었다며 다시 연락 주겠다고 하더니 그 후 감감무소식이어서 서운한 마음으로 나도 마무리하고 말았다.

"너는 조국을 위하여 무엇을 했는가?" 중학교시절에 나에게 던져 주었던 그 질문에 아주 작게나마 실천할 수 있었던 것 같아 위로를 받는다.

2. 6년+3년=9년 개근상?

나는 책가방을 메고 다시 학교로 가서 교실에 들어갔더니 담임선생님께서 "왜 왔느냐"라고 하셨다. "배가 아프지 않아서 다시 왔습니다."라고 하니까 다른 친구들이 웃긴다고 하면서 이상한 표정들을 짓는 것이다. 그러나 나는 속으로 '아프지도 않은데 집에서 놀면 무얼 하나!' 하는 생각으로 책가방을 풀고 오후수업까지 다 마치게 되었다.

초등학교 시절 우리 집은 학교 교문 바로 앞이어서 학생들이 우리 집 마당을 지나서 교문으로 들어가야 했다. 그래서 나도 학교에 다니기가 참으로 편했고 도시락을 싸가지 않고 점심시간에 집에 와서 먹고 갈 수 있었지만 한편 추운 겨울에 밖에 나가지 않고 도시락을 따듯한 난로에 데워 먹는 친구들이 부럽기도 했었다. 점심을 먹으러 집에 왔다가 어른들께서 들에 일하러 나가시고 아무도 없으면 내가 차려 먹고 놀다가 수업 시작하는 종소리를 들으면서 달려가도 괜찮을 정도의 가까운 거리에 살면서도 말이다.

한 번은 4학년 때 2교시가 끝났는데 갑자기 배가 아파 도저히 참을 수가 없어서 선생님께 말씀드렸더니 집에 가서 쉬라고 하시면서 조퇴를 시켜 주셨다. 아픈 배를 움켜쥐고 가까스로 집으로 왔다. 식구들은 모두 들에 나가시고 아무도 없어 혼자 따듯한 방 아랫목에 배를 깔고 한참을 엎드려 있다가 대변이 보고 싶어 화장실에 가서 대변을 보고 나니 아프던 배가 싹 가라앉는 것이다. 부엌에 나가 따뜻한 숭늉 한 컵을 마시고 나니 속이 개운해지는 것이다. 나는 책가방을 메고 다시 학교로 가서 교실에 들어갔더니 담임선생님께서 "왜 왔느냐"라고 하셨다. "배가 아프지 않아서 다시 왔습니다."라고 하니까 다른 친구들이 웃긴다고 하면서 이상한 표정들을 짓는 것이다. 그러나 나는 속으로 '아프지도 않은데 집에서 놀면 무얼 하나!' 하는 생각으로 책가방을 풀고 오후수업까지 다 마치게 되었다.

그렇게 6년을 다니고 졸업하게 될 때 나는 6년 개근상을 받게 되었다. 혹시나 어떤 이는 학교 정문 앞에 사니까 개근하기 쉬웠다고 말할지 모르지만 꼭 그렇지만은 않은 것 같다.

졸업식 날 6년 개근상을 받을 때 임갑선 교장선생님께서 "6년 개근상이 우등상보다 훨씬 훌륭한 것이다"라고 칭찬을 해 주신 말씀이 지금도 기억난다. 그때 상품은 두꺼운 국어 대사전이었는데 공부하는데 다른 어떤 상품보다 더 오랫동안 요긴하게 사용한 것 같다.

초등학교를 마치고 중학교에 진학을 했는데, 내가 다닌 통진중학교는 집에서 약 1km 정도 되는 곳이다. 언덕을 넘고 들판을 지나고 산을 넘고 해서 20분 정도 걸어서 다녀야 했다. 3년을 다니는 동안 몸이 아플 때도 있

었고 비바람이 몰아치고 눈보라가 치던 때도 있었지만 중학교 3년을 졸업할 때도 역시 개근상을 받았다. 그래서 9년 개근을 한 것이다. 아마도 고등학교를 다녔다면 그때도 개근을 했을 것이다. 그러나 내게 12년 개근할 기회는 오지 않았다.

지금 가만히 생각해 보면 어렸을 때 개근상의 정신이 오늘에 이르게 되는 밑거름이 된 것이라는 생각이 든다. 그렇게 나름대로 내게 맡겨진 일에 대하여 최선을 다하는 나의 모습을 하나님께서 귀하게 보시고 상급으로 오늘을 베풀어 주신 것이라고 믿는다(사진: 중학교 졸업 때).

3. 대서명동 4-H 구락부

염재홍 친구와 문수산성 문 앞에서

소년 시절 나의 꿈은 훌륭한 농촌 지도자가 되어 가난한 농촌을 잘 살게 만들고 내가 섬기는 교회의 훌륭한 장로가 되어 하나님의 교회를 섬기는 귀한 일꾼이 되어야겠다는 생각을 했다. 아마도 가난의 굴레에서 벗어나는 것이 가장 큰 문제라고 생각했기 때문인 것 같다. 그렇게 생각하고 처음 구체적으로 활동한 것이 4-H 구락부 조직이었다.

4-H구락부는 Head(머리) Heart(마음) Hand(손) Health(건강)의 첫 글자를 따서 지은 이름으로 이 운동은 일종의 실천적 사회교육운동이다. 창의적인 사고와 과학적인 행동을 통해 청소년을 미래의 주역으로 키우고 농어촌 발전을 도모하는 것이 주목적이었다. 네 잎 클로버 문양에 지(知) 덕(德) 노(勞) 체(體)를 표상으로 하는 4-H클럽이 해방 이후 우리나라에 소개된 것은 미군정(美軍政) 때부터였다.

당시 김포농촌지도소 통진지소는 현 통진읍 인삼조합 위치에 있었는데 지도소에 내 아버지의 이종 사촌인 김의철 씨가 지도사로 있으면서 나를 지도해 주어 친구들 몇몇의 동의를 얻어서 준비를 했고 의식이 있으신 동네 어른 몇몇 분의 지도를 받아 조직하게 되었으며 구락부를 창립할 때는 초등학교 교실 하나를 빌려서 외부 손님으로 농촌지도소장, 김포경찰서 통진지서장, 초등학교 교장선생님 등 외빈들을 초청하고 동리 어른들 등 100여 명이 모여 성대하게 행사를 했다. 명칭은 '대서명동 4-H구락부'라고 정했다. 그리고 동네 입구에 콘크리트로 탑을 만들어 세우기도 했다.

나는 그때 초대 회장으로 추대되어 수년간 우리 대서명 4-H구락부를 이끌어갔다. 4-H구락부에서는 회의로 모일 때마다 4-H 서약으로 맹세했는데 그 내용은 다음과 같다.

〈4-H 서약〉
"나는 4-H회와 사회와 우리나라를 위하여,
나의 머리는 더욱 명석하게 생각하며,
나의 마음은 더욱 크게 충성하며,
나의 손은 더욱 위대하게 봉사하며,
나의 건강은 더욱 좋은 생활을 하기로 맹세함"

그 당시 농촌지도소 지도사의 지도를 받으며 활동을 했는데 이제는 농사를 해도 과학적으로 해야 한다고 배웠다. 그냥 우리 부모들이 하던 방식

그대로 답습하는 그런 농사가 아니라 공부며 연구하면서 농사를 짓는 것이다. 우리 젊은이들은 농사의 경험이 없기 때문에 이제 새롭게 배워야 하는데 많은 농업 전문가들이 연구하며 개발해 온 것들을 토대로 해서 스스로 경험을 쌓아가며 농사를 지으라는 것이다.

나는 4-H 구락부 활동을 하면서 알게 된 故 김용기(金容基) 박사를 존경하게 되었다. 김용기 박사께서는 우리 민족의 암울하였던 일제 강점기 시절인 1935년부터 가나안 농군학교를 시작하여 일제에 저항하며 개척의 역사를 이루어 갔으며 힘 있는 민족, 잘 사는 나라를 소망하며 '한 손에는 성경을, 한 손에는 괭이를'이라는 신념으로 가나안 농장을 시작으로 개척의 역사를 시작하셨다. 실의와 게으름과 거짓과 허세에 빠져 있던 당시 민중들의 정신과 습성을 바로 잡기 위해 가나안 농장을 개척하여 삶의 질을 물질적으로 향상해 나가는 것과 함께 잠자고 병든 우리 민족들의 혼과 심령을 깨우치기 위한 운동에 힘쓰셨으며 이러한 운동은 후에 '복민사상'(福民思想)의 기초가 되었으며, 가나안 농군학교가 있게 한 힘이 되었다.

이 복민사상은 김용기 박사의 황무지 개척과 농민운동, 독립운동, 정신교육 활동에 기초가 되었고 우리 민족 근대사뿐만 아니라 기독교 사상사적인 면에서도 매우 큰 영향을 끼쳐왔다. "복민"(福民), 즉 하나님의 복 받은 백성이라는 의미로 사용한 이 단어와 연관을 시켜서 복민사상 또는 복민주의라고 칭했는데 그 의미는 문자 그대로 복음에 따라서 사는 '복 받은, 복 받고 있는, 복 받을' 하나님의 백성의 삶을 말하는 사상이다.

조국이 해방된 이후에도 메마른 황무지를 개척하고 민중의 의식을 계몽하는 일을 해 오던 김용기 박사는 보다 많은 사람들에게 개척자적 정신을 심어주고 또한 체계적인 교육훈련의 중요성을 깨닫고 1962년 경기도 광주에 '가나안 농군학교'를 설립하게 되었고 이후 더욱 많은 교육의 확대를 위해 강원도 원주에 지금의 제2 가나안 농군학교를 설립하게 되었다.

새마을운동의 성공에는 가나안 농군학교와 김용기 박사의 땀과 노력이 있었으며 지금의 가나안 농군학교 역시 이러한 역사적 경험과 자산을 계승하고 역사와 시대의 교훈과 설립자인 김용기 박사께서 남긴 복민사상을 통해 오늘날 발달된 과학문명 속에 감추어진 역기능인 정신문화의 빈곤에 대한 답을 주고 있다.

청소년 시절에 4-H구락부 활동을 하며 김용기 박사님의 정신을 터득하면서 꿈을 키워나갔던 일은 너무나 보람이 있었다. 한편 소년시절의 4-H구락부 활동을 통해 회의 진행법을 배웠기에 목회하면서 각종 회의를 진행하는 데 많은 도움이 되었던 것도 사실이다.

4. 큰 바위 얼굴

시인의 말을 들은 마을 사람들은 그제야 '어니스트'가 예언 속 인물이라는 걸 깨달았으며 애타게 기다리던 '큰 바위 얼굴'이 사실은 늘 자신들 곁에 있었다는 것을 알게 되었다.

나는 어려서부터 보수적인 생각을 가지고 자란 것 같다. 7남매의 장남으로 태어났으니 내 아버지처럼 부모님을 모시고 동생들을 돌보면서 우리 가정을 지켜야 한다는 단순한 생각을 했고, 오로지 가난한 농촌을 잘 사는 마을로 만들어야겠다는 일념뿐이었다.

그 당시 월곶농업협동조합(현 신김포농협)에서는 농촌지도소를 통해서 모범 학생들에게 돼지 새끼 한 마리씩을 사주면서 잘 키워 팔아서 등록금을 하라고 했는데 그때는 농협에서 청소년들을 키운다는 의미에서 가계부 정리하는 법 등 여러 가지 교육을 김포읍 농협 강당에서 실시했고 그중에서 몇 명에게 종자돼지를 사 주어서 정성껏 키웠다.

그 당시는 보통 돼지 새끼를 10개월 정도 키워서 120근 정도 되면 팔았다. 그러니까 이른 봄에 새끼를 사서 잘 키워 음력 설 때쯤 팔아서 가족들 옷도 사고 음식도 장만하게 되었으며 자녀들 등록금을 내기도 하였다.

그런데 농촌지도소에서 배울 때는 7개월 안에 100kg 이상을 만들어 팔아야 수지 타산이 맞지, 늦으면 수익성이 떨어진다는 것이다. 그때는 일반적으로 집 부엌에서 나오는 음식물 찌꺼기나 쌀겨 정도로 키웠는데 나는 지도소에서 배운 대로 때때로 사료도 사다 먹이면서 키웠더니 병충해도 적고 잘 자라 그것을 팔아서 등록금을 하고 남은 돈으로 또 새끼를 사서 키웠다.

한 번은 전국 4-H 구락부 임원 세미나가 농촌 진흥원에서 있었는데, 그때 강사 중의 한 분의 강의 중에 나다니얼 호손(Nathaniel Hawthorne. 1804.7.4-1864.5.19)의 '큰 바위 얼굴' 이야기를 들려주었는데 그 내용은 대강 이렇다.

어느 높은 산중의 계곡에 풍요로운 마을이 자리 잡고 있고, 이 계곡에 사람의 얼굴 형상과 아주 흡사한 바위가 마을 계곡을 내려다보고 있었다. 가까이서 보면 단지 바위일 뿐이지만 해가 서산에 질 때 멀리서 바라보면 마치 인자한 사람의 얼굴같이 보였는데 마을에 사는 사람들에게 이 큰 바위 얼굴의 모습은 마을을 지켜주는 인자한 산신령과 같은 존재였다.

이 마을에 어니스트(Ernest)라는 소년이 있었는데 그는 어린 시절에 어머니로부터 이 계곡 출신 중에서 큰 바위 얼굴과 똑같이 생긴 위대한 인물이 나타날 것인데 그때 우리 마을은 살기 좋고 행복한 마을이 될 것이라는 전설을 전해 듣고는 이 이야기를 철석같이 믿었다. 어니스트는 어린 시절부터 청년 장년 노년이 되기까지, 사람을 한없이 자애로운 미소와 가르침으로 지켜봐 주는 큰 바위 얼굴의 인물이 그 마을에 나타나기를 기다렸다.

한 번은 위대한 상인이자 거부, 즉 돈을 벌어들이는 사람인 개더골드(Mr. Gather gold)라는 사람이 나타났고, 한때는 여러 전쟁을 승리로 이끈 즉 피와 천둥으로 상징되는 군인 올드 블러드 앤드 선더(Old Blood and Thunder) 장군, 또는 위대한 정치가 올드 스토니 피즈(Old Stony Phiz)뿐만 아니라 위대한 시인까지 이 마을에 나타났었지만 간절한 마음으로 기다리는 큰 바위 얼굴과 똑같이 생긴 인물이 나타나질 않아 마을 사람들은 항상 무엇인가 모자란다는 생각으로 실망을 금치 못했다.

이러는 사이 평범한 농부이자 촌부인 어니스트는 자애와 진실 사랑을 설파하는 설교가가 되었으며 계곡에서 설교를 하면 마을 사람들뿐만 아니라 먼 곳에서도 어니스트의 설교를 듣기 위해 찾아왔으며 그 어니스트의 모습은 자애롭고 신비롭기까지 했다.

그러던 어느 날, 어니스트의 설교를 듣기 위해 계곡을 찾아왔던 시인이 어니스트의 모습에서 큰 바위 얼굴을 발견한다. '어니스트'가 온화한 표정으로 마을 사람들에게 이야기를 들려주는 모습을 본 시인은 그의 얼굴이 큰 바위 얼굴과 쏙 닮았다는 걸 깨달았다. 그리고 그는 “여러분, ‘어니스트’가 바로 저 큰 바위 얼굴이에요!”

시인의 말을 들은 마을 사람들은 그제야 ‘어니스트’가 예언 속 인물이라는 걸 깨달았으며 애타게 기다리던 ‘큰 바위 얼굴’이 사실은 늘 자신들 곁에 있었다는 것을 알게 되었다.

그러나 어니스트 자신은 동네 사람들에게 연설을 끝마치고 단을 내려오면서 여전히 “좀 더 훌륭한 저 큰 바위 얼굴을 닮은 사람이 나타나야 하는데…” 하며 계속 기다렸다는 이야기다.

그 이야기를 들으면서, 나도 ‘어니스트’와 같은 자세로 우리 마을을 사랑하며 열심히 살아야겠다는 결심을 하면서 서점에 가서 그 책을 사서 몇 번이고 읽었다.

소년 시절, 그리고 한창 새마을 운동을 하던 청년 시절에도 새마을 지도자가 되어서 잘 사는 우리 마을을 만들겠다는 꿈을 꾸면서 낮에는 열심히 일하고 밤에는 전기요금 많이 나온다며 그만 불 끄고 자라고 하시는 할머니의 성화에도 희미한 30W 전등불 밑에서 밤늦게까지 공부하며 배우는 삶을 살았다. 40대에 나의 모습을 상상하면서…

5. 나의 젖줄이었던 염소 한 마리

큰 바위 얼굴을 꿈꾸던 시절

그렇게 지나는 중에 나에게 고등학교 과정을 공부할 수 있도록 나를 도와주신 분들이 있었다. 내가 섬기던 서암교회 최춘식 강도사님, 김홍준 목사님, 그리고 서울에서 고등학교 직원으로 근무하던 임선기 선생님이 계셨다. 최강도사님은 목사 안수도 받기 전에 세상을 떠나셨고, 학교 직원이던 임 선생님은 그 후 신학공부를 했으며 목사 안수를 받고 중국에서 선교활동을 하셨다.

내게는 그분들이 얼마나 귀한 분들인지 말로 다 할 수 없다. 앞으로 농사를 짓더라도 고등학교 졸업장은 있어야 한다며 내가 공부하는 길을 안내해주신 분들이시고, 후에는 신학교에 갈 수 있는 길을 열어 주시기도 했으니 말이다.

최강도사님은 음악에 조예가 깊었다. 그래서 찬양대에 많은 관심을 가지셨고 찬양대 훈련을 자주 시켰다. 나는 중학교 2학년 때에 다른 누나들과 함께 찬양대 교육에 참석했고 그때 계명 창을 배웠다. 그래서 강도사님께 사랑을 많이 받았다.

그 후에 김 목사님은 중앙강의록을 소개해 주시고, 염소 한 마리를 사 다 주시면서 이것을 길러 젖을 짜서 팔면 책을 사 보는데 도움이 될 것이라고 하셨다. 그래서 낮에 들에 나가 일하면서 틈틈이 염소를 풀 많은 곳으로 옮겨 매어 놓고 풀을 뜯게 했고 그렇게 키워서 젖을 짜서 팔아 책을 사 볼 수 있었다. 새벽에 일찍 일어나서 새벽기도회를 다녀와 마당을 쓸고 젖을 짜게 된다. 처음 젖을 짤 때는 이 녀석이 귀찮으니까 뒷발질을 해서 젖 그릇을 엎질러 버리기가 일쑤였다. 그 후부터는 말뚝을 박아 틀을 만들어 염소의 뒷다리를 거기에 묶어놓고 젖을 짰는데 작업을 하기 전에 따뜻한 물에 적신 수건으로 젖가슴을 골고루 닦아주며 마사지를 해 주어야 했다. 그래야 젖이 많이 고이고 젖을 깨끗하게 처리할 수 있기 때문이다. 그렇게 젖을 한 번 짜면 한 되 정도가 나오는데 그것을 고운 베 헝겊에 바쳐서 젖을 짜는 과정에 염소 털이 들어가거나 불순물이 들어간 것을 걸러주었다. 그렇게 내려서 작은 우유병에 담아 원하는 분들 가정에 배달해 주었다. 사실 시골에서 이 젖을 먹을 분들이 누가 있을까 염려도 했지만 그래도 내가 공부하려는 정성을 이해해 주어서인지 항상 한 되 정도는 소비할 수 있었기에 적은 금액이지만 내가 공부하는데 농촌에서 큰 도움이 되었으며 누구의 도움 받지 않고 스스로 수고하여 번 돈으로 공부를 한다는데 한편 보람도 있었다.

젖을 배달하고 나면 낫을 들고 풀을 베러 나간다. 그 시각이 마침 학생들 등교하는 시간이다. 풀을 깎고 있노라면 친구들이 교모를 쓰고 가방을 들고 학교에 가는 모습을 보면서 얼마나 부러웠는지 눈물 흘릴 때가 한두 번이 아니었다. 그러다가는 속으로 '그래! 40대에 가서 보자. 나는 농사꾼으로 최선을 다해 이 나라와 민족을 위해 쓰임 받는 사람이 될 것이다.'라고 생각하며 마음을 다스리곤 했다.

토요일 오후가 되면 우리 집 뒤 초등학교 운동장에 고등학교에서 수업이 끝난 학생들이 축구를 하러 온다. 가방과 모자를 운동장 옆 나무 그늘 밑에 벗어 두고 공을 차는 학생들을 보면서 얼마나 부러웠는지 모른다. 자유롭게 공부하고 놀 수 있다는 게 말이다. 나는 우리 집 담장 안에서 그들의 노는 모습을 넘겨다보면서 마음속 깊이 결심했다. '나는 지금 내가 할 수 있는 일에 최선을 다하자. 인생 40이 되었을 때 내 얼굴 표정을 내가 책임져야 한다는 데 그때 가서 지금 저렇게 노는 친구들 앞에서 지금처럼 담장 안에서가 아니라 떳떳하게 앞에 나설 수 있도록 현재의 작은 일일지라도 최선을 다하며 살자'라고 마음속 깊이 결심하곤 했다.

6. 나를 나보다 더 잘 아시는 하나님

나보다 나를 더 잘 아시는 하나님께서는 나의 길을 예비해 놓으시고 인도해 주셨다. '만약 그때 내가 고등학교에 진학했더라면 오늘의 내가 될 수 있었을까?' 하는 생각이 든다. 나는 지금의 내가 가장 보람 있고 승리하는 삶을 살고 있는 것이라고 생각하니까.

아버지께서 서암초등학교에서 일을 하시다가 지병으로 일을 못하시게 되어 내가 그 일을 대신하던 어느 날, 유기성 교장 선생님과 작업을 하던 중에 이런 말씀을 하신다.

"예 영준아! 너의 아버지는 왜 큰 아들인 너는 공부시키지 않고 동생을 시키니? 큰 아들을 공부시켜야 큰 아들이 동생들을 돌볼 것인데...."라고 하신 말씀이 지금도 내 귓가에서 맴돌고 있다. 그때 나는 아무런 대답을 하지 않았다. 물론 내가 대답할 만한 것이 아니기는 하지만 아마 나에게 대답하라고 했다면 이렇게 대답했을 것이다.

"아버지께서 안 시키신 것이 아니라 제가 동생을 보내라고 양보했어요"

사실 그때 나는 우리 집 형편을 너무나 잘 알고 있었기 때문에 동생이 중학교에 가도록 하고 나 스스로 포기하였던 것이다.

나보다 나를 더 잘 아시는 하나님께서는 나의 길을 예비해 놓으시고 인도해 주셨다. '만약 그때 내가 고등학교에 진학했더라면 오늘의 내가 될 수 있었을까?' 하는 생각이 든다. 나는 지금의 내가 가장 보람 있고 승리하는 삶을 살고 있는 것이라고 생각하니까.

하나님을 사랑하는 사람들, 곧 그분의 뜻을 따라 부르심을 받은 사람들에게는 모든 것이 합력해서 선을 이루시는 줄을 믿으며(롬 8장 28절) 다만 모든 일에 하나님께 감사드릴 뿐이다.

그렇게 학교 일을 하면서 공부하던 어느 날, 교육청에서 보고할 공문이 안들어왔으니 속히 제출하라는 독촉장이 학교로 날아왔다. 지금은 팩스나 아니면 인터넷으로 주고받을 수 있지만 그때는 우편이 아니면 인편으로 보내야만 했던 시절이다. 나는 담당 교사가 급하게 작성해 주는 서류를 들고 김포교육청(지금 김포초등학교 병설유치원 자리)에 들어가니 서류를 받아 든 장학사가 서류를 읽어 보더니 잘못되었다고 다시 작성해 오라며, 낮 12시까지 도착해야 도교육청으로 보낼 수 있으니 속히 가져오라고 하는 것이다.

그때가 오전 10시였는데 두 시간 안에는 도저히 힘든 상황이었다. 그러나 내가 장학사 앞에서 무어라 말할 형편이 못 되니 나는 그 서류를 들고 버스 정류장을 향해서 마구 달렸다. 그리고 버스가 오기를 기다렸다가 타고 통진에 도착하여 차에서 내려 다시 뛰어 급하게 담당교사에게 서류를 전해 주었고 이미 전화로 연락받은 교사는 신속히 작성해 주어 다시 그것을 들고 뛰어나와 버스를 타고 12시에 맞춰 장학사에게 서류를 전달하게 되었다.

땀을 흘리며 서류를 들고 들어온 나에게 수고했다며 칭찬하는 소리를 듣고 뒤돌아 나오는데 내게서 서류를 받은 장학사가 옆에 있는 다른 직원들에게 "이런 청년은 웬만한 교사보다 낫군"이라는 소리를 들으며 문을 닫고 버스 정류장으로 부지런히 걸어갔다.

버스를 타러 걸어가면서 생각했다. '이런 청년은 웬만한 교사보다 낫군'

'그래, 지금은 내가 초등학교 교사의 심부름이나 하는 사람이지만, 지금 내가 하는 일에 대해 최선을 다한다면 다른 사람보다 못할 것이 무엇이겠나' 하는 생각을 하며 '최선을 다하는 삶'에 목표를 세웠다.

나는 학교에서 일하던 기간이 내 일생에 아주 귀한 기간이었음을 두고 두고 생각하며 감사한다. 훗날에 교회 사역을 하면서 학교에서 일을 할 때 배운 경험으로 교회에서 주보를 만들고 찬양대 악보를 만들 수 있었고, 그 때 배운 경험으로 피아노, 아코디언 등 각종 악기들을 조금씩 다룰 수 있게 되었다. 뿐만 아니라 그보다 더 귀한 일은 독학을 하면서 잘 풀 수 없는 문제들을 선생님들에게 물어가며 공부할 수 있었기에 결국은 오늘에 설 수 있는 발판이 되지 않았는가! 이한구 선생님은 내게 친절하게 가르쳐 주신 분 중에 한 분으로 내 기억에 생생하며 조경호 선생님, 그리고 이정배 선생님은 친구 이혁배의 형님으로 내게 음악에 대한 기초를 다듬어 주신 분이기도 하다.

그 옛날 등 뒤에서 장학사가 들려준 말 한마디가 내게 새로운 다짐을 하게 해 주었고 그것이 마음 판에 깊이 새겨져 50년이 넘는 세월이 지난 지금도 그 소리는 지워지지 않고 앞으로 남은 나의 삶에도 변함없이 적용될 것이다. 한 날 한 날을 최선을 다해 살다 보면 그날들이 엮여 아름다운 인생이 만들어지리라고 확실히 믿고 살았다.

"선한 일을 하다가 낙심하지 맙시다. 포기하지 않으면 때가 이르면 거두게 될 것입니다."(갈 6:9)는 말씀을 다시 한번 더 새겨 본다.

때로는 오후에 시간이 되면 선생님들과 함께 풍금 앞에 둘러서서 노래를 부를 때가 있다. 그때 나는 베이스를 하여 아름다운 하모니를 만들어 갔다. 조경호 선생님이나 이정배 선생님 같은 분들은 특별히 음악을 좋아하시는 분들이어서 그 선생님들의 사랑을 많이 받았다. 그때는 내가 교회에서 찬양대 지휘를 하면서 시창을 자유롭게 할 수 있을 정도의 능력이 있었기에 선생님들에게도 인정을 받은 것이다. 그리고 밤에 아무도 없을 때는 풍금도 배우면서 기초적인 실력을 키워 나가기도 했다. 뿐만 아니라 그 당시 학교에 리듬 밴드부가 있어서 갖추어져 있던 건반악기로 아코디언이나 오카리나 같은 악기들을 배울 기회가 있었다. 때로는 오후에 선생님들과 배구를 할 때는 키가 컸던 나는 전위 센터를 보면서 한몫을 하기도 했다.

그런데 선생님들이 행사를 마치면 저녁에 술자리를 만드는데 어떤 선생님은 다른 선생님에게 술을 많이 마셔 잔뜩 취하게 한 뒤에 말을 시켜 가면서 그분의 본심을 찾아내는 그런 모습을 보면서 저런 방법도 있구나 하는 생각을 하기도 했다.

십 대의 젊은 시절, 사회에 첫 발을 들려놓으면서 처음 경험했던 모든 일들을 주 안에서 행하게 하신 하나님께 감사드린다. 나의 일거수일투족을 지켜보시는 하나님 앞에서의 삶이라는 사실을 항상 의식하며 살았다. 지난 날들을 돌아보면 그 모든 경험들이 지금까지 살아오는 내 삶의 밑거름이 된 것이 사실이니까.

7. 군 입대 준비

"그렇다면 나는 아무것도 발견하지 못했을 거네. 오히려 이 열악한 연구실이 페니실린을 발견하게 해 주었다네. 창틈으로 날아온 곰팡이가 바로 페니실린의 재료가 되었지. 중요한 것은 환경이 좋다고 해서 꼭 좋은 결과를 얻는 것은 아니라네"

군에 입대할 연령이 되어 학교 일을 그만두고 쉬고 있을 때, 초등학교에서는 운동장을 확장해야 하니 우리 집을 이전해 달라고 하는 통보가 왔다. 마침 집도 다 낡았으니 옮겨서 지어야 할 형편이기도 했다. 내가 군에 나가기 전에 할머니와 부모님과 동생들이 편히 살아야 할 것이니 당연히 건축해야 되겠다고 생각했다. 학교 측에서는 당시 사친회장 박흥근씨의 산이 있으니 그곳 한 곳을 정해서 집을 옮겨지으라는 것이다. 그렇다고 이전을 위한 보상을 해 주는 것도 아니었다. 그동안 우리가 학교를 통해 많은 도움을 받았으니 우리도 별 이견 없이 이전하기로 했다. 그래서 운동장에서 조금 떨어진 산 중턱에 학교 운동장이 바라보이는 동편을 향한 산허리에 터를 닦고 거기에 헌 재목과 흙벽돌을 뽑아서 30여 평 되는 4각형의 집을 지었다. 지금 생각하면 그야말로 움막 같은 생각이 들지만 그때는 그래도 병드신 아버지께서 마지막 사실 집을 시원스럽게 마련했다는 마음에서 뿌듯했다. 아침에 일어나면 먼동이 트는 모습을 보면서 하루 일과를 시작했고 마을 전체를 훤히 바라보며 '하나님, 저들을 구원하여 주세요' 기도하기도 했다. 동리 사람들이 고개만 돌리면 우리 집이 보일 정도로 높았으니 우리 집은 마을의 등대와 같아서 모든 일들이 동리에 다 드러날 수밖에 없었다.

그런데 잊지 못할 일은, 새로 건축할 집터를 닦아 건축 중이고, 한 달 후면 이사를 가고 헐어야 할 헌 집 부엌 가운데 기둥이 하나 있었는데 갑자기 그 기둥 중간이 부러지면서 기우뚱해지는 것이다. 그래서 다른 기둥을 임시로 바쳐대고 한 달을 지내다가 새로 지은 집이 완성된 후에 이사를 했다. 그 집을 건축한 지 70여 년이 되었다고 하는데 그동안 아무런 일도 없었다가 그 집을 헐기 한 달 정도 남겨두고 그렇게 되는 것을 보면서 역시 헐어야 할 집이었구나 하는 생각을 하게 되었다.

주택을 새로 건축하고 입주한 몇 개월 후에 나는 군에 입대하였고, 군에서 제대를 하고 돌아와 새마을 운동을 하였으며, 그 집에 살면서 맹장 수술 후 신학교에 가게 되었으며, 동생들은 그곳에서 공부를 했고, 아버지 할머니께서는 그 집에서 하나님께 부름 받아 가셨다. 막내 동생까지 결혼을 한 후 어머니께서는 미련 없이 그 집을 버려두고 부천 원종동에 작은 집을 매입하여 이사하셨다.

툴리 C. 놀드는 이런 말을 했다.

“인간이 위대한 것은 자기 자신과 환경을 뛰어넘어 꿈을 이뤄내는 능력이 있기 때문이다.”

페니실린을 발견한 영국의 미생물학자 ‘알렉산더 플레밍’의 이런 이야기가 있다. 플레밍은 열악한 연구실에서 포도상구균 연구에 몰입했다. 어느 날 아래층 연구실에서 곰팡이 알레르기 치료 방법을 연구하고 있는데, 그 곰팡이가 창문을 타고 플레밍의 연구실로 들어와 배양 접시를 오염시키는 일이 발생했다. 이상하게 생각한 플레밍은 배양 접시를 오염시킨 곰팡이를 현미경으로 관찰하다가 중요한 사실을 발견했다. 그 곰팡이에 페니실린의 원료가 숨어 있었던 것이다. 그는 이것을 토대로 페니실린을 만들었다.

한 번은 친구가 플레밍의 연구실을 방문하고 깜짝 놀랐다. “자네가 이렇게 허름한 연구실에서 페니실린을 만들다니… 만약 자네가 좀 더 좋은 연구실에서 연구했다면 더 엄청난 발견들을 했을 것이네” 그러자 플레밍은 빙그레 웃으면서 대답했다. “그렇다면 나는 아무것도 발견하지 못했을 거네. 오히려 이 열악한 연구실이 페니실린을 발견하게 해 주었다네. 창틈으로 날아온 곰팡이가 바로 페니실린의 재료가 되었지. 중요한 것은 환경이 좋다고 해서 꼭 좋은 결과를 얻는 것은 아니라네”

하나님께서는 말씀하셨다. “너는 고난당할 것을 두려워하지 마라. 보라. 마귀가 너희 가운데 몇몇을 감옥에 집어넣을 텐데 너희가 10일 동안 핍박을 받을 것이다. 너는 죽도록 충성하여라. 그러면 내가 생명의 면류관을

네게 줄 것이다."(계 2장10절)

오늘의 환경이 평생 이어지는 것은 아니다. 이것을 최선의 발판으로 삼아 딛고 일어설 때 내 생애가 아름답게 만들어지는 것이다.

8. 군 복무 이야기

성탄절에 훈련소25연대 전주석 군목 가정과 전우들

1965년 11월 3일. 인천 공설운동장에 집결하여 어두운 밤에 육군 제2훈련소가 있는 논산 연무대역에 도착하여 다음 날부터 다시 신체검사를 받고 제28연대 7중대 3소대에서 6주간 훈련을 받았다. 추운 겨울도 아니고 그렇다고 무더운 여름도 아닌 11월 중순부터 12월 말까지였으니 늦가을의 황산 벌판은 훈련받기에 적당한 기온이었다.

(1) 육군 제2훈련소 군수과에서

그 해 12월 23일 배출대대에 들어가서 부대 배치를 받기 위해 기다리게 되었다. 1천여 명의 장병들은 앞에서 기간병이 호명하는 대로 어떤 이들은 전방으로 어떤 이들은 후방으로 배치되어 가는 것이다. 그런데 천여 명의 장병들이 거의 다 배출되어 나가고 몇 십 명 정도만 남았는데 내 이름은 부르지 않는 것이다. 이제 십여 명 밖에 남지 않았다. 12월 말의 황산벌 겨울날은 저물어 가고 주변에는 각 부대로 갈 병사들이 차를 타며 바쁘게 움직이는데 나는 초조하게 내 이름 부르기만을 기다리는데 "군번 11527859 박영준 자충." 하는 것이 아닌가. 처음에는 '자충'이라는 말에 어리둥절했으나 얼른 정신을 차리고 안내하는 대로 따라 움직였다. 전방으로 가는 친구들은 더블백에 방한복, 오버 등 한 자루 가득 담아서 어깨에 메고 가는데 나는 다른 다섯 명과 함께 아주 간단한 가방을 들고 안내 병을 따라간 곳이 훈련소 소본부 대기실이었고 그해 성탄절과 1966년 새해를 그곳에서 대기병으로 보냈다.

연초까지 소본부에 머물다가 제25연대 군수과로 발령을 받고 군수과 일종계 조수로 일하게 되었다. 내 상급자로는 김병장이 있었고 그 위에 김하사가 있었는데 어느 날 갑자기 감찰검열을 받게 되었는데 검사 결과로 인해서 김하사가 영창을 가고 말았다. 장부의 기록과 재고가 맞지 않았기 때문이었다. 그 후로 결국 내 바로 위의 김병장이 모든 업무를 보게 되었고 내 업무도 많아졌다. 6개월이 지났을까 또다시 감찰검열에서 지적되어 내 선임자 김병장도 헌병대에 가더니 돌아오질 않는다. 결국 내가 상병으로 모든 업무를 맡아했고 내 아래는 조일병이 조수로 나를 도왔다.

(2) 박영준 집사님 귀하

업무를 보는 중 알게 되었지만 아무리 철저히 관리한다고 해도 창고에 재고가 어떤 때는 남고 어떤 때는 부족하기도 할 때가 가끔 있다. 작전과의 훈련 계획에 따라 인사과에서 식수 인원 통계를 제대로 해 주어야 하는데 휴가 또는 외박, 외출 등 이동 인원이 있고 작전으로 인해 오고 가는 인원이 있어서 잘 맞지 않을 때가 있다. 그것을 맞추는 과정이 여간 힘든 일이 아니었고 그래서 많은 애를 먹게 되는 것이다. 연대 병력 약 3,600여 명의 식량을 날마다 착오 없이 관리한다는 것이 그리 쉽지만은 않았다. 그래서 그야말로 재수가 없으면 감찰검열에 걸린다는 말이 있다. 더군다나 부정을 저지르게 되면 더욱 그렇게 될 수밖에 없다.

나는 주일이면 교회찬양대 지휘를 했기 때문에 주말에 외박을 나갈 수도 없었고, 당시 본 교회(서암교회) 담임목사님께서 보내주시는 편지봉투에 '박영준 집사님 귀하'라고 보내오는 편지 때문에 내가 교회 집사인 것을 연대 본부중대원들 대다수가 알고 있어 나는 다른 병사들처럼 그렇게 자유스럽게 행동하지 못했다. 그래서 어떤 면에서는 좀 부자유스럽기는 했어도 한편 군 생활 하는 동안 신앙을 지키기는 일에는 오히려 큰 도움이 된 것이 사실이다.

(3) 제 자리를 안 지키다가

어느 따뜻한 봄, 연무대 진영에 진달래 개나리가 활짝 펴서 온 세상이 아름답게 장식되던 주일 아침, 공연히 영외로 나가고 싶은 마음이 들었다. 마침 공병대 작업 차량이 은진 강가로 나간다고 한다. 그때만 해도 고참 이어서 한가했던 모양인지 내 마음이 거기에 끌렸다. 주일 아침 예배에 찬양대 인도할 생각을 접고 나는 그 작업 차에 몸을 실었다. 그리고 신나게 영외로 나가 반야산 기슭에 있는 관촉사 바로 앞에 있는 은진 백사장에서 하루를 즐겁게 지냈다. 교과서에도 나와 있고 말로만 듣던 은진미륵(우리나라에서 제일 큰 불상으로 보물 제218호. 정식 명칭은 석조미륵보살)도 구경했는데 듣던 대로 석불이 엄청나게 크다. 사찰에 대해서는 별 관심은 없었고 그 앞에 있는 강가 백사장에서 뒹굴면서 주말 하루를 즐기고 오후 늦게 다시 작업 차 뒤에 타고 영내로 들어왔다. 주일 오후라서 영내는 한산했다. 나는 연대본부 앞 내 사무실이 있는 막사 앞에 왔을 때 차를 천천히 가도록 하고 차에서 뛰어내렸다. 그런데 이게 웬일인가. 뛰어내리면서 팔을 겹 찔렸고, 금방 부어오르기 시작한다. 아파서 내무반에 있던 약을 찾아 발라도 가라앉질 않았다. 다음 날 의무대에 가서 치료를 받아 약간의 회복은 되었지만 불편하기는 마찬가지였다. 군목 전목사님께서 왜 그러냐고 묻는 말에 대답도 못하고 얼버무렸다. 찬양대 지휘자가 주일을 지키지 않고 놀러 갔다가 그 모양이 되었다는 말을 어떻게 한단 말인가. 결국 며칠간 휴가를 얻어 집에 와서 침을 맞으며 치료를 받고 귀대했다. 그러나 그 흔적은 지금까지도 내 몸에 그대로 남아 있다.

내가 있어야 할 자리에 있지 않고 엉뚱한 자리에 갔다가 그런 일을 당했다. 다행히도 그동안 아프진 않았지만 손목이 약간 비틀어져 있고 나이가 들면서 가끔 시큰거려서 그때 일을 되 새기면서 하나님 앞에 회개한다.

누가복음 14장에 나오는 예수께서 안식일에 수종병 환자를 고치신 사건이 생각난다. 예수께서는 안식일은 단순히 아무것도 하지 않고 쉬는 날이 아니라, 적극적으로 선을 행하고 소외되고 버림받은 자를 비롯해서 진정한 안식을 누리지 못하는 모든 자들을 찾아가 그들에게 그리스도가 주시는 참 안식과 평화를 누릴 수 있도록 도와주는 날이라는 의미를 주신다. 그런데 교회 찬양대 지휘자가 주일 예배시간에 엉뚱하게 사찰구경이나 하러 다녔으니 꼴이 우습게 되었다.

(4) 펜팔 이야기

연대본부중대에 근무하면서 주일 예배시간에는 찬양대 지휘를 하고, 오후에는 쉬고 있는 훈련병들을 찾아다니며 상담을 해 주었다.

그러던 어느 날, 경기도 양주군 남면 신산리 이필순이라는 고3 여학생에게서 편지가 왔다. 물론 나는 알지도 못하는 학생이다. 전방이라면 위문편지라고 하겠지만 후방에는 그런 편지가 없는데 말이다. 봉투를 뜯어보니 내용은 이런 것이었다. "오빠가 군에 입대해서 25연대 13중대에서 훈련을 받았는데 요즘 갑자기 소식이 끊겨서 부모님들께서 궁금해하십니다. 그런데 전에 오빠가 편지를 보내오면서 궁금한 일이 있으면 연대 본부중대 박영준 병장님께 편지하면 친절하게 알려줄 것이라고 해서 편지를 하게 되었습니다."라는 내용이었다.

그런데 사실은 훈련병들은 6주간 훈련이 끝나면 배출대를 통해서 다른 부대로 배치되기 때문에 그 훈련병도 이미 우리 훈련연대를 떠난 후였다. 그래서 그 내용을 그 여학생에게 아주 자세하게 그리고 재미있게 써서 답장을 해 주었더니 다시 답장을 보내오기를 "보내주신 편지를 받고 부모님들이 마음을 놓게 되었는데 얼마 후에 오빠에게서 타 부대로 배치되어 왔다고 하며 새로운 주소를 보내왔다"며 감사하다는 내용이다.

그 답장을 받고 나는 다시 답장을 보내면서 부대 안에서 벌어지는 재미있는 일들, 그리고 책을 읽으면서 얻어지는 상식들을 내용으로 편지를 보내주면 그 학생은 반가워하며 "그런 책을 자기도 읽고 싶으니 보내주세요"라고 하였다. 그러면 가끔 시집 같은 것을 보내 주기도 하면서 편지를 주고받았다.

그러다가 연말이 되면서 이 학생이 고등학교를 졸업을 하면 대학에 진학하지 못하고 인천에 있는 간호학교에 가게 된다는 것이다. 그 후에도 나는 계속 편지를 보냈고 내 책을 살 때면 그 학생에게 유익하다고 생각되는 책도 사서 보내 주었다. 그런데 사실 나는 그 학생의 얼굴도 모른다.

그 후에 몇 번 편지를 주고받았는데, 어느 날 마지막 편지를 받게 되었으니, 그 편지 내용은, 양주에 사시는 아버지에게서 편지가 왔는데 속히 집으로 오라고 해서 주말에 집에 갔더니 아버지 앞에 앉으라고 하시며 그동안 내가 보낸 편지와 책들을 모두 꺼내 놓고 이것들을 모두 불태우든지 아니면 이 집을 나가든지 하라고 하시더라는 것이다. 한참 야단을 맞고 그것들을 모두 불에 태우고 말았다는 것이다.

그때부터 나도 더 이상 편지를 하지 않았으니, 혹시라도 그 학생의 마음에 상처라도 주지 않을까 하는 생각에서…

(5) 찬양대 지휘

나는 음악을 전공하지 않았지만 소년시절부터 교회에서 찬양대를 했고 계명 창을 할 수 있을 정도로 음을 바로 잡을 줄 알았고 입대하기 전에 교회에서 찬양대 지휘를 한 경험이 있기 때문에 어느 정도 자신이 있어 훈련소 연대 교회에서 찬양대 지휘 봉사를 했다. 보통 연대 훈련병 병력이 3,200명 정도 되는데 매기마다 주일예배를 드리러 나오는 훈련병 신자가 약 400명 정도가 된다(지금은 소본부에 대형 예배당을 건축하여 예배드리므로 연대교회가 없음). 주일 아침 9시경이면 각 중대에서 주번병들이 신자들을 인솔해 오면 50평 정도 되는 콘서트 예배당 바닥에 바싹바싹 다가앉아 가득 차게 된다. 예배 20분 전쯤 앞에 나가서 '입대 전에 본 교회에서 찬양대원으로 봉사하던 훈련병은 앞으로 나오라'고 하면 약 40명 정도가 나온다. 그러면 그들을 예배당 밖으로 나오게 해서 연습을 시키는데 멜로디와 테너 베이스 별로 파트 연습을 한 번 하고, 첫 음을 잡아주고 지휘를 하면 그대로 3부 합창이 나온다. 지난 주일까지 본 교회에서 찬양대에서 봉사하던 사람들이고 그리고 어느 정도 자신이 있으니까 앞에 나왔을 것이고 그리고 힘든 훈련 중이니 심리적으로 간절함과 열심도 있었다. 그렇게 1년 반 정도 찬양대 지휘 봉사를 했다.

토요일 오후와 주일 오후, 훈련병들이 쉬는 시간에는 각 내무반을 순회하면서 육체뿐만 아니라 정신적으로 힘들어하는 훈련병들의 상담자가 되어 그들의 어려운 문제들에 대해서 상담해 주고 위로와 격려를 해 주었다. 만약 그 당시에 내가 앞으로 목회할 계획이 있었다면 더욱 구체적으로 상담자 역할을 했을 텐데 그때만 해도 목회에 대해서는 아무런 관심이 없었다. 어떻든 그때 그 일은 보람이 있었다.

훈련소에서 군대생활 한 것이 내게는 많은 추억거리를 남겨주었다. 남자들이 모인 곳에서 군대생활 이야기를 빼면 할 말이 없다는 말도 있는데 나에게도 잊지 못할 일들이 많다.

(6) 군가경연대회 출전

상병 시절 우리 연대에 차인태 소위(전 MBC TV 아나운서)가 정훈장교로 부임해 왔다. 그때 마침 육군 2군사령부 주관 군가경연대회가 있어서, 우리 제2훈련소에서도 출전하게 되었는데 차인태 정훈장교가 연세대학교 음대 성악과 출신이기 때문인지 내가 복무하는 25연대에서 제2훈련소 대표로 출전하게 되었다. 그래서 연대교회 사병 중에서 6명을 중창단으로 조직하여 연습을 하게 되었다. 그 당시 새마을 운동이 한창이었기 때문에 노래도 새마을 노래였다. 지금도 분명히 기억하고 있는 노래로 제목은 '잘 살아보세'라는 노래다.

1절. 잘 살아보세 잘 살아보세 우리도 한번 잘~ 살아보세
금수강산 어여쁜 나라 한마음으로 가~꾸어 가면

알뜰한 살림 재미도 절로 부귀영화도 우~리 것이다.

2절. 일을 해보세 일을 해보세 우리도 한번 일을 해보세
대양너머에 잘사는 나라 하루아침에 이~루어 졌나.
티끌을 모아 태산이라면 우리의 피땀 아낄까보냐

3절. 뛰어가 보세 뛰어가 보세 우리도 한번 뛰어가 보세
굳게 닫혔던 나라의 정문 세계를 향해 활~짝 열어
좋은 일일랑 모조리 배워 뒤질까보냐 뛰어가 보세

후렴. 잘 살아보세 잘 살아보세 우리도 한번 잘 살아보세
잘 살아보세~~~~~

우리는 일과 후에 모여서 열심히 연습했고, 자세히 알지는 못하지만 대구의 어떤 넓은 강당에서 대회가 있었는데 군인답게 열심히 힘차게 불렀는데 그때의 상황 중에 기억에 남는 것은, 그렇게 큰 무대에 서보기는 처음이었고 관중석에는 1천여 명의 군인들이 가득한 중에 제일 선명하게 보이는 것은 한쪽에는 정복 차림의 여군들이 있었던 것이다. 그 여군들을 바라보면서 더 열심히 했는지도 모른다. 강당에 모인 사람들은 남자와 여자로밖에 어떤 사람이 왔는지 어떻게 생긴 사람들이 모였는지 아무것도 모른다. 다만 군인들만 모인 것은 확실하다.

그 대회에서 우리는 당당하게 1등을 하고 부대에 귀대해서 연대장실에 귀대 보고를 하러 들어갔더니 연대장께서 칭찬을 하면서 "너희들, 제대하고도 중창단을 만들어서 활동해봐라"라고 하면서 훈련소장 지시에 의해 포

상휴가를 한 주간 받아 집에 다녀오기도 했다.

그리고 차인태 소위는 그 당시 새로 개국된 제2훈련소 방송국 아나실장으로 자리를 옮겼다. 제대를 하고 얼마 후부터 MBC TV 방송국 아나운서로 브라운관에 나오는 것을 볼 수 있었고, 후에 서울 영락교회 시무장로로 사역할 때 전화 통화를 했고 얼마 전에는 일산에 사는 그분과 통화를 했다.

제대를 한 후 군가 경연대회에서 불렀던 '잘 살아보세' 노래를 열심히 부르면서 새마을 운동을 할 수 있었으니, 새마을 운동은 빈민국에서 세계 10대의 부강한 나라로 만드는 계기가 되었고 세계적으로 지원받는 나라에서 지원하는 나라가 되는 역사를 이루었다.

(7) 김신조 일당의 출몰과 고뇌

군수품 관리 업무를 보는 중 알게 되었지만 아무리 철저히 관리한다고 해도 창고에 재고가 어떤 때는 남고, 어떤 때는 부족하기도 할 때가 가끔 있다.

그런데 그 업무를 일 년 넘게 보는 중에 때때로 밀려오는 두려움이 생긴다. 내 선임자 두 명이나 영창에 가는 것을 보았는데 나도 모르는 어느 순간에 실수를 한다면, 아니 재수가 없으면 나도 영창에 갈 수 있지 않을까 하는 염려다.

그 당시 군 복무기간이 30개월이었는데 점점 앞당겨지면서 빠르면 27-28개월이면 제대를 했다. 그런데 1968년 1월에 북한에서 김신조 일당이 청와대 뒷산까지 넘어왔던 일로 인해 제대가 연기되고 있었다. 나도 그 해 2월이면 제대할 수 있을 것이란 기대를 했는데 그 일로 인해 제대 일정이 미뤄지면서 불안은 더욱 커지는 것이다. 일반적으로 제대 1개월 전에 조수에게 업무를 인계하고 쉬다가 제대시키는 것이 일반적인 사례인데 내게는 그 혜택이 주어지지 않았다.

그러던 어느 날부터 식사를 하면 그대로 토하는 것이다. 도대체 음식을 먹을 수가 없었다. 며칠을 그렇게 지낼 때 연대 군목이신 전주석 목사님께서 나를 보시고 "얼굴이 좋지 않아 보이는데 웬일이냐?"라고 하시기에 구토가 심해서 식사를 하지 못한다는 말씀을 드렸더니 의무대로 가자고 하시며 수액 1000cc를 맞도록 해 주셨다. 훈련병들이 오후 교육하러 나갈 때 주사 바늘을 꽂았는데 훈련을 마치고 돌아오면서 부르는 '사나이로 태어나서 할 일도 많다만…'하는 군가 소리를 들으며 주삿바늘을 뽑았으니 아마도 4시간 정도는 맞은 것 같다. 그리고 저녁식사 시간에 취사장에 내려갔더니 취사반장이 삶은 닭 한 마리를 주는데 시장한 김에 그걸 혼자서 다 먹고도 아무 이상이 없었고 그 후에 몸은 회복되어 결국 제대하기 하루 전까지 내 일종 업무를 보다가 5월 말에 무사히 제대할 수 있었으니 하나님의 은혜에 감사드릴 뿐이다.

9. 서암교회 이야기

그 일로 나는 가끔 '그래 나는 내 고향을 떠날 이유도 없으니 앞으로 우리 서암교회의 훌륭한 장로가 되는 거다. 그럴 바에야 일찍 직분을 받는 것도 괜찮지' 라고 생각하며 감사한 마음으로 내가 할 수 있는 일에 최선을 다해 열심히 봉사했다.

1960년도 성탄절에 김홍준 목사님과 함께

(1) '마송교회' - '통진중앙교회' - '서암교회'로…

나의 주일학교 시절의 서암교회 이름은 마송교회였다. 통진중학교 교사였던 배창선 선생님 가정에 모여 예배드리기 시작하다가(1953년) 경기노회 여전도회 연합회에서 파송한 이영애 전도사의 인도로 예배를 드렸고, 배 선생님이 살던 주소지가 양촌면 마송리였기 때문에 교회 이름도 마송교회라고 한 것 같다. 그 후에 교회가 부지를 마련하여 옮긴 현 주소지가 월곶면 서암리였고, 거기에 자그마하게 판자로 된 예배당을 건축했으며, 내가 삼촌의 인도로 처음으로 나갔을 때, 체격이 뚱뚱하신 이영애 여전도사님이 교역자로 예배를 인도하셨다.

그런데 그 후 수년 동안을 마송교회로 지내다가 우편물이 대곶면 송마리에 있는 송마리교회와 이름이 비슷하여 우편물이 송마리교회로, 또 송마리교회 우편물이 마송교회로 오는 일이 자주 있었고, 실제로는 현재 교회가 위치한 지역이 통진의 중앙이므로 통진중앙교회라고 노회에 등록을 하려고 했더니 노회 정치부원들이 너무 범위가 크다며 현재 소재지가 '월곶면 서암리'이므로 서암교회라고 하는 것이 합당하다고 하여 오늘까지 이르게 되었다고 한다.

(2) 주일학교 시절

서암교회는 성장하기가 힘들어서였는지 교역자도 자주 바뀌었다. 개척 초기에는 영등포교회와 인천제일교회의 지원을 받아 선교사역을 했다, 그동안 동리에 교회가 없어서 다니지 못했던 우리 할머니와 막내 삼촌이 먼저 등록하여 다니시다가 내가 초등학교 6학년 봄, 어느 주일 아침에 삼촌께서 "너도 함께 가지 않겠니?"라고 하셔서 따라나선 것이 처음 교회에 나간 것이다. 교회당은 조그만 판자 건물이었고 강단 뒤쪽에 흙벽돌로 지은 사택이 있어 전도사님이 그 사택에 사셨다.

주일 아침에 주일학교에 나갔는데 담임선생님이 오윤석 집사님이었다. 앞에 나가 환영을 받고 그 후로 동생들도 데리고 다니며 요절 암송과 전도를 열심히 해서 출석상, 요절상, 전도상도 많이 받았다. 그리고 우리 반이 전체 우승도 하는 재미가 있어 더 열심히 했다. 그렇게 주일학교 생활을 하면서 지내다가 초등학교를 졸업하는 해에 주일학교도 졸업을 하게 되었으나 중고등부가 없어서 중학교 1학년 때는 사범반이라고 해서 보조교사를 하다가 중학교 1학년 말에 7명이 주일학교 졸업장을 받게 되었는데 우리 교회 역사상 우리가 처음 졸업생이어서 내가 졸업장 넘버 제1호였다. 서암교회 주일학교 졸업생 제1호가 목사가 되었다는 자부심을 가질 때가 가끔 있다.

오윤석 집사님이 서암교회 초대 장로가 되셨는데 오 장로님은 행정을 꼼꼼히 해서 수십 년이 지나도록 졸업생 대장과 여름성경학교 학습자료 시험지들이 내가 신학교에 다닐 때까지도 보존되어 있었다는데 아마도 예배당을 신축하면서 소실되지 않았나 생각된다. 물론 우리 7남매 모두가 서암교회 주일학교 졸업생들인데 본 교회는 떠났지만 각 곳에서 열심히 하나님의 교회를 위해 사역하고 있다.

맏이인 내가 목사요, 둘째 남동생이 장로, 셋째 누이동생이 권사, 넷째 여동생이 권사, 다섯째가 집사로 세상을 떠났고, 여섯째가 목사로 영등포노회에서 목회하고 있고, 일곱째 동생이 집사로 사역하고 있다.

(3) 건축 중, 비에 담 벽이 무너져서.

중학교 시절, 교회가 어느 정도 성장하면서 예배당을 건축하는 일이 있었다. 교회 남녀 청년들이 흙을 찍어 말려서 벽돌을 만들었다. 그렇게 해서 만든 벽돌을 시멘트 콘크리트로 기소를 한 위에 쌓았고 토요일 늦게까지 5m 정도의 벽을 쌓고 주일을 지키고 벽이 마른 후에 지붕 공사를 할 계획이었던 것 같다. 그런데 이게 웬일인가. 토요일 밤에 비가 오기 시작했다. 주일 아침에 동생들과 동네 아이들을 인솔하여 비료 포대나 우장을 뒤집어 쓰고 주일학교 예배를 드리기 위해 교회로 갔다. 나는 그때 주일학교 사범반이었다. 사실 교회에 나가도 예배드릴 장소가 없었다. 그러나 비가 온다고 주일학교에 안 갈 수도 없지 않은가. 그래서 부지런히 나가서 보니 흙벽돌을 쌓아 만든 벽에 군대에서 나온 갑바가 씌워져 있었다. 우리는 그 안으로 들어갔다. 사실은 지붕도 씌우지 않았기 때문에 그 안에 들어가도 예배드릴 형편은 못된다. 예배당 안에 들어가니 주일학교 부장인 오윤석 집사님이 안타까운 표정으로 이곳저곳을 보살피고 있었다. 그런데 갑바를 씌웠어도 비가 많이 오고 바람이 심하게 불어서 바람에 갑바가 펄럭이며 벽을 치니 벽돌에 물을 뿌리면서 벽이 무너질 위기가 되었다. 장로님은 우리 보고 오늘 예배를 드릴 수 없으니 집으로 돌아가라고 하시면서 그 흔들리는 벽을 손으로 버티는 것이 아닌가. 우리도 도우려고 하니까 위험하니 빨리 집으로 돌아가라고 소리치는 바람에 우리는 집으로 돌아오고 말았다.

그 후 쌓아놓았던 흙벽은 다 무너져서 흙벽돌 예배당을 포기하고 그 후에 이미 만들어 놓은 콘크리트 기소 위에다 목재로 약 40평 정도의 예배당을 건축해서 오래 동안 사용해 왔다.

후에 오윤석 장로님은 벽돌 예배당 짓는 것이 꿈이라며 그 당시 짓지 못한 흙벽돌 예배당을 잊지 못하다가 한창길 목사님 재임 때 적벽돌로 예배당을 건축하였는데 모든 공사를 교회가 직영으로 건축하여 헌당한 것으로 알고 있다. 현재의 예배당은 한요섭 목사님께서 부임하여 현대식 건물로 아름답게 건축되었다. 한 목사님은 본당을 건축하기 전에 먼저 교육관을 현대식으로 건축하고 그 교육관에서 몇 년 동안 예배드리다가 본당을 건축했다.

(4) 세례 받음.

해마다 봄이면 온 교회가 야외예배를 나갔다. 어느 해에는 시찰 내 모든 교회가 함께 연합야외예배를 드리기도 했다. 아주 재미있었던 일이 기억난다.

대곶면에 있는 수안산으로 김포시찰교회 연합야외예배를 드리러 나갔다. 대곶면 수안산이면 우리 교회에서 5km가 넘는 곳인데 그 먼 곳을 모든 성도들이 걸어서 가야 했다. 예배 찬양은 연합 찬양대가 '내주 하나님 넓고 큰 은혜는'을 했고, 특별송으로는 '저 못 속에 맹꽁이 저 못 속에 삽살개'

라는 노래와 '꼬부랑 할머니'라는 노래였다. 나는 그때 중학생이어서 거기에 들지는 못했지만 그게 얼마나 재미있었는지 돌아와서 곧바로 악보를 구해서 배웠다. 지금도 모임에서 가끔 그 노래를 부를 때가 있다. 그러나 요즘 젊은이들은 그 노래를 별로 재미있어하지 않는 것 같다.

그때, 내가 15살이 되던 1959년 봄 야외예배를 드리고 돌아와 저녁에 학습문답을 했고 그해 늦은 가을인 11월 29일 주일 저녁 예배 시작하기 전에 세례문답식을 했다. 그때 우리 교회에는 김홍준 전도사님께서 시무하셨기 때문에 누산교회에 담임이신 김영만 목사님께서 당회장으로 오셔서 문답을 하게 되었다. 우리 교회에는 장로님도 안 계셨기 때문에 당회장 목사님과 담임 전도사님, 그리고 영수님 한 분, 이렇게 3분이 문답을 하셨다.

다른 누나들 4명과 함께 문답을 하게 되었는데 누나들은 좀 힘들어하는 눈치였으나 나는 아무렇지 않게 대답도 잘했고 잘 감당했다. 주일학교에서부터 훈련을 받고 주일학교에서 보조교사로 봉사를 했기 때문인 것 같다. 그날 저녁 예배 시간에 다른 누나들과 함께 세례를 받았고 감격스런 첫 성찬식에 은혜롭게 참여했다.

(5) "박영준 집사님!"

1963년 성탄절 아침, 마침 그날 교회에서는 내년에 일할 사역자들을 임명했다. 그런데 그날 제직 임명에 나도 포함되었다. 이미 담임목사님께 들은 이야기가 있었다. 할머니와 막내 삼촌 내외분 등 한 집에 집사 세 분이 있는 가정으로 우리 교회에서는 가장 큰 가정이라고 할 수 있었는데, 할머니께서는 허리가 좋지 않고 힘들어 출석을 제대로 못하시고, 삼촌 내외분은 분가를 해서 가현교회로 떠나시고, 결국 집사가 한 사람도 없는 가정이 되었으니 박 선생을 내년에 집사로 임명할 것이니 그리 알라는 통보였다.

처음 임명을 받을 때 조금은 당황스럽기는 했지만 이미 알고 있던 사실이었는데 예배를 마치고 교회당 문을 나서는데 뒤에서 교회학교 장 선생이 "박영준 집사님!" 하고 부르는데 얼마나 당황했는지 모른다. 그도 그럴 것이 아직 20세도 안되었는데 집사라니 어이가 없기도 하다. 하기는 오윤석 장로님은 교회 창립 멤버이면서 결혼을 늦게 해서 총각 집사로 오랫동안 봉사했다. 그 일로 나는 가끔 '그래 나는 내 고향을 떠날 이유도 없으니 앞으로 우리 서암교회의 훌륭한 장로가 되는 거다. 그럴 바에야 일찍 직분을 받는 것도 괜찮지'라고 생각하며 감사한 마음으로 내가 할 수 있는 일에 최선을 다해 열심히 봉사했다.

(6) 찬양대 지휘

서암교회에는 이웃에 있는 군부대에서 군인들이 많이 출석했고 특별히 찬양대 남자 파트는 반 이상이 군인이었고 당시 여단본부 군악대 지휘자인 김상사라는 분이 찬양대 지휘를 했다. 그런데 어느 날 갑자기 타 부대로 전근을 가서 지휘할 사람이 없게 되었다. 그때 목사님께서 내게 지휘를 하라고 하셨다. 나는 시창을 할 수 있을 정도의 음감 능력이 있다고 인정을 받았기에 내가 지목을 당한 것이다. 결국 피할 길이 없어 앞에 나가서 지휘를 했는데 대략 몇 개월간을 한 것 같다.

그 후로 나는 음악에 어느 정도 소질이 있는 사람으로 인정을 받아서 교육전도사 시절에도 아동부 찬양대 지휘를 할 수 있었고 신학교에 다니면서도 음악부장에, 또 반 대항 합창대회에서 지휘를 하기도 했다. 작은 경험이 자신감을 세워줬다.

(7) 내가 만나고 섬겼던 교역자님들.

a. 이영애 전도사님(1953년)

사실 내 기억에 남는 이 전도사님은 몸집이 크고 뚱뚱하셨다는 것밖에는 별로 남는 것이 없다. 어떻든 교회 개척 당시에 수고가 많으신 분이었던 것은 사실이다.

b. 김성화 전도사님(1956년)

그 후임으로 김성화 전도사님이 부임하셨는데 김 전도사님은 주일학교 어린이들에게 아주 재미있게 말씀을 전해 주셨다. 그리고 가난하던 시절에 선교사를 통해오는 구제품을 받아 성도들에게 나누어 주던 일을 지금도 기억한다.

어느 토요일 오후에 구제품을 받으러 오라고 해서 교회에 나갔더니 예배당 마룻바닥에 구제품 옷들을 몇 개씩 나누어서 줄을 지어 늘어놓았는데 우리가 가니까 한 무더기씩 가져가라고 하셨다. 그날 내가 받아온 옷 중에서 모직 남방이 내게 맞는 것이 있어서 그것을 수년 동안 잘 입은 기억이 난다. 어떤 때는 우유를 받기도 했다.

c. 김홍준 목사님(1958년)

김 목사님은 군대 장교로 제대하고 신학교를 다니면서 전도사로 우리 교회에 오셔서 목회하셨는데 4남매를 데리고 많은 고생을 하셨을 뿐만 아니라 우리 교회에 시무하시면서 큰일을 하신 목사님이시다. 절친한 친구 중에 서울 을지로교회에 시무하시는 김암 장로라는 분을 통해서 교회당 옆 부지 약 400평을 헌납받아 교회를 확장했다. 그래서 그 땅에 고추농사와 고구마를 심어 가꾸기도 했고, 그리고 김암 장로께서는 도사리에 밭을 매입하여 과수원을 만들어, 김 목사님은 목회하면서 그 과수원을 관리하며 곡식을 심어 가꾸며 생활을 해나가셨는데 그 후에는 김 집사라는 분이 와서 과수원을 관리했는데, 내가 알기에는 교회 부지의 명예 이전문제를 관리하던 김집사가 해결하지 않고 떠나서 김 목사님이 떠나신 후에야 해결된 것으로 기억한다.

한 번은 추운 겨울 어느 날 교회 마당에 걸인이 누워 있는 것을 마침 교회에 나왔던 고등학생들이 보고 길 건너편 양지바른 곳에 쌓아 놓은 짚더미로 옮겨 놓았는데 그만 그날 밤에 그 걸인이 동사하는 일이 발생했다. 교회가 위치한 곳은 월곶면 서암리인데 걸인이 사망한 지역은 양촌면 마송리이기에 지역적인 감정 문제가 있어 그 일로 인해 목사님은 경찰서에 불려다니시다가 결국은 얼마간 구속되는 일까지 있었다. 교회는 그 일로 기도를 많이 했다.

목사님은 우리 교회에서 목사 안수를 받고 몇 년간 시무하시다가 경기노회 전도목사로 일하시게 되어 우리 교회를 떠나셨다. 나에게 염소를 사 주시면서 강의록으로 고등학교 과정을 공부할 수 있도록 해 주신 분도 김 목사님이시다.

훗날에 나는 김 목사님을 영의 아버지로 생각하고 존경했으며 어려운 때마다 목사님을 찾아가 뵙고 상담하며 지도를 받았다. 오랜 세월이 지난 후에도 김 목사님 큰아들 성호(나의 6년 연하)는 나를 형님처럼 생각하며 가깝게 지냈는데 협성대학교(감리교재단) 경제학 교수로 재임 중에 아버지께서 원하셨던 목사가 되기 위해 감리교단 신학과에 등록을 하고 공부하여 졸업을 하였다. 그러던 어느 날 내게 찾아와서 목사 안수를 받아야 하는데, 아버지께서 장로교 목사인데 감리교에서 안수받고 싶은 생각은 없다며 장로교에서 안수받을 수 있는 길은 없겠느냐고 물었다. 나는 한 가지 방법은 감리교 목사로 안수받은 후에 장신대에서 1년간 교리와 헌법 공부를 하고 장로교 목사가 될 수는 있다고 했더니, 얼마 후에 장로교 초교파 연합회에서 교회에서 청빙을 해 주면 안수받을 수 있다고 하여 우리 교회 당회가 교육목사로 청빙 하기로 하고 안수를 받게 되어 그 후에 부부가 우리 교회에 출석하여 수년간 무임 교육목사로 사역하며 나를 도왔다. 감사한 일이다.

d. 김명국 목사님(1963년)

김명국 목사님은 송마리교회에서 시무하시다가 오셨는데 그 당시 부흥사로 많은 교회에 집회를 다니셨다. 전에 우리 교회에 오셔서도 집회를 하신 일이 있었는데 재미있고 은혜롭게 인도하셨다. 김 목사님은 한쪽 발에 장애가 있어 절름거리셨는데 한쪽으로 기운 몸으로 서서 설교를 하시다가 회중 가운데 조는 사람이 있으면 발을 쾅하고 굴러서 잠을 깨게 하기도 했다. 나에게 '너는 커서 목사가 되었으면 좋겠다.'라고 권면하신 분이시다. 후에 가현교회도 시무하셨고 삼보교회에도 시무하신 분이다. 송마리교회에는 세 차례나 시무하시기도 했다.

e. 최춘식 강도사님(1965년)

당시 우리 교단에 신학대학을 졸업하고 목사고시에 합격한 사람에게는 강도사라는 직분이 주어졌다. 최 강도사님은 김포 출신으로 음악에 조예가 깊었다. 그래서 찬양대원들의 질을 높이기 위해 찬양대 교육을 시켰는데 그때 나도 시창 법을 배웠다. 후에 강도사님은 지병으로 하늘나라에 일찍 가셨다.

f. 한기익 목사님(1967년)

한 목사님은 강도사로 우리 교회에 부임하셔서 안수를 받으시고, 내가 군에 입대할 당시에는 담임목사로 시무하셨으며 사모님은 인천 적십자병원 간호사로 근무하며 주말부부로 매주 토요일마다 오셨다. 장모님과 처제가 함께 살았는데 그 당시에 이정숙 전도사님을 세워 심방을 하게 하였다.

한 목사님은 내가 군에 있을 때에 편지에 '박영준 집사님 귀하'라고 보내와서 우리 연대 본부중대에서는 내가 집사라는 사실을 모르는 사람이 없을 정도였으며 그 일로 오히려 군에서 신앙의 울타리 안에서 경건 생활 하는데 많은 도움이 되었던 것 같다.

g. 오덕운 목사님(1969년)

제대하고 귀가하니 교회에 오덕운 목사님이 시무 중이었다. 목사님은 경상도 사투리가 심하셔서 설교하시는 말씀을 알아듣기가 매우 불편했다. 목사님 지도 아래 교회를 섬기다가 하나님께 부름을 받아 신학교에 올라가게 되었다. 훗날 부천 원미동교회를 개척하셨다는 소식을 들었다.

이렇게 7분의 교역자를 섬겼으며 그 외에도 신학생으로 이영갑 전도사님(후에 정릉교회 장로로 총회 사회부간사로 사역함), 그리고 어린 딸과 함께 오셔서 사역하시던 조 전도사님도 기억이 난다.

지금은 한요섭 목사님께서 1997년 1월에 부임하여 현재까지 시무하시며 혼란하던 교회를 안정시키고 예배당과 교육관을 신축하시면서 30년 가까운 세월 동안 사역을 하고 계신다. 하나님의 교회는 든든히 세워져가고 있으니 하나님의 은혜에 감사드릴 뿐이다.

03 모든 것이 합력하여 선을 이루다(결혼)

1. 무거운 짐을 홀로 지신 어머니
2. 꿈 땅을 가꾸다
3. 서울장신대학 시절
4. 그 건빵의 맛을 누가 알까?
5. 불쌍한 우리 아버지
6. 장로회 신학대학교 시절
7. 내 뼈 중의 뼈요, 살 중의 살을 만나다

1. 무거운 짐을 홀로 지신 어머니

우리 어머니

왜정시대 말기, 16세 어린 나이로 가난한 박 씨 집안에 6남매의 맏며느리로 시집오셔서 17세에 나를 낳으시고, 6.25 전쟁을 겪으시면서 가난과 호랑이 같은 시어머니를 모시고 남동생 셋을 결혼시켜 분가시키고 누이동생 둘을 출가시킨 어머니. 48세에 남편과 사별하여 홀로 되시어 7남매를 키우시고 교육시켜 출가시켜 놓고, 힘들게 사는 모습을 보시며 안타까워하시는 어머니.

어린 시절에 자라며 내가 본 어머니는 말이 없으셨다. 묵묵히 할 일만 하시면서 그렇게 사셨다.

어느 여름, 달밤에 늦게까지 밖에서 친구들과 뛰어놀다가 대문을 박차고 뛰어 들어가니 마루에 걸터앉아 바구니를 앞에 놓고 혼자 무언가 잡수시다가 화들짝 놀라 바구니를 선반에 얹으시는 것이다. 그러다가 아들인 줄 확인하시고는 얹었던 바구니를 다시 꺼내 놓으시면서 "얘야 같이 먹자"라고 하시는데 좋은 것은 아니지만 잘 익은 복숭아가 담긴 바구니였다. 그때 어머니와 함께 복숭아를 실컷 먹을 수 있었다. 할머니께서 송마리 이모할머니 댁에 가셔서 안 계신 틈에 보리쌀을 주고 복숭아를 사신 것 같다. 가난하게 살면서 복숭아가 얼마나 잡수시고 싶어서 그리하셨을까 생각해 본다.

내가 학교에 일하러 다니던 때였다. 어지럽다고 했더니 어느 날 낮에 다른 식구들 모두 들에 나가고 아무도 없을 때 집에 들어갔더니 언제 사 두셨던지 소 지라를 석쇠에 구워 주시는 것이다. 피가 채 마르지 않은 그것이 무슨 맛인지도 모르고 식성이 좋은 나는 주시는 대로 다 받아먹었다. 젊은 아들이 어지럽다고 하니 안쓰럽게 생각되셨던 같다.

군에서 제대하여 돌아왔을 때 아버지께서는 병석에 누워 계셨으니 부모님께서는 아들이 농사를 지으며 맏아들 노릇을 할 것으로 생각하셨을 것이다. 그런데 내가 목사가 되겠다며 가출을 했을 때 낙담이 되셨을 것이다.

내가 가출한 후, 어머니께서는 뒤로 세 남매를 중학교 고등학교 대학까지 공부시켰고, 그러면서 농토를 늘리기도 하셨다. 도대체 어떻게 사신 것인지 도무지 이해가 가지 않는다. 우리 어머니가 아니고는 할 수 없는 일을 해 내신 것이다. 그렇게 사신 어머니께서는 우리 7남매를 키우시면서 육체적인 고생은 하셨지만 그때가 보람도 있고 오히려 행복하셨을 것 같다. 오히려 자녀들을 하나씩 결혼시켜 떠내 보내면서 정신적인 고통이 더 심하셨을 것 같은 생각이 든다. 맏아들인 나로서는 어머니 앞에서 할 말이 없다.

한창길 목사 시무 당시 예배당을 건축할 때에는 집사로서 봉사하시면서 건축비 때문에 힘들 때 농협 조합원으로 대출받는 일에 전심하셨다는 이야기를 오장로를 통해 들었으며 그 후에 시무권사로 취임하셨다(1987.11.29).

마음에 무거운 짐을 지고 목회를 하면서 동생들과 의논하여, 회갑 감사예배는 서암교회에서, 칠순 감사예배는 김포중앙교회에서, 온 성도들과 더불어 외부 손님들을 초청하여 함께 하나님께 감사드리며 축하해 드렸고, 그리고 팔순 감사 잔치는 김포웨딩홀에서 가족들이 함께 모여 축하해 드렸다.

우리 7남매는 회갑의 연세도 사시지 못하시고 하늘나라에 가신 아버지를 생각하며 어머니께 용서를 구하며 위로하는 마음으로 최선을 다하려고 안간힘을 다 썼던 것 같다.

어머니 칠순 감사기념

2. 꿈 땅을 가꾸다

서울장신대학 1학년 재학 중에 서울 강동구 마천중앙교회에서 청년회와 아동부 교사 그리고 찬양대원으로 열심히 봉사하던 중 담임이신 안문혁 목사님께서 "박 선생은 사역지로 나가도 넉넉히 잘 감당할 수 있겠는데 나가보지 않겠소?"라고 하신다. 조금은 두려웠지만 이왕 가야 할 길이니 나가 보자는 생각으로 가겠다고 대답을 했다.

(1) 희성교회 교육지도 사역

그래서 소개를 받아 간 곳이 마포구 서교동에 있는 희성교회였고 그곳에서 어린이들을 지도하면서 어린이 성가대를 만들어 지휘도 하고 설교도 하면서 1년 동안 사역을 했다. 담임이신 김종구 목사님은 영락교회에서 아동부 담당으로 사역하시던 분이어서인지 메시지가 아주 단순하면서 산뜻했다(사진: 희성교회학교 초등부 졸업기념).

(2) 홍광교회 아동부 사역

1년을 봉사하다가 연말에 서대문구 홍제동에 있는 홍광교회에서 봉사

하는 친구가 와서 도와달라고 하여 자리를 옮겨서 다시 어린이들을 지도했다. 그곳에서도 어린이 성가대 지휘를 하고 강단에 올라가 설교를 했다. 이전 교회는 아동부 교사가 십여 명이었으나 홍광교회는 50여명이나 되는 큰 교회였기 때문에 교사 관리에 더 많은 관심을 가져야 했는데 다행히도 교사 교육이 잘 되어 있어서 다행이었다. 그리고 장년부 예배 시간에는 찬양대 베이스 파트를 맡아서 봉사했다(사진: 홍광교회 여름성경학교 교사 일동).

(3) 답십리 신흥교회 중고등부 사역

그러던 중 이제는 중고등부 학생들을 지도해야 되지 않겠나 하는 생각을 하며 기도하던 중 동대문구 답십리에 소재한 신흥교회에서 중고등부 지도자를 구한다는 소식을 지인을 통해 듣고 다시 자리를 옮겨서 봉사를 했다. 그동안 아동부 지도는 어린이 지도보다는 교사를 지도하는 일에 더 관심을 가졌으나 중고등부는 내가 직접 학생들을 지도해야 했다. 사춘기에 있는 학생들의 지도자로서 더 많은 준비가 필요했다. 비록 교회 규모는 홍광교회보다는 작았지만 내 업무는 훨씬 많아졌다. 하지만 마천동 집에서 다니기는 훨씬 가까워졌으니 봉사하기가 가벼워진 것 같다. 그렇게 교회의 교육부 봉사를 하면서 받는 사례비로 각종 책을 구입하며 교통비로 사용할 수 있었으니 감사했다.

그동안 내 생각에는 재학 시절에는 여러 교회를 다니며 여러 목사님들을 만나 지도를 받으며 좋은 경험을 해야겠다는 생각이었으나 이제는 학업을 마칠 때까지 한 곳에 머물러야겠다는 생각을 하면서 장신대를 졸업하기까지 4년간 열심히 최선을 다해 봉사했다.

(4) 여의도제일교회 전임전도사 사역

신흥교회 봉사 4년 차가 되던 1977년에 장로회신학대학교를 마치고 나의 영적 아버지이신 김홍준 목사님께서 소개해 주시는 영등포노회 소속인 여의도제일교회로 자리를 옮겨 봉사하게 되었다. 이 교회는 영등포 영문교회에서 목회하시던 조성국 목사님께서 개척하는 교회로 비록 성도는 150여 명이지만 경제적으로 든든한 분들이 있어서 재정적으로는 별로 어려운 것 같지가 않아 보였다. 앞으로 나도 개척해야 할 것이니 좋은 경험을 쌓자는 생각으로 열심히 봉사하였는데 평일에는 성도들의 가정을 돌아보며 전도를 했고 주일에는 아동부 중고등부 청년부 등 꿈나무들을 지도해야 했다. 처음 부임했을 때에는 유치원을 빌려서 예배 시간에만 사용했는데 3개월 정도 지나 2층 상가 80평 정도를 구입해 예배드렸고 또 3개월 정도 지나 다시 옆에 있는 40평 정도를 더 구입해 교육관으로 사용하기도 했다.

그러던 중 여름 행사를 다 마친 초가을에 장로 가정의 소개로 아담하고 예쁜 아가씨를 만나 그해 11월에 결혼을 하였다.

우리의 선각자 도산(島山) 안창호(安昌浩) 선생께서는 이렇게 외쳤다.

"낙망은 청년의 죽음이요, 청년이 죽으면 민족이 죽는다." 젊은이들은 옳게 자라도록 바로 키워야 한다며 이런 글을 남겼다.

젊은이는 오대자본(五大資本)을 갖는다고 했다. 첫째는 시간의 자본으로 젊은이는 짧은 과거와 긴 미래를 가지고 있기 때문에 성장과 발전을 위하여 시간을 창조적으로 활용하고 생산적으로 써야 하고, 둘째는 정력(精力)의 자본이다. 젊은이는 왕성한 생명력과 발랄한 정력을 가졌기에 기력이 넘쳐흐르고 그 왕성한 생명력을 건설적 목적에 사용하도록 해야 한다. 셋째는 감격성(感激性)의 자본이다. 감격은 젊은이의 특권이요 자본으로 깊은 감격을 느낄 때 새로운 자각이 생기고 진지한 결단을 내린다. 이 감격이 새 인간을 만들고 새사람을 낳는다. 넷째는 성장력(成長力)의 자본이다. 젊은이는 발랄한 성장력을 갖는다. 성장은 젊은이의 특색이요, 청년의 자랑이다. 젊은이는 심신이 강건하게 성장해야 한다. 신체적 성장도 중요하지만 정신적 성장, 인격적 성장이 더 중요하다. 다섯째로 이상(理想)의 자본이다. 젊은이는 이상을 가져야 한다. 산다는 것은 꿈을 갖는 것이요 뜻을 세우는 것이요 비전을 품는 것이요 목표를 확립하는 것이요 사명을 지니는 것이다.

어린이와 학생들을 키우는 일, 즉 꿈 땅을 키우는 일에 나름대로 최선을 다할 수 있었던 지난날의 시간들은 보람 있는 기회였다. 이들은 무한한 잠재력을 가진 다음 세대를 짊어질 꿈 땅이니까.

3. 서울장신대학 시절

산상수련회 기념

(1) 수련회

당시 서울장로회신학교는 서울 새문안교회 1층 교육관에서 수업을 했으며, 교단 직영 신학교로 신학과와 음악과 그리고 성서신학과가 있었다. 신학과는 고등학교 졸업 이상자로 앞으로 목회할 사명을 갖은 사람들로 졸업 후에 장로회신학대학교에 진학할 자격을 주었고 음악과는 교회에서 찬양대 지휘나 반주를 할 목표를 갖은 사람들이 공부하는 과정인데 음악과 출신들 중에는 중간에 신학과로 전과해서 목회의 길로 가는 학생들도 있었다. 그리고 성서신학과는 교회에서 평신도로 봉사할 사람들이 공부하는 과정이다.

내 머릿속에는 항상 나 같은 사람이 신학교에서 공부할 수 있게 하시고 목회자의 훈련을 받게 해 주신 하나님의 은혜가 너무 감사해서 한 시도 한눈팔 겨를이 없어서 최선을 다해 열심히 공부했다. 시골에서 살 때 누가 나를 서울에 올라가서 공부할 사람으로 생각을 했겠나? 나 스스로도 상상도 하지 못했던 일이 아닌가! 다른 사람들은 도시에 올라가서 공부도 하고 직장에도 다닐 수 있겠지만 박영준은 도저히 그러지 못한다고 나를 아는 사람들도 그렇게 생각했으니까... 첫째는 가난했고, 두 번째는 가난한 집 맏아들이고, 셋째는 나 자신도 고향에 뿌리를 박고 농촌지도자가 되겠다고 다짐하며 산 사람이기 때문이다.

학부 시절에 1학년 때는 반 대표를 했고 2학년 때는 총학생회 음악부장을 하면서 채플 시간에는 전교생 앞에 나가서 찬양 인도를 했다. 전에 찬양대를 지휘한 경험과 신학교 1학년 때부터 희성교회와 홍광교회에서 어린이 찬양대 지휘를 하고 있었기에 자신 있게 나가서 할 수 있었던 같다.

2학년 때 음악부장을 하면서 잊지 못할 일은 학기 초에 전교생 여름 수련회를 총회가 운영하는 충남 매포 수양관에서 했는데 첫날 저녁 성찬식 시간에 성찬식 집례를 학감이신 김동수(용산 성광교회 시무) 목사님께서 하시는데 나는 앞에서 찬송 인도를 하면서 감사의 눈물을 펑펑 흘렸던 기억이 난다. 찬양 인도자가 눈물이 범벅이 되어 인도하니 300여 명의 학생들 모두가 눈물을 흘릴 수밖에 없었을 것이다. 그렇게 시작된 수련회는 은혜롭게 마칠 수밖에 없었다. 나 같은 죄인 살리신 그 은혜도 감사한데 공부하고 싶은 나에게 선지동산에서 공부할 수 있는 기회를 주신 것을 생각하니 감사의 눈물이 저절로 나왔고 찬송 인도자 한 사람이 은혜에 젖어 있으니 모든 학생들이 같이 은혜 안에 들게 된 것 같았다.

(2) 총학생회

3학년 봄 학기 말에 총학생회 총회를 하게 되었는데 여러 학생들이 나보고 총학생회 회장으로 출마하라고 한다. 그 이유는 3학년이 되니까 남학생 중에서 입학 동기가 6명밖에 남지 않았는데, 내가 1학년 때 반 대표를 했으며, 2학년 때는 총학생회 음악부장으로 활동했으니, 총학생회 회장으로서 인지도가 가장 높다는 것이다. 그러나 나는 학업 진도도 따라가기 힘들었고 누님 가게 일을 돌보며 학교에 등교하기도 바쁠 뿐만 아니라, 나 스스로 생각해 봐도 총학생회 회장으로서의 리더십이 부족하다는 것을 너무나 잘 알고 있었다. 그래서 극구 사양을 하고, 2학년 때 편입하였으며 나이가 나보다 8살이 많은 서 전도사를 회장으로 추천하였더니 내가 함께 회장단에 나가야 선거에 승산이 있다며 부회장으로 함께 나가야 한다고 하여 러닝메이트로 나가서 결국 총학생회 임원으로서의 사역을 하게 되었다. 그리고 우리 반대편 중심에서 활동하던 한 전도사를 총무로 세워 학생회를 이끌어 가도록 했다. 4학년이 되었을 때도 마찬가지로 선거에서 우리의 상대였던 이 전도사를 졸업위원장으로 추대해서 일하도록 했다.

(3) strike(스트라이크)

3학년 초에 잊지 못할 일이 있었다. 학제 문제로 4학년과 3학년 임원들이 교장이신 강신명 목사에게 항의를 하며 학생들을 선동하여 스트라이

크를 일으킨 일이 있었다. 그 당시 대한예수교장로회 총회뿐 아니라 교계 지도자이신 강신명 목사님을 대항해서 감히 법정 투쟁까지 벌렸던 것이다. 엄청난 일을 벌였는데 나도 그중에 포함되었다. 그 일로 하루는 십여 명이 교장실에 호출받아 가게 되었다. 다른 학생들과 함께 교장실로 들어가는데 관리과장인 권 장로께서 저쪽 나무 그늘에서 "박 전도사, 이리로 와 봐요" 하고 나를 부른다. 권 장로는 강 목사님의 사위로 서울 장신의 실세이기도 했다. 나는 관리과장실에 들어가 몇 가지 묻는 말에 대답을 하고 책망의 말을 듣고 나와 보니 다른 친구들은 이미 교장실로 들어가고 없었다. 그 후 교장실에 들어갔던 친구들은 퇴학을 맞은 학생이 있고, 한 학기, 혹은 1년 정학을 맞은 학생도 있었다. 지금도 그때 일을 생각하면 그 친구들에게 미안한 마음이 든다.

그 사건으로 말미암아 교장 강신명 목사님은 당신의 온 힘을 기울여 힘쓴 결과 서울장신은 장로회신학대학교 제2부로 총회로부터 인정받게 되었으며 그 후 계속 성장하여 경기도 광주로 캠퍼스를 옮겨 서울장신대학교로 인가를 받아 대한예수교장로회 총회직영 신학대학으로 서게 되었다.

나는 야간 신학대학에 다니는 동안 마천동 누님 가게에서, 그리고 누이동생과 자취하면서는 마천동과 천호동, 그리고 한강변에 있는 응봉동 산언덕 달동네를 전세로 전전하면서 지냈다.

4. 그 건빵의 맛을 누가 알까?

그런데 동대문에서 내리면 어떤 때는 출출하여 버스 탈 돈으로 건빵을 한 봉지 사서 주머니에 넣고 걸어가면서 한 알씩 꺼내 먹으면서 영어 단어장이나, 어떤 때는 히브리어 단어장을 보면서 30여 분을 걷는다. 그 건빵의 맛은 그 무엇과 비교할 수 없을 정도였으니 그 건빵의 맛을 누가 알까?

당시 서울장신대학은 광화문에 있었다(현재는 경기도 광주 소재). 나는 서울의 동쪽 끝, 남한산성 기슭에 있는 마천동 시장에서 포목상회를 하는 이정숙 전도사님의 가게를 돌보며 학교에 다니게 되었다. 낮에는 물건 파는 일을 도왔고 때로는 다른 날보다 일찍 동대문 도매시장에 가서 옷감을 사가지고 학교에 가서 강의를 듣고 밤 11시 가까이 가게에 돌아와서는 물건을 정리하고 가게 문을 닫아야 했다. 손님은 거의가 아주머니들이었다. 여러 종류의 사람들, 대개가 서울시내에서 실패하고 변두리로 밀려 나와 사는 사람들이 많았다. 농촌에서 자란 나로서는 감당하기 힘들었지만 한편으로 많은 인생 공부를 했다고 생각한다.

오후 4시경 시장에서 파는 물 칼국수를 사다가 끓여 점심 겸 저녁으로 먹고 버스를 타고 동대문까지 간다. 오후에 종점에서 서울로 가는 한산한 버스를 타면 자리를 잡고 앉아서 책을 보며 한 시간 남짓 가서 종점인 동대문에서 내려 다시 버스를 타고 광화문에 있는 학교까지 가야 한다. 그런데 동대문에서 내리면 어떤 때는 출출하여 버스 탈 돈으로 건빵을 한 봉지 사서 주머니에 넣고 걸어가면서 한 알씩 꺼내 먹으면서 영어 단어장이나, 어떤 때는 히브리어 단어장을 보면서 30여 분을 걷는다. 그 건빵의 맛은 그 무엇과 비교할 수 없을 정도였으니 그 건빵의 맛을 누가 알까? 지금도 나는 그때를 회상하며 건빵을 즐겨 먹는다. 그리고 학교에 도착해서는 수돗가에서 물 한 컵을 마시면 배가 불룩하여 든든하게 수업을 할 수 있었다. 오후 6시에 수업이 시작되어 9시 40분에 마치고 나와 버스를 타고 동대문에서 집에 가는 버스로 갈아타면 종점이긴 하지만 항상 대 만원이다. 감사하게도 때로는 자리에 앉을 때도 있었지만 대개는 책가방을 들고 한 시간 이상을 서서 만원 버스에서 이리저리 밀리면서 시달려야 했다. 어떤 때 앞자리에 앉은 사람이 가방을 받아주면 그게 그렇게 고맙게 생각되었다. 마천동이나 거여동 주민들은 서울에서 장사를 하던지 직장에 다니고 또는 일용직으로 일하는 사람들이 많기 때문에 모두가 피곤한 사람들이 모여 사는 곳이다. 그래서 어떤 때 키가 큰 나는 주변을 돌아보면 서서도 꾸벅꾸벅 조는 사람들을 보게 된다.

하루는 수업을 마치고 늦은 시간에 학생회 모임을 마치고 나니 10시가 훨씬 넘어 동대문에서 버스를 탔는데 여전히 버스는 만원이어서 자리가 없어 서서 이리저리 밀리며 가는데 갑자기 빈혈증세가 오는 것이다. 그러더니 속이 울렁거리며 토할 것만 같았다. 나는 차멀미를 하지 않는 편인데 그날은 속이 편치 않았다. 한동안 참고 견디는데 도저히 참을 수가 없는 상황에 이르렀다. 한 손은 버스 손잡이를 잡고 한 손에는 가방을 들었는데 큰일 났다. 그러자 결국 왈칵 올라오는 것을 참지 못하고 옆 사람을 밀치면서 엎드리며 쏟아내게 되었는데 결국 주변 사람들의 옷에도 불순물이 튀어 피해를 줄 수밖에 없었다. 주변 사람들이 어떤 이는 자기가 보던 신문지를 주고 어떤 사람은 자기 손수건을 꺼내 주면서 닦으라고 한다. 얼마나 죄송하고 부끄럽고 미안한지 아무 말도 하지 못하고 닦고만 있었다. 건장한 청년의 그런 모양이 측은해 보였던지 냄새가 심한 중에도 주변 사람들이 뭐라 책망하는 사람도 없었다. 차라리 누군가가 조심하라며 책망이라도 했으면 무슨 변명이라도 했을 것인데 아무도 뭐라는 사람이 없으니 더욱 민망했다.

하루는 밤에 잠을 자는데 갑자기 위경련이 일어나 도저히 참을 수 없어 밤중에 병원 응급실에 가서 진료를 받고 진정되어 돌아왔던 일도 있었다. 낮에는 바쁘게 일하고 밤에는 먼 거리 학교를 다니면서 몸이 많이 약해진 것을 나 스스로 알게 되었지만 그러면서도 포기하지 않고 4년의 힘든 과정을 극복할 수 있었던 것은 매 학기 초마다 등록금을 얇은 미농지에 곱게 싸서 전해 주시는 고현신 사모님의 지극한 정성을 생각하면 그까짓 힘든 고통 정도는 얼마든지 견딜 수 있었다. 사모님께 받은 봉투를 숙소에 와서 열어보면 한 번도 접지 않았던 만원 지폐 40매의 첫 장부터 마지막 장까지 일련번호가 하나도 틀림이 없었다. 은행에서 새로 뽑아온 신권이다. 그 정성과 사랑은 그 무엇과도 비교할 수 없었다.

"이로써 우리는 하나님께서 우리를 위해 베푸신 그 사랑을 알 수 있고, 그 사랑을 굳게 믿을 수 있습니다. 하나님은 사랑이십니다. 사랑 안에 사는 사람은 하나님 안에 사는 사람이며, 하나님도 그 사람 안에 계십니다."(요한일서 4장 17절)

이 말씀을 되새기며 고난 중에도 한날 한날을 범사에 감사하는 마음으로 극복하며 희망과 용기를 내 속에 쌓을 수 있었다.

5. 불쌍한 우리 아버지

그 말에 그만 할 말을 잃고 말았다. 지금은 그때 치료해 드리지 못한 것이 한이 되고 아버지께 죄송한 마음 금할 길이 없다. 물론 부동산을 처분하면 삶에 어려움은 있었겠지만 설마 산 사람의 입에 거미줄 치겠냐는 옛말이 생각이 나서 안타까울 뿐이다

우리 아버지

내가 초등학교 5학년이던 어느 날, 아버지께서 지금까지 보지 못했던 커다란 컬러판 책을 한 권 들고 오셔서 내 앞에 펼쳐 보이시는 것이다. 책 표지에는 '에이브라함 링컨'이라고 되어 있었다. 내가 기억하기에는 그때까지 내가 본 책 중에서 그렇게 멋있는 컬러판 책은 처음 본 것 같다. 정말 보기만 해도 멋있어 보이는 책이다. 책의 크기도 요즘 보통 나오는 앨범 정도의 크기에 두꺼운 종이로 된 약 50페이지 정도 되는 책이었다. 아버지께서 한 장 한 장 펼쳐 보이시다가 "네가 한 번 읽어보

라"라고 하시고는 나가셨다. 나는 앉은자리에서 다 읽었다. 그림이 많고 글씨는 적었다. 지금 생각하면 만화는 아니지만 화보로 된 에이브라함 링컨의 일대기를 엮은 것인데 학교에서 링컨 대통령에 대해서 배워 대강은 알고 있었지만 아주 재미있게 그림과 함께 만들어졌기 때문에 한 시간도 안돼서 다 읽을 수 있었다. 그 후에도 몇 번을 읽었고 동생들도 읽었기 때문에 책이 다 낡아질 정도로 우리 집에서 귀하게 여겼다. 에이브라함 링컨의 일대기에 대해서는 누구나 다 잘 알고 있지만 지금도 나는 그 책을 통해서 알게 된 링컨 대통령을 존경하며 자랐다고 할 수 있다.

가난했던 링컨, 통나무집에서 살면서 인자하신 어머니의 기도와 성경을 배우면서 자랐고 초등학교 2학년까지 다닌 것이 그의 전 학력이고 어머니께서 일찍 돌아가셨으며 성경이 너무 읽고 싶은데 없어서 먼데 사시는 아저씨 집에 가서 성경을 빌려다가 밤이 늦도록 읽다가 잠이 들었는데 그 밤에 비가 많이 와서 집에 비가 들이쳐 빌려온 성경이 다 젖어 볼 수 없게 되어 걱정하다가 성경을 빌려온 아저씨에게 찾아가서 책 값 대신 사탕수수 밭에서 일을 해 드렸다는 어린 시절 이야기, 성경 말씀을 따라 살면서 장성한 그가 의회 의원이 되고 미국 제16대 대통령이 되었을 때 남쪽 지방에서는 같은 사람인 흑인들을 짐승처럼 종으로 부리는 것이 너무 안타까워 흑인 노예 해방을 위해서 남북전쟁을 하게 되었고 결국은 승리하여 흑인 노예 해방을 시켜 흑인들의 아버지가 되었지만 나중에는 저격당해 돌아가셨다는 이야기를 그림들 사이사이에 글을 넣어 지루하지도 않고 재미있게 읽을 수 있게 만들어진 책이다.

나도 가난하게 자랐기에 더 큰 호감이 갔던 것 같다. 지금도 그 책을 들고 들어오셔서 내게 보여주시던 아버지의 표정이 눈에 선하다.

내가 어린 시절, 겨울이면 썰매를 만들어 주시고 명절이면 방패연을 만들고 실감개를 만들어 나를 데리고 언덕에 올라가서 멋지게 연 날리는 법을 가르쳐 주시던 아버지였다. 가난에 쪼달리면서도 가정을 꾸려 가시며 6남매의 맏아들 임무를 감당하시던 우리 아버지, 큰집에 당숙께서 일찍 돌아가시고 일할 사람이 없어 큰집 일, 또 동생들도 분가는 했지만 일할 형편이 못되어 동생 집의 일까지 도맡아서 밭을 갈고 논을 갈아가며 일을 해야 했던 우리 아버지, 그러다가 가난한 집에서 착실하게 일하시는 아버지를 누군가의 추천이 있었는지 모르지만 초등학교에서 일하도록 해서 학교 일꾼으로 일하시게 되었다. 아마도 당시 임갑선 교장 선생님께서 바로 이웃에 살면서 착실하게 보신 모양이다. 그러니까 학교에서 일하면서 월급을 받고 집에 농사는 틈틈이 그대로 지으면서 살다 보니 집안 살림은 많이 좋아진 형편이다. 그래서 돈을 모아 논도 사고 밭도 사는 것을 어릴 때 보았는데 동네 이장을 비롯해 몇 사람들이 집에 와서 계약서를 쓰던 모습이 눈에 선하다.

문제는 그렇게 사시던 아버지의 몸은 점점 깊은 병이 들어가고 있었다. 힘들게 일하실 때마다 소주를 잡수시는데 안주도 별것 없이 김치 조각 몇 쪽, 마른 멸치 한 두 마리 집어 고추장에 찍어 잡수시고 마신다. 가끔 술에 취하시는 모습을 보았지만 그러나 술주정하시는 것은 단 한 번도 보지 못했다. 어머니 말씀에 의하면 할아버지가 계신 가운데 술을 배우셨기 때문에 그런 음주 습관을 가지게 되신 것 같다.

아버지는 그렇게 열심히 학교에서 일하시다가 틈을 내어 큰집 작은 집 일을 하시면서 살림을 키워 나가셨는데 동생들 결혼할 때면 논 몇 마지기, 밭 한 떼기씩 떼어준다. 그러니까 우리 집에 부동산이 조금 늘었는가 하면 동생 하나 내보내면 줄고, 조금 늘었다가 또 동생 하나 결혼시키면 다시 줄고 하는 것이다.

그런 가운데 아버지는 늑막염으로 고생하시게 되었고 그렇게 고생하시며 살아가시는 아버지의 모습을 보면서 자란 내가 공부를 계속하겠다는 말을 할 수가 없어서 동생에게 양보를 하고 말았던 것이다.

아버지는 그렇게 힘들게 일하시며 늑막염 치료를 받으셨지만 몇 해를 증세가 심하다 덜하다 하면서 계속 일을 하시더니 결국에는 결핵성 늑막염으로 악화되고 말았다. 그러니 학교 일을 쉴 수밖에 없는데 쉬시는 동안 19살이던 내가 학교에 가서 일을 하게 되었다. 사실 나는 그때 집에서 일하면서 강의록으로 독학을 하던 때였으니 어쩌면 차라리 잘 된 것 같았다. 공부하다가 잘 모르는 것은 선생님들에게 물으면서 공부할 수 있었으니…

아버지의 병환이 회복될 동안만 학교에서 일한다고 시작한 것인데 아버지의 병환은 별 차도가 없었고 그러다 보니 2년 가까이 지나게 되었다. 나는 그렇게 일을 하면서 오히려 공부할 수 있는 좋은 기회라고 생각하고 열심히 일하면서 강의록으로 독학을 했는데 결혼을 앞둔 막내 삼촌께서 하루는 조용히 말씀하시는 것이다.

“얘, 이제 학교일 그만두어야 되지 않겠니?”

그 말을 듣는 순간, ‘나의 장래를 생각해서 하시는 말씀이구나’ 하는 생각을 하면서도 조금도 부끄럽다는 생각을 한 일이 없었다. 그러다가 군에 입대할 때가 가까워 오면서 학교 일을 그만두게 되었다. 학교에 있는 동안 고등학교 졸업 자격 학력고시를 마칠 수 있었으니 감사한 일이다.

병환으로 고생하시는 아버지를 서울 큰 병원에 가서 치료해 드려야 하지 않겠나 싶어 가깝게 지내던 농촌지도소 지도원으로 근무하는 아버지의 이종사촌동생인 김의철 아저씨와 상담을 했다. 그랬더니 그분이 하는 말이

“그 마음은 좋지만 많은 돈을 들여서 아버지의 질병을 치료해 드린다고 해도 완쾌될 가망성도 없는데 얼마 되지 않는 부동산을 팔아서 치료비를 쓴다면 앞으로 많은 형제들과 어떻게 살겠느냐?”

그 말에 그만 할 말을 잃고 말았다. 지금은 그때 치료해 드리지 못한 것이 한이 되고 아버지께 죄송한 마음 금할 길이 없다. 물론 부동산을 처분하면 삶에 어려움은 있었겠지만 설마 산 사람의 입에 거미줄 치겠냐는 옛말이 생각이 나서 안타까울 뿐이다.

학교 재학시절에 누워계신 아버지를 두고 올라온 것이 항상 마음에 걸려 하루는 서암교회 목사님께 어디 조용히 요양하실 곳이 있으면 안내를 해 달라고 부탁을 했더니 삼각산 기도원장을 잘 아신다며 소개하시기에 그곳으로 모시고 올라가 "얼마 동안 공기 좋고 조용한 이곳에서 쉬세요"라고 했다. 그리고 한 주간 후에 아버지를 뵈러 기도원에 올라가니 기도원 정원 한쪽에 나와 쪼그리고 앉아 계시다가 나를 보시고는 아주 반가워하시면서 "이곳이 너무 적적하다. 집으로 내려갔으면 좋겠다"라고 하셨다. 해서 다시 모시고 집으로 돌아간 일이 있었다.

* 아버지의 소천

답십리 신흥교회 교육전도사로 사역하던 1975년 3월 6일 수요일 저녁 예배를 드리기 위해 조금 일찍 교회에 나오니 담임 김광훈 목사님께서 내게 "아버지께서 위독하시다는 연락이 왔으니 속히 집에 가보라"라고 하셨다. 왠지 불길한 예감이 들어 그 길로 신촌에서 직행버스 막차를 타고 집에 돌아와 보니 아버지께서 이미 오후 3시에 운명하셨다고 한다. 안방 윗목에 시신을 모시고 병풍으로 가려진 앞에 엎드려 내 사명 이룬다며 병든 아버지를 버려두고 나간 자식의 부끄러움으로 한없이 눈물을 흘리는 내게 어머니께서 다가오셔서, "얘야, 그만해라. 난 이미 오래전에 각오하고 살았다"라고 하시는 것이다.

56세에 소천하신 아버지, 48세에 홀로 되신 어머니, 6남매의 맏이로 8남매를 낳아 자녀들을 키우느라 고생하며 사시다가 10여 년을 지병으로 투병생활 하시던 아버지는 이제 세상을 떠나 하나님 나라로 가셨다. 둘째 아들과 셋째 딸이 결혼하고, 맏아들과 그 아래 4남매를 두고 아버지는 저 천국으로 훌쩍 가버리셨다. 나도 하나님께 소명받았다고 나가 있으니 어머니를 생각하면 안타깝기 짝이 없었다.

다음 날 동네 어른들께서 오셔서 염을 하시는데 사실 결핵환자의 시신을 다룬다는 것이 보통 일이 아닌데 모든 일을 조금도 거리낌 없이 잘해 주셨다. 이게 이웃의 정이고 고향 식구들의 사랑이 아니겠는가? 감사하기만 할 뿐이었다. 이제 그분들은 모두 세상을 떠나셔서 이 땅에 안 계시지만 멀리 나가 있으면서 한 번도 그 어른들을 제대로 모시지 못한 것이 송구스럽기만 하다.

6. 장로회신학대학교 시절

고통은 아름다운 것이다. 한 송이의 아름다운 꽃을 피우기 위해서는 반드시 모진 비바람을 견뎌내야 한다. 인생에서 험난한 고통과 투쟁 속에서 몸부림쳐야 할 때가 있다. 그러나 그 외로움과 슬픔 고통을 이기고 나면 우리는 더 성장한 모습이 될 것이다.

(1) 편입학과 총학생회

서울장신 신학과 4년 과정을 마치고 당시 총회 규칙에 따라 장신대 2학년에 편입하게 되었다. 그 당시에 서울장신 학장이 1명을 추천하여 무시험으로 편입하는 제도가 있었는데, 나는 서울장신에서 성적은 그리 좋은 편은 아니었지만 총학생회 부회장으로 뿐만 아니라 학교 당국으로부터 인정을 받아서인지 감사하게도 하나님의 은혜로 학장 추천을 받아 무시험으로 장신대에 편입할 수 있었다.

장로회신학대학에 진학하여서도 기초실력이 부족한 나는 학업진도를 따라가기가 힘겨웠다. 그런 가운데 총학생회 임원을 선출하는 과정에서 서기로 세움 받고 학생회 일을 하게 되었다.

당시 총학생회 조직은 회장 배태옥, 부회장 조병철, 총무 임종표, 서기 박영준, 회계 권재환이었다. 그런데 총무 임종표는 예수 전도단 간사로 일하면서 총무 업무를 감당할 시간이 되지 않아 그 몫을 서기인 내가 할 수밖에 없었다. 학업 진도를 따라가기도 힘든 중에 학우회 일까지 하면서 어렵게 장신대 학창 시절을 보냈다. 각종 행사를 주관해야 했고 매주 채플 시간에 실내 정리를 해야 했으며, 채플시간 중에 학생회 광고를 앞에 나가서 해야 했다.

장신대 재학 당시에는 천호동 한강변에 있는 반 지하방에서 누이동생과 자취했다. 광장교만 건너면 동생 회사가 바로 앞에 있고 우리 학교도 언덕을 조금만 더 올라가면 있었다. 그런데 반 지하방이어서 여름에는 습기가 찼고 방에서 곰팡이 냄새도 났다. 학교에 등교할 때는 시간 맞추어 집에서 나와 히브리어나 헬리어 단어장을 들고 외우면서 광장교를 건너고 광나루 언덕을 올라서 학교에 등교했다. 집에서 학교까지 약 40분가량은 걸리는 것 같았다. 그러나 한강을 건너고 주변 환경이 좋은 언덕을 신선한 공기를 마시면서 등교하는 재미가 있었다.

(2) 누이동생과 함께.

누님댁에 기거하며 지낼 때, 단골손님 중에 김포 출신 한 분이 있었는데 그 남편이 모토로라 회사에 간부로 있는 분이었다.

주식회사 모토로라는 1928년 폴 컬빈(Paul Galvin)이 설립한 미국의 전자 회사로, 큼지막한 배터리로만 작동하던 라디오를 가정용 전기로 직접 사용할 수 있도록 하는 정류기를 생산하여 제품으로 내어놓았고, 최초로 삐삐를 개발했으며 1960년대 최초의 무선 휴대용 TV를 개발하기도 했다. 당시에 우리나라에 들어와 있는 외국 전자회사로 직원 대우도 잘해 주어서 많은 젊은 여성들이 흠모할만한 회사였다. 누님은 그 단골손님에게 취직자리를 부탁해 학교를 마치고 집에서 놀고 있는 누이동생을 그 회사에 취업시켰고 그 후로 나와 동생은 자취를 하게 되었다.

학부는 야간이었기 때문에 누님댁 가게를 돌봐 드리며 공부할 수 있었지만 신대원에 진학하면서부터는 주간이고 과제물도 많았기 때문에 더 이상 누님의 상점을 돌봐 드릴 시간이 없었다.

그런데 학부를 마치고 신대원으로 올라가 공부하는 동안 등록금 준비하기가 힘이 들었다. 교통비와 책 사보는 비용은 누님이 도와주셨지만 등록금 문제는 힘들었다. 고 권사님께서 보내주시던 등록금도 학부를 마치면서 끊어졌다. 교회에서 교육전도사 사례비 받아서 저축을 한다고 해도 어림도 없었다. 어떤 때는 자취방을 더 싼 곳으로 옮기고 그 남은 돈으로 등록금을 내기도 했고, 그러다가 형편이 나아지면 다시 환경이 더 나은 곳으로 옮기고 하면서 지냈는데 하나님께서는 이런저런 사람들을 통해서 그때마다 잘 감당하게 해 주셨다. 그 어려움을 같이 잘 감당해 준 누이동생이 고마웠다.

(3) 연탄가스에 질식하여

어려운 형편에 싼 방을 전전하며 다니게 되었는데, 한 번은 출입문을 열고 들어가면 주방과 연탄아궁이가 있고, 그 옆 댓돌을 딛고 문을 열고 방으로 들어가게 되는 방에서 살게 되었다.

저녁 늦게 학교에서 돌아와 먼저 연탄아궁이 위에 얹혀 있는 솥을 만져보니 솥이 차다. 연탄불이 꺼진 것이다. 그런 일은 가끔 있었다. 그날도 다른 날과 같이 사과 상자 같은 나뭇조각들을 잘게 쪼개어 불을 피워서 가까스로 연탄에 불을 붙여놓고 빨리 피도록 공기통을 열어놓고 다 피게 되면 공기통을 닫으리라 생각하고, 책상 앞에 앉아 리포트를 쓰는데 동생 은숙이가 직장에서 늦게 돌아왔다. 아랫목 문가에서 누워 자게 하고 나는 윗목 책상 앞에 앉아 늦도록 과제물을 작성하다가 피곤하여 그대로 책상 앞에 엎드려 잠이 들고 말았다.

한참 후에 잠이 깨었는데 연탄가스 냄새가 나는 것이다. 그때 자리에서 일어나 방문을 열고 부엌 쪽을 내다보니 연탄불 위에 올려놓은 솥에서는 물이 끓는다. 그래서 연탄아궁이 공기통에 마개를 막고 방에 다시 들어오면서 보니 동생의 잠자는 모습이 심상치가 않다. 흔들어 깨워보니 동생이 정신을 잃은 것이다. 깜짝 놀라서 자는 동생을 두 손으로 들어 안고 신선한 공기를 쐬도록 문 밖으로 나가 안마당 바닥에 내려놓았다. 안방에서 잠자던 주인집 아주머니가 소란에 잠이 깨어 나오시더니 동치미 국물을 한 공기 떠다 누워있는 동생의 입에다 넣어준다. 얼마 후에 동생은 깨어났고 우리는 한숨 놓고 다시 방으로 들어갈 수 있었다. 하마터면 엄청난 일을 당할 뻔했다. 그 후부터는 연탄불 관리에 많은 관심을 갖고 조심하게 되었다.

(4) 마지막 등록금

그러던 중 신대원 3학년 마지막 등록금을 내야 하는데 도저히 마련할 길이 없었다. 나는 생각다 못해 등록 마감 날, 체면을 무릅 쓰고 시골 어머니 집으로 내려왔는데 점심때가 가까워 집에 오니 어머니는 들에 나가셨는지 집 대문에는 문고리가 걸려 있었다. 마당에서 서성거리고 있는데 저 건너편 학교 운동장 아랫길에 어머니께서 신발을 들고 맨발로 걸어오시는 모습이 보인다. 가까이 오시면서 나를 보시고

"어쩐 일이냐?"
"등록금을 마련하지 못해서 왔어요."

"얼마냐?"라고 물으시더니, 들고 계시던 신발을 그냥 마당에 던지시고는 아랫집으로 가시더니 들고 오신 돈 봉투를 내게 건네주신다. 나는 염치없이 "감사합니다"라고 인사하고 그대로 돌아서 서울로 올라와 마지막 등록금을 내고 수업 전 과정을 마치고 졸업을 할 수 있었다. 사실은 이것이 내가 6년간 서울에서 공부하는 중에 어머니에게서 받은 유일한 등록금이었다.

지금 가만히 생각해 보면 어머니에게 돈을 쉽게 받아 들고 서울로 올라왔지만, 그 후 어머니께서는 농촌에서 내 한 학기 동록금 빌린 것을 갚기

위해 얼마나 힘이 드셨을까 생각해 본 일이 없는 것 같다.

이게 받을 줄밖에 모르는 자식의 모습이구나 하는 생각이 든다. 내가 목회하면서 철이 들어 어버이 주일이 되면 설교하는 중에 그때를 생각하며 어머니의 사랑과 은혜를 되새기면서 부모님을 잘 섬겨야 된다는 설교를 하면서 나도 나름대로 최선을 다해 어머니를 섬기려고 노력하였다.

그동안 나는 공부하면서 할 수만 있으면 어머니에게 짐이 되지 않으려고 돈 문제는 한 번도 말씀드리지 않았다. 동생과 함께 살고 있으니까 식량은 가져다주셨지만 그 외의 어떤 이유에서라도 결코 부담을 드리지 않으려고 했다. 부모님을 모셔야 될 나이에 짐은 되지 않으려는 생각이었다. 결혼이 늦은 것도 바로 이 때문이었다.

나의 학창 시절의 아름다운 추억이나 낭만 같은 것은 별로 없었고 다만 학업 뒤따라가는 것과 그날그날 생활하느라 바쁘게 살아가는 것뿐이었다. 그렇게 지내며 부모님의 마음을 헤아리지 못하고 34세가 되도록 지내고 만 것 같다.

(5) 고통은 아름답다.

영국의 식물학자 '알프레드 러셀 윌리스'가 자신의 연구실에서, 고치에서 빠져나오려고 애쓰는 나방의 모습을 관찰하고 있었다. 나방은 바늘구멍만 한 구멍을 하나 뚫고 그 틈으로 나오기 위해 꼬박 한나절을 애쓰고 있었다. 고치에서 빠져나온다는 것은 생사가 걸린 중대한 문제였다. 그렇게 아주 힘든 고통의 시간을 보낸 후 번데기는 나방이 되어 나오더니 공중으로 훨훨 날갯짓하며 날아갔다.

이렇게 힘들게 애쓰며 나오는 나방을 지켜보던 '윌리스'는 이를 안쓰럽게 여긴 나머지 또 다른 고치에 나방이 쉽게 빠져나올 수 있도록 칼로 고치의 옆 부분을 살짝 그었다. 나방은 쉽게 고치에서 쑥 나올 수 있었다. 하지만 좁은 구멍으로 나오려고 안간힘을 쓰던 나방은 영롱한 빛깔의 날개를 가지고 힘차게 날아가는 반면 쉽게 구멍에서 나온 나방은 무늬나 빛깔이 곱지 않았다. 그리고 몇 차례 힘없는 날갯짓을 하고는 그만 죽고 만 것이다. 오랜 고통과 시련의 좁은 틈새를 뚫고 나와야만 진정한 나방이 될 수 있었던 것이다.

고통은 아름다운 것이다. 한 송이의 아름다운 꽃을 피우기 위해서는 반드시 모진 비바람을 견뎌내야 한다. 인생에서 험난한 고통과 투쟁 속에서 몸부림쳐야 할 때가 있다. 그러나 그 외로움과 슬픔 고통을 이기고 나면 우리는 더 성장한 모습이 될 것이다.

'해리엇 비처 스토우'는 이런 말을 했다.

"힘겨운 상황에 부닥치고 모든 것이 장애로 느껴질 때, 단 1분조차도 더는 견딜 수 없다고 느껴질 때, 그때야말로 절대로 포기하지 마라. 바로 그런 시점과 위치에서 상황은 바뀌기 시작한다"

목회하면서 자주 인용했던 하나님 말씀이 있다.

"선한 일을 하다가 낙심하지 맙시다. 포기하지 않으면 때가 이르면 거두게 될 것입니다"(갈라디아서 6장 9절)

내가 누릴 수 있는 귀한 것을 바라보는 믿음이 있다면 비록 어려움이 있다 할지라도 결코 그 일을 중간에 포기하지 않을 때 적절한 시기에 열매를 맺게 될 것을 믿는 믿음으로 모든 것을 견디며 나가는 것이다.

7. 내 뼈 중의 뼈요, 내 살 중의 살을 만나다

둘이 한 몸을 이루는 것, 이것이 가정을 향한 조물주의 설계 목적 중 하나라고 할 수 있겠다. 가정 설계의 첫 번째 그림은 '하나 됨'에 두어야 한다. 육체의 하나 됨, 마음의 하나 됨, 영혼의 하나 됨이 있어야 한다.

여의도제일교회에서 사역하던 1987년, 교육부 여름행사를 다 마쳤을 때 우리 교회 여전도회원들 간에 노총각 전도사를 장가보내야 한다는 말들이 오갔던 모양인데 그런 가운데 본 교회에 숭의여자중학교 교감으로 있는 김원배 장로 부인 김경희 권사께서 한 날은 나에게 맞선을 보라고 하는 것이다. 그때 나는 대방동에 방 하나에 누이동생 은숙이와 함께 지내고 있었는데, 내게 만나라고 하는 아가씨는 성남중고등학교 최 선생님의 2남 3녀 중에 맏딸이고 현재 건국대학교 도서관에 사서로 근무하고 있다고 한다. 실은 내가 설교하는 날 나도 모르게 부모님들께서 오셔서 예배 시간에 참석하신 일이 있었다고 한다.

나도 이제는 결혼할 대상자를 찾아야겠기에 만나겠다고 대답했더니 내가 사는 집 근처의 다방에서 만나도록 해 주어서 나는 약속 시간 전에 나가 기다리고 있는데 어른과 함께 자그마한 아가씨가 들어와 인사를 하고 앞에 앉았다.

처음 만나는 순간이지만 오래전부터 알고 지낸 사람, 마치 본 교회 교회학교교사를 만나는 것 같은 느낌이었고 밝은 모습은 첫눈에 내 마음을 끌었고 편안한 마음으로 대화를 하는 가운데 내 마음을 주고 싶은 사람이라는 생각이 들었다. 같이 오신 아버지께서는 잠시 대화를 나누다가 두 사람이 대화해 보라고 하시며 일어나 나가셔서 둘이 앉아서 이런저런 이야기를 나누다가 우리는 헤어졌다. 그 후 김 권사님이 내게 만난 소감이 어떠냐고 묻기에 나는 편안한 마음이었고 좋았다고 했더니 그럼 속히 잘되도록 추진하겠다는 것이었다.

사실은 그 당시에 우리 교회 교회학교 여교사 중에 건국대학교 조교로 있는 정 선생이 있었고 그의 친구 박 선생의 어머니 백 권사는 여의도제일교회에서 가장 어른 역할을 하며 기도를 많이 하시는 권사님인데 그 권사님이 정 선생 어머니에게 나를 사윗감으로 이야기를 했는지 한 날은 여전도님께서 날 보고 정 선생 댁에 심방을 가자는 것이다. 나는 아무 영문도 모르고 전도사님과 함께 가서 예배를 드리고 왔는데 그 후에 여전도사님께서 하시는 말씀이 정 선생 댁에서는 교역자를 사윗감으로 원치 않는다고 했다는 것이다. 사실 나는 정 선생을 결혼상대자로 생각해 본 일이 없었고 다만 교역자와 교사로 가깝게 지냈을 뿐이었다. 정 선생의 어머니는 우리 교회 권사지만 아버지는 예수를 믿지 않는 분이며 뿐만 아니라 정 선생은 무남독녀이기에 7남매의 맏인 나는 정선생을 배우자 대상으로 생각해 본 일이 전혀 없었다.

그런데 정 선생은 내게 가끔 이야기하기를 '우리 대학 도서관에 아주 좋은 언니가 있다'며 몇 번을 그 언니 이야기를 하며 칭찬도 했다. 그런데 나중에 알고 보니 바로 내가 맞선을 본 바로 그 아가씨였다.

* 최승희와 결혼

청년시절의 최승희 선생

그 후 우리의 결혼은 속전속결로 추진되어 1977년 9월 1일에 만나 9월 24일에 약혼을 하였고, 마침내 그해 11월 5일에 결혼을 했다.

약혼을 하고 며칠 후 시골집 인삼밭에 삼을 캔다고 하여 약혼녀와 함께 시골집을 방문하게 되었다. 집에 도착하니 어머니는 인삼밭에 가시고 안 계셔서 둘이는 동네 이야기를 하면서 인삼밭으로 걸어가는데 마침 지나가던 이웃집에 사는 집안 형수가 나를 쳐다보면서, "결혼할 아가씬가요?"라고 묻는다. "네!" 하니까, "그래요! 참 배 같네."라고 하며 흐뭇한 표정을 지으며 서서 물끄러미 쳐다본다. 아마도 아가씨가 신선해 보였다는 말이겠다. 노총각이 결혼한다니 이웃 사람들도 관심이 많았던 것 같다.

결국은 어머니께서는 인삼을 팔아서 결혼 예물을 마련해 주셨고, 11월 5일에 여의도제일교회당에서 조성국 목사님의 주례와 직전에 사역했던 답십리 신흥교회 담임이신 김광훈 목사님의 기도와 신부 측 담임이신 대방교회 임병준 목사님의 축도로 결혼예식을 하였다. 나의 결혼에 대해 많은 관심을 가지셨던 백 권사님은 이불 한 채를 손수 만들어 신혼 방에 들여놔 주셨다.

신혼여행은 온양온천의 한 여관에 2박 3일 동안 머물면서 주변을 관광하며 지냈다. 아내는 가난한 나를 이해해 주면서 아무런 이의 없이 내 의견에 따라 주었고 모든 일에 잘 협력해 주었다. 사실 목회하는 동안에도 한결같이 내 마음을 편하게 해 주어 목회자의 협력자로서 살아준 아내에게 고마울 뿐이다.

첫 살림 주택은 지금까지 살던 옆집인데 방이 둘 있는 집을 얻어 누이동생과 함께 지나게 되었다. 그러던 어느 날, 퇴근하여 집에 돌아오니 책꽂이에 꽂혀 있던 책의 커버들을 모두 벗겨 밖에 큰 자루에 담아 놓은 것이다. 아내에게 왜 이렇게 했느냐고 물었더니 도서관에서는 책이 새로 들어오면 그렇게 벗겨 버린다는 것이다. 도서관 전공자의 방법대로였다. 나는 그 커버들을 모두 들여다가 다시 끼웠다.

여의도제일교회에서는 매일 새벽기도회를 담임목사님과 한 주간씩 교대해 가면서 인도했다. 그 당시에는 대방동에서 여의도로 가는 버스가 많지 않아서 40분 정도를 걸어서 갈 때가 종종 있었는데, 결혼 후에 장인어른께서 자전거를 주셔서 그걸 타고 다니게 되었는데, 아내는 새벽예배에 참석하고 싶다고 해서 자전거 뒤에 타고 함께 새벽기도회를 나갈 때가 많았다. 지금 생각하면 대방동에서 여의도로 들어가는 지하차도를 아내를 뒤에 태우고 달린다는 것이 얼마나 위험한 일인데 어떻게 그럴 수 있었을까 하는 생각이 드는데 그때는 조금도 힘든 줄도, 위험한 줄도 모르고 다녔다.

"아, 내 뼈 중의 뼈요, 내 살 중의 살이구나. 남자에게서 나왔으므로 여자라고 부를 것이다. 그리하여 남자는 자기 아버지와 어머니를 떠나 아내와 한 몸을 이루게 되는 것입니다"(창세기 2장 23-24절)

둘이 한 몸을 이루는 것, 이것이 가정을 향한 조물주의 설계 목적 중 하나라고 할 수 있겠다. 가정 설계의 첫 번째 그림은 '하나 됨'에 두어야 한다. 육체의 하나 됨, 마음의 하나 됨, 영혼의 하나 됨이 있어야 한다.

그다음 해 1월에 이문동 중랑제일교회로 이사를 하여 사역하던 중 첫째 딸 '인'이와 둘째 아들 '주석'이를 낳아 온전한 가정을 이루게 되었으며 저들이 잘 자라서 대학원을 졸업하고 결혼하여 행복한 가정을 이루어 살고 있으니 다만 하나님께 감사드릴 뿐이다.

결혼식

04 평화의 하나님께서 동행하셨다

1. 중랑제일교회 부교역자
2. 축복의 선물로 남매를 받다
3. 세광교회 개척
4. 다시 한 번 나비가 되어보자
5. 일산신광교회 위임목사
6. 고양 파주지역의 홍수

1. 중랑제일교회 부교역자
(1977년1월-80년8월)

교회 건물은 함석으로 된 연탄창고를 개조해서 만든 건물이었고, 성도는 주일 낮 예배에 300여 명이 모였으며, 강대상 뒤쪽에 교육관 겸 찬양대 연습실로 사용하는 20평 정도 되는 공간이 있었다.

중랑제일교회는 서울 동대문구 이문동 전철역 근처에 있는 서민들이 밀집해 있는 동네에 위치해 있다. 교회 근처에는 석탄 창고가 있어서 강원도 탄광에서 기차로 들여오는 석탄을 쌓아놓고 연탄을 찍는 연탄공장이 있었다. 그러니까 동네가 시커먼 석탄 먼지로 덮여 있다고 볼 수 있다. 머지않아 연탄공장이 이전을 한다고 하며 차차 규모가 작아지고 있는 상태이기는 하지만 불편하고 환경이 좋지 않아 주민들은 속히 개발되기를 기다리며 살고 있었다.

교회 건물은 함석으로 된 연탄창고를 개조해서 만든 건물이었고, 성도는 주일 낮 예배에 300여 명이 모였으며, 강대상 뒤쪽에 교육관 겸 찬양대 연습실로 사용하는 20평 정도 되는 공간이 있었다. 부교역자는 나 혼자 모든 교육 부서를 맡아야 했고 심방도 나 혼자 감당해야 했다.

담임이신 김창선 목사님은 노회 일로 항상 바쁘게 활동하셨다. 내가 처음 인사드릴 때 노회 서기를 하시다가 후에 노회장을 지내셨고 몇 년 후에 노회장을 다시 하실 정도로 노회에서 인정을 받으셨으며, 모든 일을 신중하고 노련하게 처리하시는 것 같았다. 교회에서도 별로 말이 없으셨고 내게도 아무 말씀 없이 묵묵히 지켜보시면서 당신 일을 하시는 분이시다. 어떤 때는 내게 지시하셔야 내가 무엇을 배울 텐데 아무 말씀 안 하시니 좀 아쉬울 때도 있었다.

사모님은 고등학교 교사였으며 두 분 모두 인자하신 분들로 마치 부모와 같이 느껴졌고 처음 내가 보기에는 목사님 연세가 꽤 많아 보였는데 알고 보니 사모님이 나와 동갑이고 목사님과는 8살 차이가 났으며 사모님은 내 아내를 동생처럼 돌봐 주시면서 친절하게 대해 주셨다.

우리 가정은 결혼 전부터 함께 지내던 누이동생 은숙이 등 세 식구가 교회에서 준비해 주신 방 둘이 있는 집에 살았는데, 교회 형편이 여유치 않다며 그동안 내가 살던 집에서 받아온 전세금을 보태서 입주하게 되었다. 얼마 후에는 여섯째 동생 대준이도 육군사관학교 준비를 한다며 올라와 함께 거했는데 결국은 중랑제일교회에서 지금의 제수씨를 만나 사관학교를 포기하고 신학도의 길로 들어가 준비하고 목회를 하고 있다.

여의도제일교회에서 만나 결혼하고 두 달도 채 되기 전에 이삿짐을 싸게 되어 아내에게 미안한 마음이 들어 위로해 주려는데 아내는 이삿짐 싸는 것이 재미있다면서 즐겁게 짐을 쌌다. 우리는 신혼살림 가구를 한 차에 싣고 이문동으로 와서 교회에서 정해 준 교회 길 건너편에 있는 집에서 1년을 살다가 교회를 확장하기 위해 구입한 교회 옆 주택으로 이사를 했고 옆방에는 집사님 가정이 세를 들어 살았다.

옆방 집사님 댁의 남편은 중동지역에 일하러 가고 없어서 아이들 셋과 함께 여집사님이 살림을 하고 있었다. 그 집사님은 우리에게 아주 친절하게 잘 대해 주었는데 아마도 내 아내의 사랑의 열매일 것이라고 생각된다.

2. 축복의 선물로 남매를 받다

우리 집 안에서는 항상 아름다운 클래식 음악 소리가 나고 있었다. 특별히 우유를 먹일 때 그리고 잠을 재울 때는 꼭 클래식 음악 소리를 들려주었는데 얼마 동안 그렇게 했더니 그 음악 소리를 들려주기만 하면 잠들기 시작했으며 그렇게 자라서인지 우리 두 아이들은 자라서 음감에 예민했고, 결국 딸은 음악을 전공했고 아들은 찬양을 잘했다.

중랑제일교회에 부임하여 첫 아이를 임신하게 되었으며 아내는 친정어머니와 의논해 가면서 태아 관리를 했고, 처가댁에서 가까운 곳에 있는 대방동 성애병원에서 분만을 하고 친정집에 약 한 달간 머물면서 몸조리를 했다. 장인 장모님께서 산후 뒷바라지를 정성껏 해 주셔서 아내는 산후조리를 아주 잘할 수 있었다.

첫 딸 이름을 지어야겠는데 나는 그동안 많이 생각하고 예쁜 이름을 지어주고 싶어 '인'(仁)이라고 짓자고 하였더니 아내도 좋다고 하여 그대로 호적에 올렸는데, 나중에 아내는 몇 달 만에 지은 이름이 겨우 외자라고 하며 농담을 했다. 출생일이 1978년 12월 11일인데 애매한 나이를 먹는 것 같아서 호적에는 1979년 1월 11일로 올렸다.

첫째가 태어난 지 6개월 정도 되었을 때 아내의 몸에 피부병 같은 증상이 있어서 피부과에 가서 의사에게 환부를 보여주었더니 산부인과로 가 보라고 하는 것이다. 그래서 산부인과로 갔더니 임신이라고 한다. 아내는 무척이나 염려를 하였다. 첫째가 딸이니 둘째는 아들을 낳아야 하는데 둘째에 대하여는 아직 준비 기도도 하지 않았는데 또 딸을 낳으면 어떻게 하느냐며 그때부터 열심히 기도를 했다. '하나님! 이번에는 꼭 아들을 낳게 해 주세요'라고.

이미 임신을 했는데 아들이 아니라면 바꿔서라도 아들을 낳게 해 달라고 하는 아내의 기도가 우습기도 하지만, 그렇게 해 주실 줄 믿는 믿음으로 간절히 기도하는 아내의 믿음도 대단했다. 그 당시에는 법적으로 태아의 성별을 병원에서 알려주지 못하게 했다.

아내의 복중에는 아이가 자라고 있는 중에 첫 딸 돌잔치를 준비하느라 몹시 힘들어했다. 결국 아내의 믿음대로 아들을 출산했는데 양력으로 호적상 내 생일과 같은 3월 6일이니, 어쩌다 보니 나와 아들은 띠 동갑내기에 생일이 같은 날이다.

아들의 이름은 담임목사님께 지어달라고 부탁을 했더니 주석(柱碩)이라고 지어주셔서 그대로 호적에 올렸다. 아들의 이름은 돌림자를 쓰는 것이 좋겠다고 생각되었는데, 우리 족보에 보면 돌림자가 아닌 사람의 이름은 호적상에 돌림자를 붙여 가명으로 기록한 것을 보았기 때문이다. 우리는 하나님께 감사드리면서 두 아이를 믿음으로 양육했다.

아내는 두 아이를 키우기가 힘들어 딸 인이를 대방동 친정에 보내 외할머니께 몇 달만 돌봐 달라고 부탁을 드렸다. 김포의 친할머니께서도 손자 손녀를 크게 기뻐하셨지만 농사를 짓고 계시기 때문에 기뻐만 하셨지 키워주실 형편은 못 되었다. 외할머니께서는 첫 손녀여서 기쁜 마음으로 잘 키워 주셔서 예쁘고 건강하게 잘 자랐다.

한 번은 청량리 어느 서점에서 책을 보는 중에 클래식 음악이 흘러나오는데 그 소리가 어찌나 아름다운지 구입할 수 있느냐고 물었더니 팔기 위해 만든 것은 아니지만 원하면 복사해서 줄 수 있다고 하여 복사하여 그 테이프를 첫 딸을 키우면서 수시로 들려주었으며, 우리 집 안에서는 항상 아름다운 클래식 음악 소리가 나고 있었다. 특별히 우유를 먹일 때 그리고 잠을 재울 때는 꼭 클래식 음악 소리를 들려주었는데 얼마 동안 그렇게 했더니 그 음악 소리를 들려주기만 하면 잠들기 시작했으며 그렇게 자라서인지 우리 두 아이들은 자라서 음감에 예민했고, 결국 딸은 음악을 전공했고 아들은 찬양을 잘했다.

돌아보면 어린 두 아이의 아버지인 나는 좀 더 사랑으로 키웠어야 했는데 그렇지 못한 것 같아서 미안한 마음이 있다. 그래도 할 수만 있으면 저들의 기억 속에 좋은 추억을 남겨주고 싶어서 시간을 내서 이곳저곳에 데리고 다니며 보여주기는 했는데 아이들의 기억 속에는 얼마나 남아 있는지 모르겠다. 요즘 부모들 같이 자동차가 있는 것도 아니고 부교역자 입장에서 그러지 못했다.

3. 세광교회 개척
(1980년 9월-1986년 11월)

결국 그렇게 결단을 내리고 교회 자리를 옮겨서 예배당이 60평 정도 되는 넓은 공간으로 확보했으나 대신 목사 사택은 4 식구가 비좁게 살아야 했다. 그 건물 1층은 시장이어서 그 시장에서 올라오는 연탄가스 및 각종 오물 냄새로 공해가 심해 플라스틱 창을 만들어 막았으나 별 효과도 없이 힘들게 참고 살 수밖에 없었다.

(1) 큰 꿈을 품고.

그렇게 지내며 4년 차를 맞아 이젠 중랑제일교회를 떠날 때가 되었다는 생각이 들어 하나님께 기도를 드릴 때, 앞으로 평생 목회할 목회자라면 한 번은 개척을 해야 되겠다라는 영감을 받고, 개척을 해야 한다면 조금이라도 젊은 나이에 해야겠다는 각오로 개척을 결심하게 되었다. 그래서 담임 목사님께 말씀을 드렸더니 기도하자고 하셨다. 목사님께서는 딱 부러지게 해라, 말아라 말씀을 안 하시는 분이시다.

학창 시절에 실천신학 강의에서 개척할 때에 참고할 것에 대한 강의 내용을 생각해 보았다. 먼저 개척을 시작하는 절기는 봄이 좋다는 것인데 그 이유는 전도하기라든가 활동하기 좋기 때문이다. 만약 겨울에 하면 연료비를 비롯한 여러 가지 비용이 많이 들고 전도하는 데도 좋은 환경은 못 될 것이라고 한다. 그리고 할 수 있으면 새로 개발되는 주택지가 유리하다는 것이다. 이미 마을이 형성된 지역에는 주민들의 정해진 교회가 있기 때문에 새로 주민들이 모이는 지역이 개척에 유리하다는 것이다. 물론 교회가 해야 할 일은 믿지 않는 사람을 전도하여 그 영혼을 구원하는 일이겠지만 우선은 이미 신앙을 가진 성도가 이사를 와 그들을 받아 안착시키는 것이 개척교회 성장의 빠른 길이라는 것이다.

그래서 연초부터 개척지를 찾아다녔지만 그리 쉽지 않았다. 기도하면서 장소를 찾아다니던 중 부천시 역곡동 전철역 북부지역이 가장 적합한 지역으로 생각이 되었다. 그 이유로는 이곳은 개발하기 위해 주택지가 조성이 되어 있었고, 특별히 전철역을 중심으로 역 앞에 상가 몇 동만 있을 뿐 주택이 하나도 없었고 역에서 1km 떨어진 곳까지 거의 허허벌판으로 약간의 구옥 몇이 있어서 앞으로 발전할 전망이 많아 보였다. 그런데 마침 그곳 중심부에 2층짜리 쇼핑센터를 건축하고 있었다.

처음 교회를 개척할 때에는 아는 사람이나 친척들의 도움이 필요하다고 생각되었는데 그곳에는 이미 중랑제일교회 성도인 김 권사 가정과 장 집사 가정 김 집사 가정이 멀지 않은 곳에 살고 있었으며 뿐만 아니라 처가댁이 영등포 대방동이니까 전철로 20분 정도면 올 수 있는 거리였기에 가장 적합하다는 생각을 하게 되어 장인 장모님과도 의논하였더니 좋겠다고 하시며 적극적으로 협력하시겠다는 말씀을 하셨다.

역곡역 남부에는 이미 많은 주택들과 상가들이 있어서, 나는 북부역 쪽을 택하여 부동산에 문의하여 새로 건축하는 80평짜리 쇼핑센터 건물 2층에 40평을 전세 800만원에 계약을 했다.

개척 자금은 우리 부부의 결혼 패물 전체와 두 아이들의 돌, 백일 선물로 들어온 패물 모두를 팔고, 장인어른께서 300만원을 지원해 주셨으며 모자라는 것은 어머니께 부탁드려 농지를 담보로 해서 대출받아 마련했다. 건물이 8월 초에 완성된다고 해서 담임이신 김창선 목사님과 의논하여 9월에 창립 예배를 드리기로 계획을 세웠다.

그리고 오산에서 목회하시는 김홍준 목사님께 말씀드렸더니 한번 와 보겠다고 하셨다. 한 날은 서울에 올라오신다기에 모시고 그 지역을 안내했더니 둘러보시고 지역이 괜찮다고 하시며 앞으로 전망이 있겠는데 최선을 다해 보라고 하시면서 이웃 어른이신 고척교회 김재건 목사님을 찾아가서 인사드리라고 하셨다. 김재건 목사님은 김홍준 목사님의 이북 동지로 친분이 두터운 분이셨던 것으로 안다. 개척 예배를 드리고 난 후에 김재건 목사님을 찾아가서 "역곡에 개척한 박영준 목사입니다. 김홍준 목사님께서 찾아가 인사드리라고 하셔서 인사드립니다. 기도해 주세요."라고 했더니 "그래요. 열심히 해 보세요"라고 하시고는 별로 관심이 없으셨다.

(2) 개척 예배와 걸림돌 들

봄부터 개척지를 찾고 찾다가 결국은 초여름이 되어서야 결정을 하고 건물을 계약을 하고 전철을 타러 가는데, 잘 아는 김종효 목사가 역 앞에서 전도지를 나누어 주고 있었다. 그래서 어쩐 일이냐고 하니까 역 앞에 교회를 개척한 지가 6개월 가까이 되었다고 하는 것이다. 나도 지금 개척할 교회당 건물을 계약하고 오는 길이라고 하니까, 그러면 안 된다고 하는 것이다. 김 목사가 개척한 교회는 바로 역 앞에 있고, 내가 계약한 건물은 북쪽으로 약 300미터 정도 떨어져 있으니 문제 될 것이 없지 않느냐는 대화를 하고, 전철을 타고 돌아오면서 기도했다.

'하나님, 어찌해야 하나요? 친구의 선교 방해꾼이 되어서는 안 되는데요'

어쨌든 교회 개척은 그대로 진행했다. 그 후 결국 김 목사의 방해로 노회는 내 고향 지역 서울서남노회에 가입하지 못하고 그 당시 내가 소속되어 있는 평양노회 개척교회로 등록을 하게 되었다.

교회 이름을 김창선 목사님께 지어 달라고 부탁드렸다. 물론 내가 지어도 되겠지만 이런 문제는 할 수만 있으면 경륜이 많으신 어른께 부탁드리며 상의하는 것이 좋겠고 그렇게 해야 앞으로 지원받는 일에도 도움이 되겠다고 생각하고 말씀드렸더니 목사님께서는 한 주간 정도 지난 후에 "영락교회라는 이름이 얼마나 좋습니까? 교회 이름은 뜻도 좋아야 하지만 부르기도 좋아야 하는데, 내 생각에는 '낙원교회'라고 이름 했으면 좋겠는데 어떻습니까?"라고 하시는 것이다. 그래서 나는 그대로 '낙원교회'라고 정하고 교회 안에 성구 일체를 중랑제일교회와 성도들이 마련해 줄 것을 약속받고 1980년 8월 말에 교회를 사임하고 계약한 교회당에서 약 300미터 떨어진 연립주택 복합 2층을 전세로 얻어서 아래층엔 우리가 살고 윗 층엔 둘째 처제 가정이 이사를 했다.

중랑제일교회에 갈 때는 신혼부부로 트럭 한 대에 우리 내외 두 사람이 갔는데, 4년 후 남매를 낳고 두 대의 트럭에 이삿짐을 싣고 4 식구가 떠나는 심정은 두렵기도 하면서 한편 뿌듯하다고 할까. 어떤 면에서 큰 꿈을 품고 떠났다.

야곱이 형 에서를 피해 외삼촌댁으로 갈 때 앞으로 어떠한 상황이 벌어질지 모르고 가던 그 심정을 생각해 보았다.

(3) 개척예배

1980년 9월 7일 첫 주일 예배를 드리고 창립감사예배는 9월 21일 오후 3시에 평양노회 개척위원회 주관으로 드리기로 준비하고 노회에 속한 교회들에게와 친분이 있는 분들에게 안내장을 띄웠으며 교회 안의 성구도 마련하여 제자리에 정리해 놓았고 방송시설은 40평 공간에 맞추어서 설치했고 커튼은 방음을 생각해서 두터운 융단으로 만들어 설치했다.

개척예배의 인도는 당회장 김창선 목사께서, 기도는 개척위원장 박영문 장로께서, 성경 봉독은 노회 서기 전승보 목사가, 찬양은 평양노회 여전도회 연합회 연합성가대가, 설교는 노회장 박근용 목사께서, 격려사는 김찬호 목사께서, 축도는 최중해 목사께서 맡아 수고해 주셨다.

찬양대원이 50여 명이 왔는데 12자짜리 장의자 20개를 두 줄로 놓았는데 찬양대가 거의 반을 차지했기 때문에 일반 회중은 장판을 깐 바닥에 앉거나 서서 예배를 드렸다. 연합회 찬양대가 찬양을 준비해 왔는데 피아노를 준비하지 못해서 결국 무반주로 찬양을 했다.

나는 미안한 마음에 인사 말씀을 하면서 "피아노를 준비하지 못해서 찬양대에게 대단히 죄송합니다. 그러나 피아노도 하나님께서 주실 줄 믿습니다." 했더니 예배드리고 나가던 중랑제일교회 집사님께서 "제가 피아노를 선물하겠습니다."라고 약속하여 그다음 주일 예배에는 피아노를 놓고 예배를 드릴 수 있었다.

창립예배를 드리고 돌아가는 분들이 하는 말이 "모든 것을 다 갖추어 놓아서 해 줄 것이 없네."라고 하며 돌아가는 분들이 있었다. 그 말을 듣는 순간 '이건 아니었구나. 부족함을 보였어야 했는데'라는 생각을 했다.

이번 낙원교회 창립예배의 모든 일은 당회장 김창선 목사님의 도움으로 노회의 지원을 받았으며 무엇보다도 중랑제일교회 성도들의 성구 일체의 지원으로 은혜롭게 행사를 마무리할 수 있었다. 김 목사님께서는 중랑제일교회에서 1년간 월 5만원씩, 그리고 부산 평광교회 장은봉 장로님께서 월 5만원씩 보조를 받도록 해 주셨다. 다만 감사할 뿐이다.

(4)교회 명을 바꾸다

개척예배를 드리고 몇 주일이 지났을 때, 내게로 내용증명 한 통이 날아왔다. 봉투를 뜯어보니 서울서남노회 소속인 부천에 있는 낙원교회 담임 송병률 목사께서 보낸 것이다. 그 내용은 '이웃 동네에서 같은 교단에 같은 이름의 교회를 세우면 어찌하느냐. 당장 교회 이름을 바꾸라. 그렇지 않으면 총회 재판부에 제소하겠다.'는 내용이었다. 처음 당하는 일이라서 당황하여 기도하는 중에 부천에 있는 선배 목사에게 "도대체 송병률 목사라는 분이 어떤 분인가?"라고 물었더니 "그 목사는 상대할 대상이 못되니 조심하라"는 것이다. 그래서 김창선 목사님께 전후 사정을 말씀드렸더니 교회 명을 바꾸는 것이 좋겠다며 '세광교회'로 바꾸자고 하셔서 아쉬운 마음으로 바꾸고 말았다.

그 후 송병률 목사는 불법 목사라는 오명을 받고 낙원교회뿐만 아니라 우리 교단을 떠나 어찌 되었는지 알지도 못하는 형편이다.

(5) 개척 초기 전도사역

1980년 9월에 우리는 세 살짜리 딸과 백일이 갓지난 아들을 데리고 그동안 기도해 오던 역곡동에서 새로운 개척의 길에 본격적으로 들어섰다.

개척예배를 드린 다음 주일부터 처가댁 식구들과 셋째 누이동생 가정이 역곡으로 이사를 와서 함께 했으며 작은 여동생도 함께 출석하여 도왔으며, 장 집사 가정, 김 집사 가정이 예배에 참여해서 십여 명이 모였고, 그 다음 주일에는 서울에 사는 처가댁 친척들이 등록을 하였고, 신혼으로 우리 위층에 살고 있는 처제 가정이 함께 봉사하며 도왔다. 그다음 주일에는 장인어른께서 나가시는 성남중학교 학생들 20여 명이 참석해서 한 달 안에 40여 명의 성도가 모여서 40평 예배당에 가득하게 찬 것 같은 느낌이 들 정도로 모였다. 물론 학생들은 임시로 자리를 채워주는 것이긴 하지만 그러나 예배시간은 은혜로웠고 설교하는 나도 힘이 났던 것이 사실이다.

나는 노방전도, 방문전도 등 열심히 전도를 했으며 교회가 있다는 사실을 알리기 위해 약도가 그려져 있는 전도지를 열심히 돌렸다. 주변의 가게마다 열심히 찾아다니며 전했고 전봇대나 벽에 전도지를 붙이기도 했다. 주변에는 주택들이 들어서기 시작했고 새로 입주하는 가정마다 찾아다니며 복음을 전했으며 세광교회가 어디에 있다는 사실을 알리고 우리 세광교회는 서울 영락교회나 새문안교회와 같은 교단에 속한 교회라는 것을 강조하며 전했다.

물론 전도는 믿지 않는 사람에게 복음을 전하고 그들을 주께로 인도하여 그 영혼을 구원하는 것이 맞지만, 이런 개발지에서 교회 성장의 지름길은 이사를 오는 성도를 받아들이는 것이 우선이라고 생각했기에 그런 방법으로 교회성장의 방향을 잡았던 것이다.

새벽예배에는 가끔 한 두 명의 기도하는 이들이 오기는 하는데 지나가는 이들이 기도하고 가는 상태였다. 그런 가운데 교회 앞에 사시는 김 권사 남편인 안 집사께서 새벽마다 나와서 간절히 기도하고 가곤 했다. 사업상 기도 문제들이 많았을 텐데 어떤 때는 안 집사 한 분 앞에서 설교할 때도 가끔 있었는데 그것이 내겐 오히려 큰 힘이 되었다. 아내는 어린아이들 때문에 새벽기도회에는 참석하지 못했다.

예배시간에 60여 명 정도가 모이게 될 때 처가 친척들 중에 먼 곳에서 나오시던 분들은 본교회로 돌아갔다.

(6) 어린이 선교원 사역

어느새 추운 겨울이 다가왔다. 개척교회로서의 추운 겨울은 그야말로 찬바람이 몰아치는 계절이다. 전도도 하기 힘들지만 난방을 해야 하기 때문에 재정도 더 많이 드는 계절이기에 더 춥다. 그러나 새 봄이 또다시 온다는 꿈을 갖고 목회계획을 면밀하게 세웠다.

황량했던 주변에는 제법 주택들이 들어섰고 우리 교회가 있는 상가에도 아래 1층과 지하에는 상점들이 다 찼다. 2층 80평 중 우리가 40평을 사용하고 옆에는 아직 비어있었다. 주변에 연립주택이 들어서고 단독주택들도 들어서 주변에 제법 인구가 늘어났고 젊은 세대들이 많이 들어왔다.

그런 가운데 이젠 내가 직접 전도하러 다니기보다는 사람들이 찾아오도록 하자는 방법을 생각하는 가운데 어린이 선교원을 계획하게 되었다. 우선 선교신학교의 도움을 받기로 하고 그 학교에서 실시하는 강습회에 참석해서 강의를 들었고 선교신학교의 지도를 받으면서 교사 두 사람을 추천받아서 어린이 모집 광고를 했다. 선교원을 처음 개설하는 것이기 때문에 한 반만 모집하기로 했다.

장소는 예배실을 사용하는데 주일 저녁예배가 끝나면 장의자를 한쪽으로 밀고 바닥에 비닐 장판을 깔았는데 실제로 해 보니 바닥이 콘크리트여서 차기 때문에 스티로폼을 놓고 그 위에 장판을 깔았더니 냉기를 어느 정도 막을 수 있었다. 그렇게 개척 다음 해 봄에 선교원을 시작할 때 교사들이 열심히 활동해서 원생이 30명 가까이 모였고 교사들이 지혜롭게 지도해서 선교원은 재미있게 운영되었다.

그런 가운데 자모들의 모임이 아름다웠다. 자모들 가운데는 믿는 이가 3분의 1 정도 되고 믿지 않는 이가 3분의 2가 되었는데 그들에게 복음을 전해야겠는데 내가 직접 하는 것이 쉽지 않을 것 같았다. 그렇다고 아내에게 맡길 형편도 안 되는 것이 우리 아이들이 둘이나 있으니 말이다. 그래서 기도하는 중에 중랑제일교회 서 집사가 생각이 났다. 서 집사는 중랑제일교회 여전도회장을 지냈고 기도를 많이 하는 열정적인 분이다. 그러면서도 단순하며 순수해서 모든 일에 아주 적극적인 분이며 전도도 열심히 했다. 그래서 서 집사에게 찾아가서 우리 선교원 원장을 맡아 줄 수 있겠느냐고 했더니 담임목사님께서 허락만 하신다면 할 수 있을 것 같다고 한다. 그래서 김 목사님에게 말씀드렸더니 본인만 허락한다면 그러라고 하셨다. 그래서 서 집사를 선교원 원장으로 세우고 한 주일에 세 번 정도 나와서 돌아보고 자모들을 방문을 하면서 그들을 전도하는 방법으로 수고해 달라고 부탁을 해서 결국은 거의 모든 자모들이 교회에 등록하고 신앙생활을 잘하게 되었으며 후에 그들이 교회의 일꾼들이 되었다. 물론 그 중심에는 김경희 집사와 장재희 집사가 있어서 많은 역할을 했기에 자모회가 든든히 섰고 자모들 중에서 우리 교회 집사로 임명되어 열심히 봉사했다.

어린이 선교원은 3년간 운영되었으며 보람도 있었다. 서 집사는 그 후에 신학교에 들어가 공부를 하고 목사 안수를 받고 목회를 했다. 그렇게 어린이 선교원 사역은 교회 성장에 큰 역할을 했고, 선교원으로 말미암아 세광교회가 더욱 널리 알려지게 되었으며 교회도 아름답게 성장하게 되었다.

(7) 보배로운 일꾼들

해가 가면서 선교원 사역과 여전도회가 조직되면서 전도에도 활기를 띄었다. 주일 집회에 60여 명씩 모이고 찬양대도 조직되어 예배 분위기도 은혜롭게 변화되고 있었다. 주일 낮 예배에 장인어른께서는 연세가 많은 노년들을 돌보셨고, 장형문 집사와 김강호 집사는 젊은 남자 성도들을, 누이동생, 박 집사, 김 집사, 장 집사는 젊은 여자 성도들을 돌보았다. 그리고 아내는 예배 시간에 어린이들을 데리고 옆방으로 데리고 나가서 돌보았고, 예배가 끝나면 성도들에게 라면을 끓여서 대접하는 일은 처제의 도움을 받았다. 장모님은 우리 두 아이들을 돌봐 주셔서 아내가 우리 아이들에게 신경

쓰지 않도록 해 주셨다. 주일학교에는 막내 처제를 비롯해서 청년 교사들이 맡아서 수고를 해서, 특별히 신경이 쓰이지 않도록 해 주었다.

(8) 목사 안수

나는 전도사로 교회를 개척하였는데 2년 차를 지나면서 속히 안수받는 것이 필요하겠다는 생각이 들어서 내가 속한 평양노회에 목사안수 청원하여 1981년 봄 수유제일교회(후에 강북제일교회로 개명)에서 개회되는 노회에서 세광교회의 담임목사로 청원을 받아 목사안수를 받았다.

사실은 졸업하기 전에 아버지께서 소천하셨는데 나는 맏아들이면서도 32세가 되도록 결혼을 하지 않아 아버지께 불효자의 심정이 있어 목사 안수받는 일에 별로 깊은 관심을 갖지 않았었다. 그런데 개척을 하고 보니 전도사와 목사의 차이가 크다는 사실을 깨닫게 되어, 목사 안수를 받고 강단에 서서 설교하고 축도를 하게 되니 나도 힘이 나지만 교회 성장에도 큰 영향이 있게 된 것이 사실이다.

목사 안수를 받고 1년 후에 노회에서 연임 청원을 받아야 했다. 그래서 제직 헌신예배를 드리면서 강사로 초청한 주계명 목사님을 대리당회장으로 세워 제직회도 부탁드렸더니 제직회를 집례하시면서 '박영준 목사는 이 교회 개척자이니 이 교회를 떠날 때까지 담임목사로 모시도록 하는 것이 어떠냐?'라고 하시니 모든 제직들이 찬성하여 그렇게 하기로 결의했다. 결국은 위임목사와 같은 의미가 된다. 법적으로 어떤 효력을 갖는지는 모르지만 교회에서 문제가 발생하지 않는 한은 다시는 연임 청원을 위한 제직회는 할 필요가 없게 된 것이다.

(9) 잊을 수 없는 실수

교회 건물 옥상에는 십자가 철탑이 세워져 있었다. 그런데 비바람이 몹시 부는 어느 날 새벽기도회에 나오니 그 십자 탑이 넘어져 있는 것이다. 10m가 넘는 철탑에는 스피커 3개가 달려 있었고 그 위는 십자가가 세워진 탑이다. 그 철탑이 넘어진 것을 보는 순간 하나님 앞에 죄송스러웠고 주변 사람들에게 부끄러웠다. 나는 그 십자가를 세운 회사에 연락을 해서 비가 그치자마자 이 전보다 더 든든하게 세우면서 마음속으로 나를 한없이 채찍질했다. 어찌 이런 일에 이처럼 소홀히 할 수 있었나? 그리고 마음으로 다짐했다. 주님의 일에는 무엇보다도 좀 더 심사숙고해야 한다는 것을…

(10) 교회 성장과 사역자 세움

개척 4년 차가 되면서 성도가 70여 명이 모이고 세례교인 40명이 되면서 일꾼을 세워야겠다는 생각을 갖고 기도하게 되었다. 교단법에 세례교인 30명이 넘으면 장로 2명을 세울 수 있었으나 우리 교회가 당회를 조직하기에는 아직은 이르다고 생각하고 안수 집사와 권사를 세우기로 했다. 그동안 든든한 일꾼들이 많이 들어와서 처가댁 가족들은 다시 본 교회인 대방교회로 복귀하였을 때였다.

많이 기도하고 한 주 전에 주보 소식란에 공동의회 소식을 싣고 예배

시간에 광고를 하고 그다음 주일예배 시간에 투표를 하였더니 안수집사에 개척 멤버인 장형문 집사와 김강호 집사, 이완석 집사와 본 건물 지하상가에 있는 정육점 사장 김동현 집사 등 5명과 권사에는 유미현, 채소 장사하는 강 집사 등 3명이 선출되어 1년간 교육 후에 우리 교회에서는 첫 번째 임직식을 하였다. 그러면서 교회는 더욱 성장하여 5년 차가 되면서 100여 명의 성도로 성장했다.

(11) 교회당을 이전하다

그렇게 성장하는 중에 문제가 발생했으니 교회가 전세로 들어있는 건물 주인이 재정 문제로 건물 자체를 경매에 넘기고 만 것이다. 처음 계약할 때 건물 주인은 천주교 성도이고 이 건물을 건축한 건축자는 개신교 집사였다. 그들이 자기들을 믿고 염려하지 말고 계약하자고 했는데 4년이 지나면서 어려움을 당하게 되니까 결국은 경매로 넘기게 된 것이다. 마침 우리 교회 여집사 남편이 변호사 사무실에 나가는 이가 있어 그분과 의논해 보았더니 모든 것 알아보고 나서 하는 말이 법적으로 권리를 회복할 형편이 아니라며 차라리 포기하는 것이 낫겠다고 하는 것이다.

마침 그때 우리 교회 옆에 깨끗하게 신축한 새로운 상가가 세워졌기에, 제직회를 열어 의논했더니 차라리 이 건물을 포기하고 그 건물로 옮기자는 의견이 많았다. 만약에 그 건물을 그대로 두면 혹시라도 다른 교회가 들어올 수도 있는 자리였기 때문이기도 했다. 그 건물은 2층 80평 되는 건물로, 재정은 그동안 저축된 자금과 현재 전세 들어있는 목사 사택 전세금을 빼서 충당하고 사택은 예배당 옆에 20평을 막아서 임시로 사용하는 방안으로 추진하게 되었다.

결국 그렇게 결단을 내리고 교회 자리를 옮겨서 예배당이 60평 정도 되는 넓은 공간으로 확보했으나 대신 목사 사택은 4 식구가 비좁게 살아야 했다. 그 건물 1층은 시장이어서 그 시장에서 올라오는 연탄가스 및 각종 오물 냄새로 공해가 심해 플라스틱 창을 만들어 막았으나 별 효과도 없이 힘들게 참고 살 수밖에 없었다.

지금 생각해도 참으로 아찔한 상황이었다. 두 아이들이 유치원에 다니는데 주변 환경도 좋지 않고 비좁은 방에서 지내야 했으니 안타까운 일이었으나 그 당시에는 오로지 어떻게 하든지 교회가 속히 성장해야 한다는 일념뿐이었다. 교회만 성장하면 모든 문제는 해결된다고 생각했으니... 아내와 두 남매에게 정말 미안했다.

"아버지! 종의 가정에 주신 축복의 선물인 두 남매는 하나님께서 책임지고 키워 주세요."

(12) 일꾼이 떠나갈 때의 남는 상처

성도들을 양육하여 열심히 일하는 일꾼으로 키웠고 좋은 일꾼들이 등록하여 봉사하는 것은 감사한 일인데 거기에도 문제는 있었다. 열심히 봉사하는 것은 좋았지만 다 그런 것은 아니었다. 교회 직분에 관심을 갖고 열심을 내는 성도들이 문제였다.

어떤 집사 가정은 권사인 할머니와 집사인 아버지, 권사인 어머니와 청년인 동생, 그리고 부부 집사를 포함하여 장년부 6명과 어린 자녀 2명을 데리고 등록을 하여 열심히 봉사했다. 찬양대, 아동부 교사, 여전도회, 남선교회 등 각 부서에서 누구 못지않게 봉사를 하면서 장로로 세워 주기를 기대한 것이다. 그러나 나는 우리 교회 장로가 되려면 적어도 7년 이상은 본 교회에 출석하며 봉사해야 한다고 생각했고 이미 지금까지 개척 멤버로 수고하고 있는 이들이 있는데 이제 2-3년 열심히 봉사한다고 해서 그 사람들 중심으로 교회를 세울 수는 없었다. 나의 그런 뜻을 안 그 가정은 결국 온 가정이 다른 교회로 떠나고 말았다. 참으로 가슴 아픈 일이었다. 그런데 그 가정이 떠나고 6개월 즈음 후에 들려오는 이야기는 세광교회를 떠나온 것을 후회한다는 소식이 들려오기에 다시 오라고 전했더니 부끄러워 못 온다는 것이다.

한 번은 젊은 신혼부부가 등록을 했는데 남편이 어느 회사의 직원으로 있으면서 외국 지사로 나갔다. 외로운 가운데 열심히 교회에 출석하면서 봉사도 잘하는 편이었다. 그런 가운데 아기를 갖고 싶어 하지만 남편이 1년에 두 번 정도 귀국하여 다녀가지만 3년이 되어도 아기를 갖지 못한다며 아기를 주시면 더 열심히 봉사하겠으니 기도해 달라고 해서 온 교회가 그를 위해서 기도하던 중에 감사하게도 아기를 갖게 되었고 연년 생으로 두 아들을 낳아서 그 가정에 큰 경사가 났다. 그런데 둘째 아이 돌이 지나자 아무 이야기도 없이 서울로 이사를 가 버리고 마는 것이다. 허무하기 짝이 없었다.

또 한 여집사는 딸이 하나인데 아들 갖기를 그렇게 원했지만 10년이 다 되었는데도 임신이 되질 않는 것이다. 내게 기도 부탁을 하고 여전도회 회원들에게도 부탁을 해서 그를 위해 온 교회가 철야 기도회 때마다 간절히 기도했다. 개척교회, 작은 교회의 특성이 바로 이런 것이라고 생각이 된다. 그런데 40이 넘어서 임신을 하고 아들을 낳았는데 남편이 아들을 낳은 아내에게 수고했다며 서울 개봉동에 새 집을 사서 이사를 가버리고 마는 것이다.

이것이 개척교회의 아픔이라는 사실을 깨닫게 되었다. 성도가 복을 받아 더 잘 되면 좋은 것인데, 개척교회의 입장에서는 우리와 언제 까지나 함께 있어 주기를 바라는 마음인 것이다.

개척교회를 하면서 느낀 것은 작은 일이라도 온 교회가 다 알게 되어 작은 바람만 불어도 교회 안에 회오리바람을 일으키는 것을 보게 된다. 그게 가장 힘든 일이 아닌가 하는 생각이 드는데 다행히도 세광교회를 사역하는 중에 그리 큰일은 없었으니 다행한 일이었다.

그렇게 열심히 개척교회 목회를 하던 때 금요일이면 구역예배를 4번이나 인도할 때도 있었다. 구역장이 인도해야 하지만 새 가정이 있는 가정이든가 구역장의 특별한 사정이 있을 때에는 내가 찾아가서 인도를 했다.

내가 그렇게 목회하는 사실을 안 어떤 동기 목사는 "박 목사는 겨우 100명 미만의 교회 담임목사밖에는 되지 못할 것이다"라고 하는 것이다. 그러나 나는 그 말을 흘려버리고 교회 성장을 위해서 라면 내가 할 수 있는 최선을 다해서 내 모든 것을 쏟아부었다. 그런데 내게 그런 말을 했던 목사는 목회를 제대로 하지 못하고 이리저리 교회를 옮겨 다니다가 일찍 목회를 접고 말았다.

(13) 제 남편은 죽어도 전도 안 됩니다

어느 주일 낮 예배에 20대 후반의 젊은 여인이 등에 어린아이를 업고 한 손에 큰 애 손을 잡고 교회에 나와서 등록을 했다. 주일이 지나고 화요일에 김 권사와 함께 심방을 갔더니 반가워하며 맞아 주어서 예배를 드리고 나니 마침 점심때가 되어, 보온밥통에 밥과 냄비에 있는 김치찌개를 데워 상을 차려 주어서 식사를 하게 되었다. 그런데 옆방에 누군가 인기척이 있기에 누가 있느냐고 물으니 남편이 야근하고 돌아와 자고 있다고 하기에, 인사를 하려고 하니까 "저 이는 죽어도 전도 안 돼요."라고 하는 것이다. 그래서 우리는 그 남편을 만나지 못하고 식사 후에 그대로 나오고 말았다.

그 후로 이 젊은 여집사는 주일학교 교사로, 찬양대원으로, 구역장으로 교회의 각종 교육 프로그램에 열심히 참석하면서 충성된 사역자로 봉사하더니, 어느 주일에는 죽어도 전도 안 된다던 그 남편을 데리고 나와서 등록을 시켰고 등록을 한 그 남편은 빠지지 않고 주일예배에 참석했고, 그 후 세례를 받는 등 착실한 교회 일꾼이 되었다. 그들은 우리 교회에 아주 훌륭한 사역자 부부가 되었다.

훗날 내가 세광교회를 떠난 후에 이 가정은 서울로 이사를 하여 남편은 서울 온누리교회 장로가 되었고 아내는 장로회신학대학을 졸업하고 내가 사역하는 김포중앙교회에서 봉사하다가 내가 노회장 하던 해에 우리 교회 부목사로 청빙을 받아 목사 안수를 받고 나의 동역자가 되었다.

이 가정은 사도 바울의 동역자인 브리스길라와 아굴라 부부와 같이(롬 16:3-4) 나의 목회 사역에 아주 중요한 역할자로, 내가 은퇴하기 직전까지 김포중앙교회에서 동역해 주었으며 은퇴 후에도 친 형제자매 못지않게 가깝게 지내고 있다. 감사한 일이다.

(14) 지역사회 봉사

교회 창립 2년이 되면서 남선교회와 여전도회가 조직되어 교회의 여러 분야에서 봉사해 왔는데 4년 차 되던 해 설에는 여전도회에서 흰 떡 장사를 한다며 준비를 했다. 한 가마니의 떡을 뽑아 팔았는데 두 가마니의 값을 남겼다며 회장이 그 이익분의 돈을 갖고 와서 어떻게 사용하면 좋겠느냐고 했다. 그래서 이 돈은 우리 성도들에게만 팔아서 남긴 이익금이 아니라 이웃들의 협력으로 이룬 것이니 이웃을 위해서 사용하면 좋겠다고 했더니 기쁘게 생각하여서 역곡 동장과 의논해서 극빈자들에게 라면을 선물로 주기로 하고 라면 도매상에 연락을 해서, 라면 한 차를 실어와 교회 앞에 내려놓고 동 직원이 추천한 극빈자들에게 연락하여 나눠주었다. 그 후로도 명절 때마다 역곡동 지역에 생활이 어려운 이웃들을 위하여 할 수 있는 일을 찾아서 봉사하는 사역을 했다.

그 일로 우리 교회는 비록 자기 건물도 없는 교회이면서 지역 사회를 위하여 봉사하는 교회로 소문이 나서 부천시에서도 관심을 갖는 교회가 되었고 지역 국회의원이 찾아와 인사하는 일도 있었다.

1. 창립예배 2. 제직 임명기념 3. 장인 최승립 집사님, 장모 이선옥 권사
4. 20여년 후에 만난 개척 멤버들

4. 다시 한 번 나비가 되어보자

그 모습을 보면서 내 마음은 애처롭기만 했다. 짐을 다 싣고 일산에서 오신 집사님의 승용차에 아내는 딸을, 그리고 나는 아들을 안고 차에 탔는데 차가 출발할 때 눈물이 쏟아져서 손을 흔들어 배웅하는 저들을 도저히 눈을 들고 쳐다볼 수가 없었다. 차를 타고 가면서 나는 다짐했다. 다시는 이런 일이 없는 목회를 해야겠다고… 그렇게 해서 부천 세광교회에서의 개척교회 시대의 막을 내리게 되었다.

교회가 안정되어 가면서 교회당 부지를 마련하여 건축할 계획으로 매월 적금을 들어 꿈을 키워가고 있는 중에 우리 교회 앞에 있던 성결교회가 언덕 위에 부지를 마련하여 예배당을 건축하여 이전하면서 그 교회당을 팔게 되었다. 그래서 그 건물을 샀으면 좋겠다는 생각을 하고 기도하던 중 안수집사님들과 상의를 했더니 목사님이 알아서 하라는 것이다. 마치 목사만의 일인 것처럼 말을 하는 것이다.

그 후에 지역 국회 의원인 박 의원을 만나게 되어 도움을 청한 일이 있었다. 박 의원은 여당 의원으로 역곡동 출신이며 부천과 김포지역 국회의

원인데 내가 김포 출신인 것을 알고, 또 부천 시청에 우리 친척 박주남 씨가 부장으로 있어서 나와 인사를 했기에 알고 지내는 사이였다.

박 의원이 실력이 있다든가 능력이 있는 사람은 아니지만 선조로부터 물려받은 역곡의 땅 부자로 알려진 사람이다. 그래서 이 지역에 교회 부지로 사용할 만한 땅이 있으면 줄 수 있느냐고 했더니, 자기 개인 땅은 줄 만한 것이 없지만 시 체비지를 찾아서 주겠다고 하는 것이다. 그래서 부탁을 하고 돌아와 다음 주일에 안수집사들과 그런 일이 있었다는 이야기를 했더니 집사 한 사람이 '목사님이 그런 일이나 하러 다닙니까? 기도를 해야지'라고 하는 것이다. 참으로 마음이 답답해 옴을 느꼈다. 이 사람들과 함께 계속 목회를 할 수 있을까? 하는 생각이 들었다.

주일이 지나고 월요일에 가방 하나를 들고 청계산 기도원으로 올라갔다. 청계산 기도원은 기회만 있으면 가서 엎드려 기도하던 곳이다. 한 주간 있을 작정을 하고 올라가서 '아버지, 어떻게 해야 합니까? 제게 응답해 주세요. 교회의 모든 일을 담임목사 혼자 다 알아서 해야 한다는 이런 곳에 계속 머물러 있어야 하나요? 제게 말씀해 주세요. 지시해 주세요.'라며 며칠 동안을 울부짖어 기도하고 있는데, 본 교회 안수집사 한 사람이 기도원에 찾아 올라와서 '목사님, 좀 더 잘하도록 노력할 테니 다른 생각은 말아주세요'라며 위로하고 내려가는 것이다. 그 말에 조금은 위로를 받고 금요일에 기도원에서 내려왔다.

부천 지역의 목사들로 조직된 세종병원 원목실에 원목으로 수고하는 이남순 목사는 나를 원목실 원목위원으로 위촉해 같이 활동했다. 위원 중에 박창하 목사는 서울서남노회에서 목회를 성공적으로 잘하는 목회자로 알려져 있다. 한날은 박창하 목사와 대화하는 중에 나의 형편을 말하면서 "이 교회를 떠나고 싶은 마음이 있는데 어떻게 했으면 좋겠느냐"라고 했더니 "기도하면서 열심히 목회하다 보면 하나님께서 길을 알려 주실 것이라"라고 하였다. 그거야 당연히 우리 믿음의 사람이 갖추어야 할 일상적인 자세다.

그런 일이 있은 지 얼마 후 서울서북노회에서 목회하는 송석산 목사에게서 전화가 왔다. 송 목사는 나의 신학교 1년 선배인데, "혹시 교회를 옮길 생각이 있느냐? 이웃에 좋은 교회가 있는데 교역자가 떠나야 할 형편에 있으니 이곳에 와서 나와 이웃하여 목회하면 어떠냐? 조금 힘든 일은 있지만 나와 함께 의논해서 하면 잘 될 수 있는 상황이다."는 것이다.

내용은 한 마디로 일산신광교회 목사와 맞바꾸어 목회를 해 보자는 이야기다. 그래서 혹시나 하고 한 번 교회를 돌아보기나 하자고 위치를 물었더니 버스를 타고 일산 시장을 지나 일신의원 앞 정류장에서 내리면 된다고 알려주면서 언제 와 보겠느냐고 하기에 월요일 낮에 가보겠다고 대답했다.

월요일, 그날따라 아침부터 비가 내리기 시작하는데 나는 아내와 의논하고 전철을 타고 서울역에서 내려 버스를 타고 알려준 대로 일신의원 앞에서 내렸다. 그런데 십여 명의 사람들이 기다리고 있다가 우리 부부가 내리니까 "혹시 박영준 목사님이 신가요?"라고 묻는다. 그렇다고 하니까 "잘 오셨습니다."라고 하면서 우리 부부를 교회로 안내하여 교회 안으로 데리고 들어갔다. 교회는 붉은 벽돌로 새로 지은 120여 평이 되는 단층 예배당으로 깨끗하게 정리되어 있었다. 권사라고 하는 분이 잠시 교회 시설에 대하여 설명하더니 어리둥절해하는 우리 내외를 역전 앞 식당으로 안내하여 들어갔는데, 내가 비를 맞아 양말이 젖은 것을 어느 여집사가 보고 어느새 양말을 사 가지고 와서 바꿔 신으라고 했다.

그날 그렇게 하고 집으로 돌아오면서 아내와 깊은 대화를 했다. 그곳이 정말 우리가 가야 할 교회인가! 그러나 아무리 생각해도 그곳은 아닌 것 같다는 생각이 들었다. 우리는 새로 개척하는 마음으로 일할 수 있는 교회로 가야 한다고 생각하고 있었다.

그날 밤, 그리고 새벽에 우리 내외는 하나님께 간구했다. '하나님, 우리에게 지혜를 주시고 올바른 판단을 하게 하여 주세요.'라고... 그러던 중에 송석산 목사에게서 전화가 왔다. '일산신광교회에 다녀온 소감이 어떠냐?'라고 물었다. 나는 '내가 생각했던 교회가 아닌 것 같다. 나는 새로운 마음으로 개척할 교회를 찾고 있는 중이다.'라고 했더니, '이 교회가 바로 그런 교회다'라며 '완전히 새로 시작하는 마음으로 목회해야 그 교회는 살 수 있다'라고 하며 더 깊이 생각해 보라고 하는 것이다. 그쪽 교회에서는 내가 꼭 오기를 바라고 있다는 것이다.

그런데 내가 일산신광교회의 상황을 알아보니 꼭 담임목사의 잘못만은 아닌 것 같다. 어디든 무슨 일이든지 간에 결코 한쪽의 잘못만은 아닌 것이다. 그러므로 상황이 바뀌면 또 다를 수도 있는 것 아니겠나! 우리 부부는 좀 더 기도하며 시간을 가졌다. 그리고 그동안 개척할 때부터 지금까지 지도해 주신 김창선 목사님께 이 사실을 말씀드리면서 "어찌했으면 좋을까요?"라고 물었더니 목사님께서는 "목사님이 깊이 기도하면서 결정하세요"라고 하셨다.

그런데 만약 우리가 그곳으로 가려고 한다고 해도 문제는 이곳 세광교회에서 내가 소개하는 목사를 받아주어야 하는데, 내가 떠난다는 것을 어떻게 받아 줄지도 모르는 입장이었다. 그래서 한 주간 기도하던 중 토요일에 중직자들을 모아놓고 지금까지의 일을 이야기하고 내 뜻을 말했더니 한편으로는 대부분의 중직자들이 결사반대했지만 다른 한편으로는 내가 이미 마음에 정했다는 사실을 알고는 어쩔 수 없지 않느냐는 반응이었다.

그리고 그다음 주일 찬양예배시간에 헌신예배를 인도하러 오신 나종균 목사님에게 사실 이야기를 하고 제직회를 인도해 달라고 부탁을 드렸더니 목사님은 어이가 없다는 표정이지만 내가 이미 정하고 중직자들과 상의했다는 말을 들으시고 제직회를 하면서 "교역자는 언제고 떠날 수 있다"는 진솔한 목사님의 말씀을 듣고 과반수의 허락을 받고 내가 떠나고 내가 소개하는 목사를 모시기로 결정했다.

그리고 다음 주 월요일에 짐을 싸는데 몇몇 성도들이 찾아와 "가시면 안 된다"며 말리는데, 외부에서 오신 지 몇 개월 안 되는 노 권사님께서 "목사님의 의견을 따르는 것이 바른 자세이고 목사님은 하나님께서 가라시면 언제고 가실 수 있는 분이니 그렇게 순종하라"라고 하면서 성도들을 달래며 짐 싸는 일을 도와주었다.

짐을 다 싼 무렵 일산신광교회에서 온 성도들은 짐을 차에 옮기면서 안타까운 모습으로 쳐다만 보고 있는 세광교회 성도들의 눈치를 보면서 짐을 싣는다. 그 모습을 보면서 내 마음은 애처롭기만 했다. 짐을 다 싣고 일산에서 오신 집사님의 승용차에 아내는 딸을, 그리고 나는 아들을 안고 차에 탔는데 차가 출발할 때 눈물이 쏟아져서 손을 흔들어 배웅하는 저들을 도저히 눈을 들고 쳐다볼 수가 없었다. 차를 타고 가면서 나는 다짐했다. 다시는 이런 일이 없는 목회를 해야겠다고... 그렇게 해서 부천 세광교회에서의 개척교회 시대의 막을 내리게 되었다.

5. 일산신광교회 위임목사
(1986년 11월-1990년 12월)

"제가 일산신광교회로 부임해 왔습니다."라고 인사를 드렸더니 잠시 머뭇하시다가 하시는 말씀이 "힘든 교회이지만 교회를 평안하게만 만들어 봐."라고 한마디 하시고는 더 이상 말씀을 안 하시고 돌아서셨다.

(1) 문제와 갈등

일산신광교회에 부임해 보니 복잡한 문제들이 많이 있었다. 목회 경험도 적은 사람이 이 많은 문제들을 어떻게 극복해 나갈 수 있을지 난감했다. 이 교회의 상황은 열정적인 신앙을 가진 권사가 교역자를 앞세워 교회를 개척하고 사랑으로 주변의 많은 어려운 사람들을 품어주어 교회를 성장시키는데 큰 역할을 했고 예배당을 건축하는 일에도 전심했으며 그런 역할로 신앙이 깊지 않은 의사인 남편을 장로로 세우도록 했고 자기 주변에 가까운 집사들 중에 열심히 봉사하는 사람들을 안수 집사로 세우도록 했다. 그런 과정에 그 권사의 주변 사람들 중심으로 교회가 형성되는 것에 불만을 품은 제직들과 갈등이 생기며 개척 후에 부임하여 예배당을 건축한 담임목사가 교회를 떠날 수밖에 없게 되었다.

그 후에 부임한 목사는 이미 외부 사람들을 통하여 이 교회의 상황을 대강 알고 부임해서는 일방적으로 일을 처리하는 과정에 장로를 비롯한 안수집사, 권사들의 벽에 부딪쳐 1년도 못 되어 교회를 떠나게 된 것이다. 간단하게 말한다면 항존직과 서리직 성도 간의 갈등이 생긴 것이다.

약속한 날 성도들이 차를 가지고 와 짐을 싣고 일산으로 와서 교회 앞에 있는 아파트 3층에 마련된 사택에 짐을 풀었다. 물론 짐을 정리하는 과정에 안수집사와 권사들이 많은 수고를 하였는데 짐을 정리하고 저녁 식사를 하고 났는데 젊은 여자 집사 몇 명이 선물을 들고 찾아왔다. 그 표정은 굳어 있었고 우리 교회 형편이라고 하며 또박또박 여러 가지 사건들을 말해주었다. 이야기를 들어보니 권사님은 순수한 사랑으로 베풀었는데 받는 이들은 그것을 그대로 받아들이지 못했다고 하는 사실을 알게 되었다.

부임 첫 주일 예배 시간에 400여 석 되는 예배실에 70여 명의 성도가 서너 곳으로 나눠 앉아있는 것이다. 항존직 사람들의 그룹과 서리직 사람들의 그룹, 그리고 중간 그룹이다.

부임해서 첫 번째 제직회를 할 때, 한쪽에서 발언하면 다른 쪽에서 응수하며 따져 물었다. 결국 싸움으로 연결되었다. '이런 형편이로구나', 판단하고 첫 번째 제직회를 서둘러 마무리하고 말았는데 새로운 목사가 왔기 때문에 서로 눈치 보느라 결코 막무가내로 하지는 않았다.

그 후로도 가끔 양쪽 측에서 사택으로 찾아와 자기들의 형편을 말하며 자기들의 주장이 옳다고 강조하는 것이다. 나는 그럴 때마다 그들의 말에 귀를 기울여 들어주었고 수고했다고 격려해 주어 편안한 마음으로 돌아가게 해 주었으며 아내도 따듯한 차로 접대하면서 그들을 품어 주었다. 그리고 그들의 의견을 긍정적으로 들어주려고 노력했다. 아내는 가끔 오산리 기도원에 들어가 금식하며 우리의 목회와 교회를 위해 기도했다.

(2) "교회를 평안하게만 만들어라"

어느 날 노회에 속한 교회에서 행사가 있어 참석했는데 내가 존경하는 나괴환 목사님(당시 마포교회 담임)께서 예배위원으로 오셨다. 나 목사님은 누님의 스승으로 몇 번 만나 인사를 드린 일이 있고 내게도 사랑으로 대해 주셨기에 행사가 끝난 후 찾아 만나 뵙고 "제가 일산신광교회로 부임해 왔습니다."라고 인사를 드렸더니 잠시 머뭇하시다가 하시는 말씀이 "힘든 교회이지만 교회를 평안하게만 만들어 봐."라고 한마디 하시고는 더 이상 말씀을 안 하시고 돌아서셨다. 마치 '골치 아픈 교회에 왜 갔느냐'는 표정이셨다.

그 후로 나는 나 목사님의 말씀을 항상 마음에 되새기면서 교회가 평안하게 되는 방향으로 성도들을 섬겼더니 그 후로 감사하게도 교회는 안정을 되찾아가게 되었고 교회는 회복되었으며 1년이 지나면서 교회가 혼란할 때 떠났던 성도들이 다시 돌아오면서 150여 명이 모이게 되었고 각 부서에서 열심히 봉사를 하니, 교회는 평안해졌고 그동안 힘겹게 노력한 결과의 보람을 맛볼 수 있었다.

철학자 니체는 "나는 향락(享樂)을 원하지 않는다. 나는 일을 원한다." 라는 말을 했는데 이 말은 인생의 깊은 진리를 간파한 말이다. 인생의 목적은 향락이 아니요 일이다. 일에는 기쁨이 따르고, 생산에는 즐거움이 따르고, 성취에는 보람이 있다. 철학자 안병욱 교수께서는 "네 생명(生命)의 잔(盞)에 포도주를 부어라. 네 생활의 밭에 보람의 나무를 심어라. 네 마음의 밭에 보람의 등불을 켜라"라고 했다. 그 후에는 행복을 맛볼 수 있기 때문이라고...

그 후로 나는 나 목사님의 말씀을 항상 마음에 되새기면서 교회가 평안하게 되는 방향으로 성도들을 섬겼다. 그리고 어느 편에서든 내게 찾아와서 자기들의 주장을 내세울 때면 그들의 말을 긍정적으로 받아주면서 "집사님들이 그렇게 하셨기에 오늘 우리 교회가 이렇게 존재하는 것 아닙니까?"라고 말해 주며 격려해 주어 돌려보냈다. 그러니까 소외감에 빠져있던 있던 성도들도 내 사랑의 품으로 돌아오는 것을 느낄 수 있었다. 그러면서 감사하게도 교회는 안정을 되찾아가게 되었다.

(3) "목사님! 위임 받으셔야 합니다."

그런 중에 이제는 목사 위임 문제가 불거져 나왔다. 장로를 비롯한 항존직 직임자들은 '위임을 받아야 성도들이 안정되게 신앙생활 할 수 있습니다.'라고 하고, 서리집사 측에서는 '위임을 받아야 장로를 비롯한 항존직자들이 목사님을 내치지 못합니다.'라고 하며 위임받기를 요구한 것이다.

어떤 면에서는 위임받으라는 것이 감사하기도 했지만 한편 난처하기도 했던 것이, 지난 1년을 지나면서 나는 이 교회가 내가 평생 목회할 교회는 아니라는 생각을 했기 때문이다. 그렇다고 지금 양쪽 의견을 아주 무시할 수도 없는 형편이기도 했다. 기도하던 중에 만약에 목회를 계속한다면 현재의 장로 한 분으로는 교회 관리를 제대로 할 수 없겠다는 생각이 들었다. 박 장로는 신앙적이라기보다는 상식적으로 교회 일을 처리하려고 하며 더구나 당신 스스로의 믿음과 신앙적인 뜻으로 결정하기보다는 아내의 뜻에 의존하여 모든 것을 결정하려고 한다. 물론 아내인 권사의 신앙은 조금도 염려가 되지 않지만 그래도 장로라면 당신 스스로 결정할 수 있는 믿음과 리더십이 있어야 하는 것이 아닌가!

당회를 하면서 그동안 기도했던 대로 위임받는 조건을 장로 한분으로는 온전한 당회 구성이 못되니 장로를 더 세우고, 교회당을 건축하고는 헌당을 못했으니 헌당식도 겸해서 하자고 했더니 찬성을 했다. 사실은 안수집사 4명이 있는데 그들은 신앙생활을 어려서부터 하던 집사들인데 그중에 두 사람은 장로의 아들처럼, 또 두 사람은 동생처럼 생각하며 장로 가정과 가깝게 지내는 집사들이기 때문에 장로로서는 대답을 쉽게 할 수 있었다. 그래서 의논하기를 안수집사 중에 누구를 빼기도 곤란하니 4명의 안수집사를 모두 세우도록 하였고 기도로 준비하고 한 주 전에 장로 투표를 위한 공동의회 공고를 하고 투표한 결과 계획대로 안수집사 4명 모두가 피택 되어

6개월간 교육을 시켜서 예배당 헌당식과 목사 위임식, 그리고 장로 임직식을 거행했다.

주변의 목사님들 중에서는 장로 가정과 가까운 집사들을 장로로 세우면 선임 장로에게 더 힘을 실어주는 격이 되지 않겠느냐고 염려하는 분들도 있었지만 그래도 신앙이 깊지 못한 한 분의 장로와 당회를 하는 것보다는 장로의 권한을 분산시키는 것이 훨씬 나을 것이라고 판단을 했다. 사실 안수집사 4명은 나보다 3-5년 정도 어리고 나와 대화를 잘할 수 있는 사람들이라는 확신이 있었기 때문에 그런 안을 내놓았던 것인데 계획대로 당회는 안정되었고 목사가 교회 행정을 관리하기에 원만하게 되어 목회는 은혜롭게 할 수 있게 되었다. 전에는 의사인 장로와 어떤 일을 의논하려면 병원에 찾아가서 병원 원장실에서 의논해야 했지만 당회가 조직되니 교회 전반적인 일을 당회실에서 의논하고 결의하게 되었으니 이제야 교회가 교회다워지는 것 같았다.

선임장로는 자연인으로는 선하신 분이어서 이 지역에서는 성자라고 부를 정도로 인자하신 분이고 특출한 의술은 아니었지만 그래도 고양 파주 지역에서는 인정받는 의사요 존경받는 지역 유지로 나도 개인적으로는 존경하는 분이다.

(4) 김병현 권사의 사랑을 받으며

김병현 권사는 열정적인 분이시고 사랑이 많았고 목회자를 최선을 다해 섬기는 분이시다. 교회가 개척된 지 3년 만에 예배당을 건축하는 과정에서 지난날 맺어온 지인들과의 관계를 이용하여 쌀장사와 떡장사 등을 하면서 건축비를 마련했고 그런 과정에 안수집사들을 비롯한 젊은 여집사들이 최대한 협력하여 적은 교인이 개척 3년 만에 120평의 예배당을 건축하고도 부채가 하나도 없게 되었던 것이다. 전임 목회자들에게 지나칠 정도로 사랑을 베풀었기에 오해도 받고 비난도 받았으나 나에게도 그렇게 잘 섬겨주었다.

그러나 나는 김 권사의 지난 과거를 송 목사에게 들어서 대강 알기에 김 권사의 사랑을 받으면서도 일정한 거리를 두고 지내면서 중간에 권사님이 아들과 형제처럼 생각하는 젊은 장로들과의 관계를 잘 활용하여 모든 문제들을 은혜롭게 처리해 나갈 수 있었다. 기회가 있으면 젊은 장로들과 권사와 함께 여행도 다니면서 관계를 키워 나갔고 좋은 관계 중에 교회의 문제들을 의논했고 특별히 서리집사들에게 많은 관심을 갖고 오해의 소지가 없도록 하면서 사랑으로 성도들을 돌보았다. 그런 와중에 선임장로(김권사의 남편)의 불평이 때때로 있었지만 그럴 때마다 중간에서 젊은 장로들이 역할을 잘 감당해 주어 원만하게 처리될 수 있었다.

내가 부임하여 짐 정리를 다하고 났을 때 김 권사께서 내게 인사하러 와서 물었다.

“오토바이를 탈 줄 아시나요?”

"못 타는데요"

"운전면허증은 있나요?"

"예, 있습니다."

사실 나는 부천에서 떠나오던 해 여름에 면허증을 받았지만 운전은 해보지 못한 형편이었다. 면허증이 있다는 말을 들은 김 권사는 "그래요"라고 하면서 그 자리에서 전화해서 베스타 12인승 승합차를 계약했고 다음 날 자동차가 교회 마당에 도착했다. 그래서 나는 처음으로 자동차 운전을 하게 되었다.

(5) 한 맺힌 학교공부를 마치고, 첫 번째 성지순례를 다녀오다.

교회가 어느 정도 안정이 된 후, 나는 그동안 한이 맺혀있던 학교공부에 관심을 갖게 되었고 당회에 대학원 공부를 하고 싶다는 안을 내놓았더니 쾌히 찬성하며 등록금을 지원해 주어 장신대 대학원에 등록을 하고 2년간 매주 월요일 수업에 참석하여 공부하여 대학원 과정을 마칠 수 있었다. 교회에서 구입한 승합차로 50분간 한강변을 달려 학교에 도착하면 머리가 띵~하여 첫 시간 강의의 반은 혼돈 속에 지냈던 것 같다.

그런 중에 공부할 수 있다는 사실에 감사하면서 최선을 다해 노력했고 잘 마무리할 수 있었는데 김 권사께서는 대학원 수료 기념으로 성지 순례를 다녀오시라며 비용을 해주었다. 어느 노 목사님께서 "담임목사님에게 가장 큰 선물은 성지순례를 다녀오시게 하는 것이다"라고 하셨다는 것이다. 마침 평양노회원들이 가는 편에 함께 10박 11일의 이스라엘 스위스 로마를 다녀올 수 있었다.

(6) 교회 부지

일산신광교회는 일산 시장에서 금촌 방향으로 가는 길 아래 낮은 쪽에 위치해 있는 약 200평 정도의 대지로 더 이상 넓혀 나가기가 곤란한 위치에 있었다. 그런데 선임 박장로의 병원은 언덕 위에 있는데 그 뒤쪽으로 800평 정도 되는 밭이 있었는데 다른 사람에게 세를 주어서 농사를 짓게 하고 있는 형편이었다. 나는 기도하던 중에 교육관도 필요하고 앞으로는 자동차 주차장이 필요한 때가 올 터이니 대지 확보를 해야 되겠다는 생각을 했다. 젊은 장로들에게 내 의견을 내놓았더니 "좋기는 한데 적당한 장소가 있겠습니까?"라고 하였다. 그래서 '장로님 밭과 교회 부지를 바꾸는 방향은 어떻겠느냐'라고 하면서 장로님께 의견 타진을 해 보라고 했으나 몇 주가 지나도 아무런 답변이 없기에 젊은 장로들에게 물었더니 장로님이 대답을 하지 않으신다는 것이다. 나는 조금 섭섭했지만 그래도 무슨 대답이 있지 않을까 하고 기다렸다. 그런데 몇 개월 후 들려오는 소식이 그 밭을 사업을 하는 처남에게 담보로 제공했는데 부도가 나는 바람에 그 밭이 경매로 넘어가고 말아서 장로님 가정이 재정적으로 큰 타격을 받고 있다는 안타까운 소식을 들었다. 차라리 내 의견을 받아들였더라면 좋았을 것인데…

(7) 승용차 구입

일산 지역에 교회가 많이 있었지만 크게 성장하지를 못해서 개척된 지

10년도 안된 우리 교회가 큰 교회에 속할 정도였고, 본당은 가장 큰 편이었다. 그래서 1년에 한 번 하는 연합집회를 우리 교회에서 했는데 집회 중에 부흥회 강사가 느닷없이 "이 교회 선임 장로가 누구냐"라며 불러 세우더니 "이렇게 큰 교회에서 담임목사 승용차 하나 사드리지 못하느냐"고 하며 언제 사줄 것인지 대답하라고 한다. 나도 당황했지만 갑자기 일으켜 세움 받아 물음을 당한 장로는 더욱 당황해하는 것 같았다. 그 당시 나는 4년이 다 된 낡은 베스타 12인승 승합차를 운전하고 다녔던 것이다. 선임 장로는 당황해하면서 뭐라 말을 못하고 망설이고 있는데 강사는 "이 집회가 끝나기 전에 사 주겠느냐"라고 재차 묻는 바람에 선임 장로는 "그러겠습니다"라고 대답하였고 결국은 그다음 주간에 나는 1,600cc 승용차를 받았지만 억지로 마지못해 사주는 선물이 그리 반갑지만은 않았다. 이것이 첫 번째 승용차를 타게 된 동기다.

(8) 노회 활동

일산신광교회가 속한 서울서북노회는 서울의 서북쪽에 위치한 지역으로 서울 서대문구 일부와 은평구와 고양군 파주군 지역에 있는 교회들로 구성되어 있으며 우리 교회가 소속된 시찰 내의 교회들은 대개가 약했기 때문에 우리 교회는 그중에 큰 교회에 속했다. 그런 관계로 노회에서도 그렇게 분류해서 나는 새로 전입하였어도 농촌부 서기로 임명되어 3년간 부장인 백학교회 이성실 목사님을 돕게 되었다.

서울서북노회 중에 고양시와 파주시는 농촌지역이기 때문에 이 지역의 가난한 교회의 재정에 도움을 주는 사업을 했는데 특히 파주지역의 교회에서 양봉을 하는 장로들이 많이 있어 그들을 통해 재정이 약한 교회에 벌통 1통을 사 주면 3년 후에는 여러 통을 분양할 수 있으니 그중에서 1통을 회수하여 다른 미자립 교회에 분양시키는 사역을 했다. 그런 일로 나는 그때부터 꿀을 많이 먹을 수 있었고 목회를 마칠 때까지 내 방에는 꿀이 떨어지지 않았다.

농촌부 서기 3년을 지내고 나서, 교육부 부장이신 삼송교회에 시무하시는 이능백 목사님을 도와서 교육부 총무로 사역하게 되었다. 교육부는 노회 부서 중에 큰 부서에 속하여 일이 많은 부서이기에 총회에서 각 노회 교육부 총무 세미나를 실시했는데 사업이 많은 부서의 총무가 다른 부서와 같이 일 년 직이면 업무의 일관성이 결여되기 쉬우니 5년 직으로 해야 된다는 안이 나와 총회에 건의하여 결정되어 그때부터 다른 부서의 총무와는 달리 5년 직으로 하게 되었다.

교육부에서 하는 사업 중에 큰 사업으로는 제직훈련과 교회학교 각급 교사 강습회였다. 1990년도 제직훈련은 황칠수 목사가 시무하시는 응암교회당에서 있었는데 노회 내의 제직 1,500여 명이 모였고 점심은 도시락으로 준비하여 제공했다.

6. 고양 파주지역의 홍수

어찌 됐든 고양군 일산 지역은 홍수로 인해서 완전히 새로워졌는데, 터져서 홍수를 일으킨 뚝은 자유로가 되었고, 그 안쪽에는 일산 신도시가 건설되었으니 그야말로 완전히 천지개벽을 한 것이다.

1990년 여름 장마가 계속되더니 갑자기 한강 물이 불어나면서 한강 뚝이 터지는 사건이 일어났다. 그 일로 고양 파주 지역에 대홍수가 나서 농토가 물에 잠겼고 많은 주택이 물에 잠기는 엄청난 사건이 벌어진 것이다. 물론 교회들 중에도 잠긴 교회가 여럿이 있었다. 그 일로 서울을 비롯한 전국에서 각종 구호품들이 들어와 마침 내가 시찰장을 지내던 때여서 피해를 입은 이들에게 구호품을 나누어 주는 일로 분주하기도 했다. 특별히 우리 교회는 피해를 입은 지역의 입구에 있었기 때문에 우선 우리 교회 로비에 물품을 쌓아 놓고 질서 있게 전달해 주었다.

홍수로 한강 물이 불어나면서 물이 미쳐 한강 하류로 빠져나가지 못하여 한강 뚝이 터질 수밖에 없게 되었는데 자연대로 놔두면 김포 쪽으로 터지게 되어 있다는 것이다. 그렇게 되면 김포 공항을 비롯해서 인천까지 물에 잠길 수 있어서 의도적으로 고양군 쪽 뚝을 터트렸다고 하는 말들이 돌기도 했다. 이 말이 유언비어에 지나지 않을지 모르지만 어떻든 그 당시에는 그런 정황들이 있었던 것은 사실이다.

그렇게 뚝이 터져서 고양 파주 지역에 대홍수가 났는데 정부에서는 터진 뚝을 막아야 하는데 물발이 세서 막을 길이 없어 당황해할 때 현대그룹의 정주영 회장이 돌로 채운 컨테이너를 헬리콥터로 옮겨다 놓아 막아서 해결했다는 이야기를 들었다.

어찌 됐든 고양군 일산 지역은 홍수로 인해서 완전히 새로워졌는데, 터져서 홍수를 일으킨 뚝은 자유로가 되었고, 그 안쪽에는 일산 신도시가 건설되었으니 그야말로 완전히 천지개벽을 한 것이다.

신도시로 개발하면서 농지와 주택들을 보상하는데 조상 대대로 농사나 지으며 살던 사람들이 보상을 많이 받으면서 그걸 잘 관리한 사람들은 그런대로 안정되었지만 어떤 이들은 그 돈을 주체하지 못해 탕진하여 버린 사람들도 있는 것을 볼 때 안타까운 마음이 든다. 어떤 이는 조상 대대로 지켜온 내 토지와 주택을 잃게 되었다며 목매 자살하는 사람도 있었으니, 갑자기 닥쳐온 개발이 많은 사람들에게 혼란을 일으키기도 하였다.

일산 지역이 신도시로 개발되면 교회로서도 새롭게 발전할 기회가 왔다고 생각하고 마음의 준비를 하게 되었다. 신도시 범위는 현 시가지가 아니라 농지와 산으로 구성된 지역이기 때문에 우리 교회는 직접적으로는 관계가 없으나 구시가지도 영향을 받게 될 것이기 때문이다. 우리는 다만 기도하면서 마음의 준비를 하였다.

장로 임직 기념

05 날마다 나의 십자가에 못을 박으며

(김포중앙교회 사역)

1. 김포중앙교회로. "고향으로 죽으러 가자"
2. 이사는 하였는데
3. 교회창립 100주년 기념예배당건축
4. 새 성전에 입당과 서울노회 유지재단에 가입
5. D.min 학위와 미국교회 견학
6. 새 술은 새 부대에
7. 프로그램의 다양화
8. 해외선교
9. 다음 세대를 위한 교육관 확장
10. 고목에 꽃 피우기
11. 다음 세대를 바라보며
12. 장로 5명 장립
13. 돌비를 세우면서
14. 승계자를 찾아서
15. 교회 111년사 편찬
16. 스승과 선배, 그리고 후배들과의 만남
17. 이 취임식

1. 김포중앙교회로 "고향으로 죽으러 가자!" (1990년12월-2014년12월)

결국은 하늘 아버지께 마음속으로만 기도했을 뿐 아내와도 의논하지 못한 채, 마음속 깊이 결단하기를 "고향으로 죽으러 가자"라고 생각하며 대답하고 말았다.

일산신광교회에서 위임을 받고 홍수로 인해서 완전히 새로워졌으니, 정부 시책에 따라서, 터져서 홍수를 일으킨 뚝은 자유로가 되었고, 그 안쪽에는 일산 신도시가 건설되고 있었으니 그야말로 일산은 완전히 천지가 개벽을 하고 있었다. 이 지역이 신도시로 개발되면 우리 교회도 새롭게 발전할 기회가 왔다고 생각하고 기도하면서 마음의 준비를 하게 되었다.

그해 11월 어느 날 김포중앙교회 장로 2분과 안수집사 3분이 갑자기 찾아와서 김포중앙교회로 가자고 한다. 장로 두 분은 소년 시절부터 나를 잘 알고 계신 분들이다. 그러나 나는 가고 싶은 생각이 조금도 없어서 단호하게 거절을 했다. 그 이유는 첫째로 이 교회의 위임목사이고, 둘째는 김포중앙교회의 전임목사께서는 외향적인 반면 나는 그렇지 않으며, 셋째는 그곳은 나의 고향인데 고향에서 목회한다는 것이 너무나 큰 부담이 되기 때문이라고 했다. 그러나 장로 일행은 "우리 교회에는 박 목사님 같은 성품을 가지신 분이 필요하며 고향이기 때문에 더 깊은 애정을 가지고 일하실 수 있을 것이다"라며 강권하면서 두 시간 반 동안을 방 안에서 나가지도 못하게 하고 대답을 하라며 졸라대는 것이었다. 결국은 하늘 아버지께 마음속으로만 기도했을 뿐 아내와도 의논하지 못한 채, 마음속 깊이 결단하기를 "고향으로 죽으러 가자"라고 생각하며 대답하고 말았다.

성경에 "화내는 데 더딘 사람은 용사보다 낫고 마음을 다스릴 줄 아는 사람은 성을 빼앗는 사람보다 낫다"(잠언 16장32절)는 말씀이 있다. 자기 마음을 스스로 다스리고 자기 의지로 자기 이상과 자기 생의 목적을 다스릴 수 있다면 그는 용사보다 나은 사람이며 위대한 사람이라는 말씀이다.

소크라테스의 어록 가운데 "인간은 성숙해 가면서 4단계를 거치는데, 어렸을 때는 겸손을, 젊었을 때에는 온화함을, 장년이 되었을 때에는 공정함을, 노년이 되었을 때에는 신중함을 배워야 한다. 계속 배우면서 자기 자신을 다스려가야 한다."라고 했다.

나 자신을 다스리는 사람이 되자며 다짐하고 또 다짐하면서도 제대로 감당하지 못하니 언제까지 이럴 것인가! "하나님이여! 도와주소서."

결국 결정적인 대답을 하고 일행이 돌아간 후 아내에게 사실 이야기를 하고 그때부터 우리는 기도했다. 이제 앞으로 뒤처리를 어떻게 할 것인가? 이왕에 결정된 문제는 속전속결로 처리해야겠다는 생각으로 모든 뒷일은 교회에 맡기고 그다음 주일에 성도들에게 인사를 하고 화요일에 이사를 했다. 이사하던 날 일산에서 김포까지 직선거리는 바로 강 건너니까 약 10km 정도 되겠지만 능곡을 지나 행주 대교를 건너야 하기 때문에 제법 먼 거리였다. 행주대교를 건너서 김포대로 가까이 왔는데 차가 밀려서 도저히 앞으로 나가지를 않는다. 전에는 김포공항에서 김포읍까지 버스로 20분 정도밖에 걸리지 않던 곳인데 도로 확장 공사를 하고 있었기 때문에 몹시 막히고 있으니 이는 김포가 곧 개발될 징조라고 하겠다. 그날 행주대교에서 김포읍까지 오는 데 걸린 시간은 2시간 30분, 나는 차 안에서 많은 것을 생각했다. '김포에 가면 할 일이 많겠구나. 김포는 그동안 전방이라는 이유 때문에 개발이 되지 않아서 그야말로 낙후된 지방이었으나 앞으로 수도권을 확장해 나갈 곳은 김포뿐이다라는 말들을 많이 하는데 그렇다면 교회도 이제 기지개를 펼 때가 되었구나.'

부임 당시의 예배당

2. 이사는 하였는데

1990년 12월 21일에 부임했으나 아직 추수감사절을 지키지 못해서 마지막 주일에 추수감사절을 지내야 했으므로 부임하여 첫 번 맞은 성탄절을 어떻게 지냈는지 지금 전혀 기억이 나질 않는다.

김포에는 지금도 나의 일가친척들이 있고, 친구와 어른들이 교회에서 멀지 않은 곳에 살고 있으며, 나의 일거수일투족이 낱낱이 다 드러나게 된다. 그렇다고 내가 명문가의 후손도 아니고, 그렇게 돋보이던 사람도 아닌데 어떻게 감당해야 할까? 내가 사는 방법은 '나는 죽고 주님께서 주시는 능력으로 새롭게 태어나 주어진 사명을 다하는 길밖에 없다'는 다짐을 하던 중에 어느덧 차는 교회 마당에 도착했다.

차에서 내려 보니 20여 년 전, 청년 시절에 공부하러 서울로 올라가기 전에 봤을 때와 별로 크게 달라진 것이 없는 것 같으면서도 모든 것이 새롭게 보였다. 건물이며 대지 그리고 진입로가 없어 골목길로 다니는 것 등은 별로 변한 것이 없어 보이고 다만 내부가 조금 달라진 것과 성도가 급속도로 많아졌다는 것이다.

엄동설한에 1990년 12월 21일에 부임했으나 아직 추수감사절을 지키지 못해서 마지막 주일에 추수감사절을 지내야 했으므로 부임하여 첫 번 맞은 성탄절을 어떻게 지냈는지 지금 전혀 기억이 나질 않는다.

지난해 교회 요람을 참고하고 당회원들의 의견을 들으며 교회 직원을 임명하고 목회계획을 세우고 교회 요람을 만들었다. 교회에 부임한 첫해의 인상은 어둡고 답답했다. 주변 환경은 무언가 달라질 것만 같이 움직이는데 우리 교회는 침체되어 있는 것 같았다. 전임자가 교회 전체를 흔들어 놓아 교회는 어수선했다.

전임자가 떠나면서 자기 마음에 드는 후임자를 세우려 했는데 외부 활동을 많이 하는 G 장로께서 그 뒤를 알아보니 문제 인물이라는 사실을 알고는 거부하게 되었고, 순수하신 Y 장로께서는 전임자가 소개하는 교역자를 받는 것이 옳지 않은가 하는 마음에서 두 분 사이에 갈등이 생겼다. 이 교역자 저 교역자를 소개하는 사람들이 있지만 지금까지 그랬듯이 지원자는 많은데 대개가 갈 데가 없는 사람들이 찾아왔고 아니면 징검다리 식으로 집고 지나가는, 목회자들이 거쳐 가는 교회처럼 되었다. 그나마 이제는 어느 정도 교회가 성장하였으니 다행이긴 하지만 그전에는 막상 교역자를 모시려고 해도 경제적으로도 만만치가 않았던 것이다. 특별히 이번에는 당회원 간의 갈등과 성도들 간의 갈등 속에서 교역자를 청빙 하려니까 더욱 그랬던 것이다.

그렇게 교회 강단을 비운 채 두 달 가까이 지나다가 안타까워하던 당시 J 안수집사께서, 두 분 장로를 만나 대화를 하는 중에 나를 찾아오게 되었다는 것이다.

이런 형편 가운데 성도들 대부분은 예수님 외에는 그 누구도 믿을 수 없다는 표정들이었고 새로 부임한 나는 무언가를 해야 되겠는데 교회 분위기가 어수선하니 어디에 먼저 손을 대야 할지 난감했다. 새벽마다 하나님께서 길을 가르쳐 달라고 기도하며 하나님의 때를 기다릴 수밖에 없었다.

한 과정을 마치고 / 왜그너교회성장 졸업

3. 교회창립 100주년 기념 예배당 건축

100주년 기념예배당

첫해인 1991년도 교회 표어를 '하나님께 가까이하자'라고 정하고 신앙을 바로 세우는 일에 총력을 기울였다. 그런 가운데 두 분 장로님들이 열심히 교회를 섬기고 있으나 장로를 더 세워야 할 필요를 느끼던 중에 목사 위임을 해야 한다는 여론도 있고 해서 당회는 담임목사 위임과 동시에 장로와 안수집사 권사를 세우기로 결의하고 공동의회를 통해 목사 위임과 장로 2분과 안수집사 9분, 그리고 6분을 시무권사로 세웠으며, 수십 년 동안 본 교회를 섬기시던 분 가운데 70세가 되신 집사 한 분을 명예권사로 세우면서 교회는 안정되어 가고 나도 목회의 시야를 좀 더 확장해 갈 수 있었다.

1972년도에 지호영 목사님 시무 당시에 건축한 52평 정도 되는 예배당 건물이 낡아서 비가 오면 양동이를 받쳐 놓고 빗물을 받아야 했으니 속히 건축을 해야겠다는 구상을 하면서 기도만 하고 있었다. 그 당시 우리 교회에는 12인승 봉고차 1대밖에 없었는데 24인승 버스를 구입하자는 제직들의 건의를 받고 구입을 하게 되었는데 현금으로 자동차를 구입할 수 있을 정도까지 되었으니 그 정도면 무언가 해 볼 수 있을 것 같다는 확신이 생겨 그때부터 예배당 건축을 위한 적금을 하기 시작하였고 성도들도 성전 건축에 관심을 갖게 되었다.

(1) 사랑의 동산(잔칫집 같은 교회)

부임하면서부터 예배당 건축에 관하여 관심을 놓지 않았다. 감정동을 비롯한 주변에는 새로운 아파트들이 들어서면서 발전하는데 이 예배당 건물로는 교회 부흥이 어렵겠다는 생각이 들었다. 그러나 현재 교회 분위기로는 예배당을 건축한다는 것이 어렵게 생각되었다. 부임한 지 2년이 지나는 동안 교회 성도들 간의 평화와 질서를 회복하는 일에 전념하였으나 아직도 예배당 건축이라는 큰일을 감당하기에는 부족하다는 생각에 일을 벌일 수가 없어서 다만 기도만 했다.

그러던 1993년 어느 가을, 전에 내가 시무하던 일산신광교회 장로 부인 J 집사가 찾아와서 나에게 영성 훈련에 갈 뜻이 없느냐고 묻는 것이었다. 그 집사는 내 아내와 고등학교 동기동창이다. 나는 그런 집회에 별로 관심이 없다고 거절했는데 그 친구는 내게 간곡히 부탁하기를, "제 남편이 그 훈련을 꼭 받았으면 좋겠는데 안 가려고 하니 목사님이 우리 가정 회복을 위하여 봉사하는 마음으로 함께 다녀오셨으면 좋겠습니다."라는 것이다.

그래서 마지못해 가게 된 곳이 트레스 디아스(Tres Dias) 영성 프로그램인 '사랑의 동산'이었는데, 그때가 제1기였다. 나는 그곳에 가서 3박 4일을 지나는 동안 내가 처음 만났던 주님의 사랑을 새롭게 체험하고 기쁨과 감격을 안고 산을 내려오면서 우리 교회가 새롭게 회복될 수 있는 길이 바로 이 영성 훈련이라는 생각이 들었다. 친구 가정의 회복을 위하여 마지못해 다녀온 것이 나의 영성 회복과 우리 교회 영성 회복의 길을 찾게 되었다. 그리고 4개월 후 제2기 때에 우리 교회에서 가장 활동을 많이 하는 P 집사와 J 집사를 내 아내와 함께 올려 보냈고 그들이 돌아와 말도 없이 기쁨과 즐거운 마음으로 열심히 봉사하는 모습을 보는 성도들이 "도대체 어디를 갔다 왔기에 사람이 저렇게 달라졌느냐"라며 호기심을 갖은 여러 성도들이 "나도 보내 달라"고 하는 것이다. 매기마다 남녀 권사 집사들 세 네 명씩 다녀오게 되면서 우리 교회는 완전히 새로운 잔칫집 분위기로 바뀌게 되었다.

Tres Dias(T.D)란 스페인어로서 '3일'이라는 뜻인데 3박 4일 동안 주어진 공동체 생활 속에서 실시되는 좋은 기독교적인 영성 훈련 프로그램으로서 이 프로그램은 그리스도의 사랑 안에서 말씀과 찬양 그리고 기도 등을 포함한 잘 짜인 프로그램으로 하나님의 은혜 속에서 이루어지는 축복의 모임이다.

3박 4일 동안 프로그램을 통하여 하나님의 사랑을 체험하게 되고 침체된 영혼이 회복되어 각자가 소속된 교회로 돌아가 교우들과 사랑의 교제를 하고 교회 사역에 기쁨으로 봉사하는 성숙한 신앙인으로 살아가도록 도와주는 프로그램이다.

이 프로그램을 먼저 경험한 성도들이 즐겁게 섬기는 것이 계속 전염되면서 온 교회가 잔칫집 같은 분위기가 된 것이다. 뿐만 아니라 가정에서는 아내가 다녀와 은혜로운 삶을 살면서 남편들도 이 훈련에 참가하고 싶어 해 남자 성도들도 참가하면서 우리 교회는 가정 같은 교회, 천국 같은 교회로 변하여지기 시작하였다.

아무리 생각해도 그때의 사랑의 동산은 내게 비전을 새롭게 만드는, 아니 꿈을 이루는 기회를 주었던 것이다. 그 후로 우리 교회는 사랑의 동산의 중요 멤버가 되어 매기마다 올려 보냈고 나는 매기 때마다 올라가 참석자들에게 로요(사랑의 동산 강의를 말함)를 하면서 그때 내가 훈련을 받은 후 교회를 어떻게 섬겼고 그 후로 우리 교회가 어떻게 변화하였으며 지금 어떻게 부흥하고 있다는 사실을 간증하며 강의했다. 그러니까 우리 교회가 침체의 늪에서 회생된 것에 대하여는 사랑의 동산의 영성 훈련을 통해서라는 사실을 빼놓을 수 없는 것이다.

교회가 잔칫집과 같은 분위로 바뀌면서 교회당 건축 문제를 구체적으로 의논하게 되었는데 현재의 위치는 비좁기도 하지만 진입로가 제대로 없어 자유롭게 교회당을 드나들 수 있고 교통이 편리한 장소로 옮기기를 바라고 기도하며 부지를 찾던 중, 시청 옆 지금의 여성회관 앞에 390평 대지를 매입했다(1992년 1월). 현재의 예배당 부지를 팔아서 그곳에 성전을 건축할 계획을 세우고 온 성도들이 함께 기도하였으나 현 위치의 대지를 판다는 것이 여의치 못했다. 그리고 매입한 자리에 성전을 건축한다고 해도 산 밑이고 시청 바로 옆에 위치하고 있으므로 교회 성장에 별로 도움이 되지 않겠다는 판단 아래 당회는 의논하여 다시 팔기로 하고, 구 예배당을 헐고 그 자리에 신축하기로 계획을 세워 건축위원회가 적극적으로 추진하게 되었다.

1994년은 우리 김포중앙교회가 교회 창립 100주년이 되는 해다. 교회 분위기가 잔칫집 분위기로 바뀌면서 교회당 건축 문제가 구체화되어 당회는 교회당 건축에 관해 깊이 상의하게 되었다. 하지만 교회당 건축을 하는 것은 너무나 당연한 일이지만 건축비가 문제가 되니 당회원들도 선뜻 나서지 못하는 것이다. 우리 교회가 어느 정도의 장래를 내다보면서 건축을 하려면 건축비가 어림잡아도 10억 이상이 더 소요되겠는데 우리가 현재 모아놓은 건축자금은 5억 원 정도밖에 되지 않았다. 어떻게 해야 할지 그 누구도 나서서 말하는 분이 없었다. 그때 금융계에 근무하는 김명섭 장로께서 "지금의 10억 원은 큰돈이 사실이지만 앞으로 십 년 후면 그것이 그렇게 큰 돈은 아닙니다. 10년 동안 갚아 나간다는 계획을 세우고 헌금을 하고 부채를 얻어서라도 건축을 합시다."라는 제안을 하는 것이다. 그 말에 나도 용기를 얻었고 다른 당회원들도 동의를 해서 그렇게 결의를 하고 제직회에 예배당 건축 안을 내놓으니 모든 제직들이 환영하여 대 역사를 시작하게 되었으니 모두가 하나님의 은혜였다.

처음에는 현부지 270평에 지하에 본당을 건축하는 설계를 해서, 구건물을 철거하고 설계대로 라인을 그려보니 북변동과 사우동 경계에 있는 대지에 건물을 건축할 수 없는 것이다.

그때 마침 팔지 않겠다던 옆 대지 주인이 팔겠다고 하여 건축비 준비했던 대금 전부를 주고 130평을 매입을 하여 400평 대지 위에 지하 200평, 지상 150평씩, 1층에 사무실과 유치원, 교육관, 2층에 교육관, 3층을 본당으로 건축하려고 설계하였으나, 며칠 간 기도하며 생각해 보니 준비된 건축비 하나도 없이 부채로 지으려는데 건축비도 문제지만 우리 교회는 지상으로 올라가기보다는 옆으로 대지를 확보하는 것이 더 중요하다는 생각이 들었다. 당회에 그 안을 내놓으니 찬반이 있었으나 당회원들이 나의 안에 동의하여 결국은 지금의 건물을 건축하게 되었다.

교회당 건축 후에 교회가 경제적으로 어느 정도 안정을 찾으면서 계속 옆의 부지를 매입하여 앞으로 완전한 교육관을 목표로 비용을 많이 들이지 않고 철골로 가건물식 교육관으로 건축하였다.

시간에 도전할 수 있는 사람은 아무도 없다. 어느 누구도 정해진 시간을 길게 혹은 짧게 할 수 없을 뿐만 아니라 지나간 시간을 되돌릴 수 없다. 지난 100년, 여러 목사님들과 성도들이 수고하신 흔적 위에 아름다운 역사를 이룰 수 있었으니 하나님께 감사드릴 뿐이다.

'잔칫집 같은 교회', 전에 교회가 혼란하여 어려울 때 내게 '교회를 평안하게만 하여라'라는 교훈을 주신 나괴환 목사님의 교훈을 다시 되새겨 본다.

(2)우연히?(임시예배처소/워터스주식회사)

예배당 건축을 추진하면서 잊을 수 없는 하나님의 놀라운 은혜의 이야기가 있다. 현 위치에 예배당 건축 계획을 세우면서 하나님께 기도하는 또 하나의 내용이 있었으니 성전을 건축하는 동안 매 주일마다 250여 명 되는 장년부 성도들과 200여 명 되는 어린이들과 학생들이 예배를 어디에서 드려야 되나! 매일 새벽마다 강단에 엎드려 "하나님! 성전을 건축하도록 기회를 주셨으니 건축하는 동안 하나님께 예배드릴 장소도 허락해 주실 줄 믿습니다. 부족함 없게 해주세요."라고 간절한 마음으로 기도 하였는데 하나님께서 허락해 주실 것이라는 믿음으로 마음은 편했다.

결코 기도는 허공에 대고 하는 것이 아니고 살아계신 하늘 아버지, 전능하신 하나님께 올려 드리는 것이다. 마침내 하나님께서 우리의 기도를 들으시고 우리가 생각했던 것 이상의 더 좋은 것으로 응답해 주셨으니 우리가 기도를 시작할 때 하나님께서는 이미 역사하고 계셨던 것이다.

우리 교회에서 직선거리 200m 정도 되는 곳인 김포중학교 정문 앞에 워터스 정수기 회사가 있었는데 사장 배경석 씨는 여의도순복음교회에 다니는 착실한 집사였다. 그 회사에는 매주 월요일 아침에 전 직원들이 예배를 드리는 100평 가까이 되는 예배당이 있었다. 회사에서는 월요일만 사용하고 주일을 비롯한 평일에는 단순히 기도처로만 사용했다.

우리는 주일에만 사용하면 되니까 가능할 것 같아서 그 회사와 친분 관계가 있는 집사에게 알아보도록 했더니 가능할 것 같다고 하는 것이다. 그래서 내가 배 사장을 찾아가서 우리의 형편을 이야기를 하면서 "우리가 지하실을 건축하고 지하로 들어갈 때까지만 사용할 수 있게 해 주실 수 있습니까?"라고 했더니 배 사장은 오히려 너무 반가워하면서, "부흥하는 교회가 예배당을 건축하는 동안에 예배드린다는데 지하실 건축할 때까지만이 아니라 예배당이 완공될 때까지 모든 시설을 다 쓰십시오"라고 하는 것이 아닌가! 그러면서 교회당 옆에 공장 직원들이 사용하는 직원 식당도 있으니 그 식당도 사용하라고 하는 것이다. 사실 식당만 해도 우리 현재 사용하는 교회당 보다 더 컸다. 얼마나 감사한 일인가! "할렐루야! 하나님 감사합니다." 전에는 52평 예배당에서 3부로 예배드리던 것을 11시에 한 번만 드려도 되었고 방송 시설도 우리 교회가 사용하던 것보다 훨씬 좋은 것들이었으며 낮 예배가 끝난 후에는 모든 성도들이 함께 식사를 할 수 있는 넓은 공간이었다. 우리는 그곳에서 건축을 완공하여 입당하기까지 1년 반 동안 사용할 수 있었다.

워터스 주식회사 배경석 사장께서는 오히려 하나님의 교회를 섬길 수 있게 되어서 기쁘다고 하면서 건축자금 문제로 힘들던 때에 전기요금 수도요금 등 관리비도 받지 않는 배려를 해 주었으니 우리 교회를 향하신 하나님의 사랑이 얼마나 크신가를 다시 한번 깨달았고 하나님께, 배 사장께 감사할 뿐이었다. 배 사장께서는 그 후 여의도 순복음교회 장로로 임직하여 하나님의 교회에서 더 큰 일에 충성하는 장로가 되었다.

사실 그 장소는 우리가 예배당 건축 계획을 하면서 예배드릴 장소를 위해 기도하기 시작 때만 해도 주일이면 여의도 순복음교회 김포지성전으로 수백 명의 성도들이 사용하였는데, 교회 자체적인 계획으로 김포시청 앞에 있는 다른 빌딩으로 이전해 나갔던 것이다.

이게 우연일까? 여호와 이레 우리 하나님께서는 김포중앙교회를 위해서 모든 것을 미리미리 예비해 두셨다가 허락하시는 멋지신 하나님이시다. 누가 감히 이렇게 되리라고 생각이나 해 보았던가!

우리 인간은 우주 만물을 창조하시고 섭리하시는 하나님의 예정에 따라 사는 것이다. 결코 우연은 없다. 당회장인 나는 온 성도들에게 '아름다운 성전을 건축하면서 이 성전에 찾아오는 모든 사람들을 품어줄 수 있는 사랑의 품을 준비해서 하나님께서 보내주시는 하나님의 사람들을 한 사람이라도 놓치지 않도록 하자'라고 강조하며 사랑의 영성 훈련을 계속해 나갔고, 성도들도 기쁨과 감사함으로 사랑의 교제를 나누며 건강한 사랑의 공동체인 하나님의 교회를 세워나갔다. 그러니까 눈에 보이는 유형(類型)의 성전(聖殿/교회당)을 건축하는 동안 무형(無刑)의 성전(聖殿/성도)을 건축하는 일에도 게을리하지 않았다.

성전 건축하는 기간에 워터스 회사에서의 예배는 참으로 은혜로운 교회 역사를 만들어 갔다. 오전 9시에는 예배당에서 아동부 예배를 드리고, 10시에는 식당에서 중고등부 예배, 그리고 11시에는 예배당에서 장년부 예배를, 그리고 오후 3시에는 청년부가 예배를 드리고 나서 주변 정리를 깨끗이 해서 회사에 누가 되지 않도록 했으니 모든 것이 감사할 따름이었다.

결국 1994년 여름에 250여 명의 성도가 건축을 시작해서 1995년 12월에 새 성전으로 입당을 할 때는 300여 명이 되는 성도들이 입당했으니 하나님의 놀라운 사랑의 역사였음을 그 누구도 의심할 여지가 없는 것이다.

(3) 도시락 찾기 운동

예배당 건축을 하는 동안 건축비 문제로 성도들이 최선을 다해 헌금을 하던 중 온 성도들이 한마음으로 참여했던 도시락 찾기 운동은 잊지 못할 일 중에 하나였다.

요한복음 6장1-16절에 이런 이야기가 있다. 예수님 당시 해변에서 수천 명이 모여 예수님의 가르침을 듣다가 해가 져 가는데 예수님께서 제자들에게 "이 사람들에게 먹을 빵을 사다 주라"라고 하시니 제자들은 "이 많은 사람들이 먹을 빵을 사려면 엄청나게 많은 돈이 들고 그럴 만큼 많은 빵을 갑자기 구할 수도 없습니다."라고 했다. 그런데 한 어린이가 자기가 가지고 있는 도시락인 보리떡 다섯 개와 물고기 두 마리를 예수님의 제자 안드레를 통해서 예수님께 바쳤을 때 그것을 앞에 놓고 예수님께서 기도하시고 제자들에게 "저 사람들에게 나누어 주라"라고 하셔서 제자들이 나누어 주었는데 거기에 모였던 많은 사람들이 다 먹고도 남은 것이 12 바구니가 되었는데, 그 수가 남자 장정만 해도 5,000명이나 되었다고 하는 이야기다. 그 일을 생각하면서 우리도 이 도시락 운동을 하자고 했다.

사실 이 예배당은 우리 교회 성도들만의 성전이 아니라 우리 지역사회와 나라와 민족을 구원하기 위해 기도하는 집으로 건축하는 것이니 관심 있는 분은 누구든지 참여할 수 있는 기회를 주는 것이 마땅하다고 생각하여 이 운동을 벌였던 것이다. 당시 붉은 벽돌 한 장에 250원씩 했는데 1만 원짜리 티켓 한 장이면 벽돌 40장이 된다. 우리 주변에 교회에 대하여 관심 있는 사람들에게 이 운동에 참여하게 하였으며, 성도들은 어린이가 갖고 온 도시락을 예수님께 전해 드린 안드레의 역할을 하여 본 교회 성도들이나 믿지 않는 사람이나 누구든지 성전 건축하는 일에 동참하게 하자는 취지였다. 그래서 1만 원짜리 카드를 만들어 교회 주변의 불신앙인 뿐만 아니라 먼 곳에 있는 친지들에게도 부탁을 하여 많은 분들이 동참해 주었다. 이 운동에 200여 명의 성도가 동참하였고 개인 또는 타 교회와 일반 사업체 등도 많이 참여했다. 이 일에 참여한 성도들은 간증하기를 '믿지 않는 분들에게도 권했는데 많은 사람들이 즐거운 마음으로 동참해 주더라.'는 것이었다. 계산해 보면 성전 벽채를 쌓은 벽돌은 거의가 도시락 찾기 운동으로 충당되었다고 볼 수 있다. 그것이 건축비 전체에 비교해 볼 때 그리 큰 것은 아니지만 그 의미는 엄청나게 크다고 생각한다.

그래서 사실 지금의 예배당은 우리 성도들의 헌금만으로 건축된 것이 아니라 이웃 주민들을 비롯한 많은 사람들의 정성으로 세워진 교회당이므로 건축이 다 이루어진 후에 우리 교회는 지역사회를 위해서 무언가 봉사해야 할 의무감을 갖고 사역하게 된 것이 김포중앙 상록대학과 김포 아버지학교,김포 어머니학교, 중앙문화원이며 저들을 구원해야 하는 큰 책임감을 갖고 이 모든 사역들을 감당하게 되었다.

(4) 삼풍백화점 붕괴

예배당 지하 터파기 공사를 하고 바닥에는 1m 이상 되는 굵은 돌을 깔고 그 위에 철근 콘크리트로 기초를 하고 그 위에 지하 1층을, 그 위에 지상 1층, 그리고 2층에 본당이 올라가고 그 위에 준 3층이 올라갔다. 지하에서부터 철근 콘크리트 기둥을 세우고 지붕면은 1.2m 정도 넓이의 철근 콘크리트 고야스라브 보 6개가 약 25m 넓이의 공간을 기둥 없이 건너간다. 내 생각에는 아무리 보아도 위험해 보였다. 기초공사가 저 엄청난 무게의 시설물을 든든하게 받쳐줄 수 있을까? 하는 염려와 이 넓은 공간을 기둥 없이 어떻게 지탱할 것인가? 하는 염려였다. 설계사가 구조 계산을 다 해서 설계를 하고 공사를 하는 것이겠지만 그런 면에 무지한 나로서는 염려가 되는 것이다.

그런데 그때 마침 서울 삼풍백화점 붕괴 사고가 일어난 것이다. 이 사건은 1995년 6월 29일 서울 서초동에 있던 삼풍백화점이 무너져 내부에 있던 백화점 종업원과 고객 등 1,445명이 죽거나 다치는 대형 참사였다. 이 사고로 사망자만 502명에 달했으며 부상자 937명. 실종자 6명이 발생했다. 국내에서 단일 사건으로는 최대 인명 피해로 기록되었으며 재산 피해액은 2,700여 억 원으로 추정된다. 조사 결과, 설계 시공부터 부실 공사로 지어졌고 유지 관리 과정에서도 무리한 증축과 확장 공사를 거듭하는 등 총체적인 부실이 드러났다.

나는 그 사건 후 기도하며 수시로 현장에 나가서 현장 감독관과 감리사에게 그리고 시공자에게 그런 일이 절대로 일어나지 않도록 시공해 달라고 당부하며 주지 시켰으며 그로 인하여 시공자들은 공사하는 일에 더 많은 관심을 갖고 건물은 더욱더 든든히 세워졌을 것이라고 나는 믿는다.

1995년 12월에 입당을 했으나 많은 부채가 있어 재정적으로 감당하기 힘겨워하던 1997년. 설상가상(雪上加霜)으로 IMF(1997년 12월 대한민국이 국가부도 위기에 처해 국제 통화기금으로부터 자금을 지원받아 국가 부도 사태를 면한 사건)가 닥쳐 부채 이자 감당하기가 너무 힘들던 어느 날, 어린 시절에 주일학교에 함께 다니던 친구에게서 전화가 왔다. "교회당 건축하느라 얼마나 수고가 많으냐? 소식을 잘 듣고 있다. 내가 크게 도와줄 형편이 못되어 미안하다. 오늘 사람을 보낼 테니 만나주면 좋겠다."라고 하는 것이다. 그날 오후 친구의 사촌동생이 1톤 트럭을 몰고 와 내 방에 들어와서 봉투 하나를 내민다. 뜯어보니 '현금으로는 도울 형편이 못되어 회사에서 만든 어린이용 도서를 기증하니 팔아서 건축비로 쓰라'고 하는 것이다. 너무나 고마웠고 다른 누구의 헌금보다 특별한 의미가 있게 생각되었다. 그 후 그 책들을 팔아 건축 부채를 상환하는 일에 보탬이 되었으니 그 친구의 사랑과 우정을 결코 잊을 수가 없다.

사실 그 친구는 어린 시절 이웃에서 함께 자라며 주일학교를 함께 다녔으나 친구가 고등학교에 진학하면서 나와는 다른 길을 가게 되었다. 그 후 결혼하여 아내가 이단 종교에 빠져 가정이 힘들 때 나를 만나서 "차라리 기독교 교회에 나간다면 나도 함께 교회에 나가겠는데 이건 아니다."라고 하며 안타까워하기도 했었다.

그 친구는 출판업을 하며 모교인 통진중고등학교 총동문회장을 지내면서 많은 수고를 했고, 장학회를 만들어 고향에서 자라나는 후배들을 도우면서 나름대로 모교와 고향을 위해 봉사를 많이 했다. 내가 은퇴 후에 고향에 내려와 보니 그 장학회는 후배들을 통해 훌륭하게 운영되고 있었고 나는 늦게나마 친구를 생각하며 회원이 되어 작게나마 돕고 있다.

예배당 건축 이전에 목사관은 예배당 건물 옆에 25평 정도 되는 교육관 2층에 20평 정도 되는 건물을 사택으로 사용했었는데 신축하기 위하여 건물을 철거하면서 시청 옆, 전에 교회 부지로 사놓고 기도 하다가 매각한 (북변동 258-1번지) 곳에 연립주택을 건축했기에 전세를 주고 그곳 한 세대를 전세로 사용했다. 28평형 연립주택인데 방이 둘이고 거실 겸 방처럼 되어 있는 공간이 있어 아들은 그곳을 사용할 수밖에 없었다. 새로 건축된 연립주택이라 깨끗했고 바로 앞이 산이어서 거실에서 밖을 내다보면 창 밖에 아름다운 풍경을 사철 볼 수 있었다.

새봄이 되면 연두색 동산이 매일 아름다운 꽃동산으로 변했고, 여름이면 짙푸른 녹색으로 무성한 숲의 나무들이 바람에 흔들리는 모습은 마치 그 울창한 나무들이 온몸을 흔들면서 하나님을 찬양하는 모습으로 보였으며, 그 속에서는 각종 아름다운 새들이 모여 살았다. 가을이면 아름다운 단풍이 물드는 모습, 겨울이면 잎은 다 떨어져 앙상한 가지들만이 을씨년스럽게 서 있는 것 같지만 때로는 흰 눈꽃이 피어 장식되어 있는 모습이야말로 전능자이신 하나님의 그 오묘한 솜씨를 우리는 마음껏 감상할 수 있었다.

그 후에 그 자리에 여성회관이 들어서서 그 아름다운 풍경이 사라졌을 때 우리는 감정동에 있는 34평짜리 효성아파트를 전세로 얻어 이사했다. 이전 집에서는 두 아이들과 4 식구가 살기에 좀 불편했는데 넓은 곳으로 이사를 하게 되니 생활하는 공간에 여유가 있어 편리했다. 무엇보다 두 남매에게 방을 하나씩 사용할 수 있게 해 줄 수 있어서 감사했다.

"주님! 자녀들을 주님께 올려드립니다. 하늘의 복으로 채워주옵소서."

(5) 기도가 응답되어…

1994년 후반기에 건축이 시작되어 터 파기를 했으나 옆집에서 민원을 내는 사건이 발생했고 이를 대처하는 건축업자의 모습을 본 감리사는 이 건축업자로는 이 설계대로 건축할만한 능력이 없어 보인다면 건축업자를 바꿔야겠다고 하여 결국 건축을 중단하게 되었다.

그동안 지지부진했던 공사는 1995년 새해가 되면서 새로운 건축업자가 선정되면서 활발하게 진행되었고 온 교회는 열심히 기도 했으나 가장 큰 문제는 역시 건축비였다. 건축하기 전 저축했던 건축자금 약 2억 원 정도와 성도들의 작정 헌금 약 3억 원 정도가 있었는데 옆에 대지 130평을 매입하는데 쓰고 보니 건축자금이 없었다. 제직회를 하면서 이자는 교회에서 분명하게 계산하겠으니 돈을 빌릴 수 있는 대로 빌려 보자고 성도들께 협력을 부탁했다. 그것이 그리 쉬운 일은 아니었다. 당시에는 교회 부동산은 은행에서 대출해 주지 않으니 주택이 있는 성도들께 담보 대출을 부탁했으나 여의치가 않았다. 해서 우선은 이곳저곳에서 사채를 빌려서 건축을 진행할 수밖에 없었다.

그런 중에 J 집사님은 매일 새벽 기도회에 나와 '우리에게 있는 부동산은 밭 한 떼기뿐인데 그 밭을 팔아야만 헌금을 할 수 있으니 그 밭을 팔아주세요.'라고 기도하더니 생각지도 못했던 그 지역이 개발되면서 예상보다 배가 오른 값으로 그 밭을 팔게 되어 그 계약금을 가지고 와서 130평 부지 매입 잔금을 치르게 되었고, 중도금을 받아 감사헌금을 하였으며 잔금을 받아서는 십일조를 드렸으며, 그리고 사업에 투자하고, 하나님의 교회를 헌신하는 역사를 이룬 아름다운 일화가 있다.

어느 장로님은 자신의 연립주택과 작은 공장 부지를 담보물로 제공했고, 어느 장로님은 대출을 받아 거금의 헌금을 하고 노후의 생활비로 수년 동안 상환하느라 고생도 하셨으며, 어느 권사님은 믿지 않던 남편과 의논하여 주택지 1백여 평을 담보물로 제공해 준 일 등은 김포중앙교회 성전건축 과정에서 잊지 못할 동역자들이었음을 간증한다. 열심히 기도하는 성도들을 보신 하나님께서는 아름다운 성전을 완공하기까지 은혜롭게 진행하도록 역사해 주셨다.

성경에 "내게 능력 주시는 분 안에서 내가 모든 일을 감당할 수 있습니다. 여러분이 내 환난에 함께 참여하였으니 잘했습니다."(빌립보서 4장 13-14절)라고 하신 주님의 말씀을 깊이 되새겨 본다.

성전 건축하는 일에 은혜롭게 기도와 물질로 헌신하고 협력한 성도들과 참여하신 모든 분들에게 하나님의 축복이 임하실 것을 확신했다.

4. 새 성전에 입당과 서울노회 유지재단에 가입

이렇게 건축된 성전을 당회 결의로 1997년 1월에 재단법인 대한예수교장로회 서울유지재단에 증여하여 소유권 이전등기를 마쳤으나 헌당은 어느 정도 부채를 갚고 난 후에 하기로 하였다.

하나님의 역사는 계속 진행되어 아직은 미완성이지만 성탄절을 앞두고 입당하여 성탄절 준비를 하는 것이 좋겠다고 생각되어 1995년 12월 첫 주일을 지나고 새 예배당에 입당했고 새 예배당에서 영광의 성탄절 예배를 드렸고 1996년 1월 21일 주일에 입당 감사예배를 드렸다. 노회원들에게 초청장을 띄우고 예배위원들을 세워 은혜롭게 진행했으며 이 기회에 예배처소를 제공해 주어 건축하는 동안 아무런 불편함 없이 은혜롭게 예배드릴 수 있게 해 준 워터스 회사 배경석 사장에게와 시공자, 설계 겸 감리를 맡아 준 감리사에게 깊은 감사의 마음을 전하기도 했다.

모든 성도들이 기쁨과 성령이 충만하여 하나님께 영광을 돌렸고 우리 교회는 앞으로 무슨 일이든 다 해낼 수 있을 것 같은 능력 있는 교회로 성장했다는 자신감을 갖게 되었다. 그동안 사랑의 동산을 통하여 다져온 넓은 사랑의 품을 열어 김포에 모여오는 많은 사람들을 품어주는 일만 남았다는 생각이 들었다.

이렇게 건축된 성전을 당회 결의로 1997년 1월에 재단법인 대한예수교장로회 서울노회유지재단에 증여하여 소유권 이전등기를 마쳤으나 헌당은 어느 정도 부채를 갚고 난 후에 하기로 하였다.

5. D.min 학위와 미국교회 견학

그 교수는 다시 우리에게 묻기를 "당신들은 어느 교회를 가고 싶으냐?"는 것이다. 우리는 "로버트 슐러 목사가 시무하는 수정교회를 가보고 싶다"라고 했더니, 그 교수는 의외로 "나는 그 교회를 소개하고 싶은 마음이 없다"라는 것이다. "그럼 어느 교회 입니까?"라고 물었더니 "새들백교회와 갈보리교회를 추천하겠다."라고 한다.

1994년도에 예배당 건축을 시작하면서 많은 것을 생각했다. 지난 날 많은 목회자들이 예배당을 건축하는 일에 전심을 다 하다가 건축을 마친 후에는 영육이 고갈되어 교회 안에서 갈등이 발생하면서 목회를 하지 못하고 떠나는 일들을 많이 보았다. 그런데 부족한 내가 예배당을 건축하면서 이 큰 일을 어떻게 감당할 수 있을까를 생각하던 중에 어떠한 방법으로라도 더 배워야겠다는 생각을 하며 목회사역 중 건축을 하면서도 부담 없이 공부할 수 있는 곳이 어디 있을까 기도하던 중 지인의 안내를 받아 1995년 봄, 진충웅 목사께서 운영하는 HOLY WAY 목회신학연구원에 등록을 하고 매주 월요일에 나가 2년 동안 서울의 유수한 대학 강사들의 강의를 받았으며, 서울장신대학, 장로회신학대학과 장로회신학대학대학원에서 수학한 모든 학점도 인정을 받아 2년간의 강의를 받으며 논문을 쓰고 수료하게 되었다. 학위논문은 -영성훈련을 통한 교회성장에 관한 연구-(김포중앙교회를 중심으로)였으며 강남대학교 전 총장 선우남 박사의 지도와 심사를 받았다.

1997년 5월, 진충웅 목사의 인솔로 미국 하와이 INTERNATIONAL COLLEGE & GRADUATE SCHOOL에서 1주간동안 본교에서 실시하는 특강을 듣고 5월 17일에 본교 학부를 비롯한 학위자들의 학위 수여식이 있었으며 그 자리에서 나는 대표로 serbant readership amard(헌신자)상을 받았다.

목회학 박사 학위수여

하와이에 머무는 동안 우리나라 이승만 초대 대통령께서 사시던 주택과 교회당을 방문하면서 이 대통령께서 우리나라 해방을 꿈꾸며 지내시던 흔적을 돌아볼 수 있었다. 내가 초등학교 시절에 "뭉치면 살고 헤치면 죽는다."라고 외치며 우리나라를 세우기 위해 헌신하신 그분의 모습을 다시 보는 것 같아 감회가 새로웠다.

그리고 하와이의 아름다운 해변 와이키키에서 즐기는 사람들의 모습을 바라보면서 모두가 꿈에 그렸던 그림을 구경하는 것 같았다. 우리로서는 엄청난 비용을 들여서 여기까지 오기는 했지만 마음껏 즐길만한 마음의 여유가 없었다. 이런 곳에 사랑하는 아내와 함께 왔더라면 얼마나 좋았을까 하는 마음도 있었지만 혹시나 언젠가 올지도 모를 그때를 생각하며 눈으로 그리고 마음으로 즐길 수밖에 없었다. 나를 이곳에 보내기 위해 아내는 허리띠를 더욱 졸라매고 살아야 할 것이라는 생각을 하니 아내에게 고맙기도 하고 미안한 생각도 들었다.

이곳 하와이는 세계에서 가장 좋은 휴양지라고 한다. 날씨도 좋고 습도도 사람의 건강에 가장 적당하여 한국의 유명 배우들, 혹은 병약한 재벌들이 이곳에 별장을 두고 휴양하고 있다는 이야기를 들었다.

우리는 다시 태평양을 건너 L.A 근처의 그레이스 신학교에서 한 주간 세미나에 참석하게 되었다. 물론 우리나라에도 큰 대학들이 있지만 미국의 대학은 우리가 생각하던 그런 캠퍼스가 아니었다. 그 넓은 캠퍼스에 건물은 거의가 2층 정도였고, 골프장같이 엄청나게 넓은 잔디밭은 정말 아름다운 초원이었다. 세미나가 끝나던 날 교수들과 함께 그 넓은 잔디밭에서 사진을 찍으며 넓은 대지를 확보한 미국의 대학이 부럽기만 했다.

우리가 그 학교의 세미나에 참석하게 된 것은 아마도 그 학교가 한국 유학생들을 유치하려는 차원에서 우리를 초청한 것 같다. 미국 대학들은 학생이 부족해서 경영난을 겪고 있다는 것이다. 그 후 진충웅 목사의 홀리웨이 신학원은 그레이스 신학교와 관계를 갖고 D. min 코스를 운영했다. 어떻든 우리는 그곳에서 유익한 시간을 가졌었다.

그곳에서 한 주간동안 강의는 진충웅 목사께서 통역을 했다. 쉬는 시간에 그곳 교수에게 "우리가 견학도 할 겸 주일예배 드릴 모범적인 교회를 소개해 준다면 어느 교회를 소개하겠느냐"라고 물었다. 그 교수는 다시 우리에게 묻기를 "당신들은 어느 교회를 가고 싶으냐?"는 것이다. 우리는 "로버트 슐러 목사가 시무하는 수정교회를 가보고 싶다"라고 했더니, 그 교수는 의외로 "나는 그 교회를 소개하고 싶은 마음이 없다"라는 것이다. "그럼 어느 교회 입니까?"라고 물었더니 "새들백교회와 갈보리교회를 추천하겠다."라고 한다. 우리는 의아하게 생각했다. 우리는 신학교에 다니면서 세계적으로 가장 유명한 교회는 로버트 슐러 목사가 시무하는 수정교회로만 생각하고 만약 미국에 간다면 그 교회에 가서 예배를 드리며 견학하겠다고 계획했는데 왜 미국 교수는 그렇게 말할까? 혹시나 신앙적인 노선이 다르거나 아니면 교단적인 편견에서가 아닐까 하는 생각도 했다.

며칠 후에 L.A 오렌지타운에 머물게 되었다. 이 도시는 사막에 세워진 도시라는 이야기를 들었다. 그때가 5월이니까 우리나라의 이른 여름 날씨였다.

(1) 수정교회(Crystal Cathedral)

주일이 되었다. 수정교회의 아침 예배 시간을 미리 알아보아서 예배에 시간에 맞춰 수정교회를 찾아갔는데 시내에서 그리 멀지 않은 곳에 있었다.

로앤지 카운티에 있는 수정교회는 1955년 로버트 슐러(Roberth Schuller) 목사에 의해 야외극장에서 처음 시작되었으며 매년 개최하는 목회자 컨퍼런스와 함께 전 세계를 대상으로 TV를 통해 목회하는 대표적인 미국 교회 중에 하나였다. 교회 이름에 걸맞게 초현대식 유리 건물로 지어진 명소이기도 했으며 또한 매년 부활절과 성탄절 한 달 동안 성탄의 영광(the Glory of Christmas)과 부활의 영광(the Glory of Easter)을 공연하는 것으로도 유명했다. 교회 부지가 40에이커(약 5만 평)나 되어 셔틀버스가 다닐 정도라고 한다.

세계 최대의 파이프 오르간과 유리로 건축된 아름다운 메가 처치 수정교회. 한국에서도 방송에 자주 나와 굉장히 유명한 교회다. 한국교회 성장기에 큰 영향을 끼친 인물 중 빌리 그래함 목사와 로버트 슐러 목사가 있는데 수정교회는 그중 한 명인 로버트 슐러 목사가 세우고 목회하는 교회다. 멀리서도 우뚝 세워진 유리 교회당 건물이 보였다.

흥분된 마음으로 신학교에 다닐 때부터 그처럼 가보고 싶었던 그 교회를 마침내 방문하게 된 것이다. 그런데 우리가 듣던 유명한 교회인데 예배시간이 다 되어 많은 사람들이 교회로 가는 모습이 보여야 하는데 그렇지가 않은 것이다. 성도들이 일찍 와서 교회당 안으로 들어갔기 때문일까? 교회 가까이 갔다. 교회 주변으로 넓은 주차장이 있는데 그 주차장에 자동차도 그리 많지 않았고 자동차를 안내하는 안내 완장을 찬 안내원들도 나이가 많은 허리가 굽은 노인들이 안내를 하는 것이다. 아무리 생각해도 소문에 듣던 것과는 맞지 않는다는 느낌이 들었다. 너무 기대가 컸기 때문인가?

우리는 교회당 안으로 들어갔다. 예배 시간이 거의 다 되었기 때문에 부지런히 본당으로 올라갔다. 강단 앞을 제외하고는 삼면이 유리로 된 예배당이라서 환하게 밝고 우리에게는 새로운 느낌을 주었다. 그런데 예배당 좌석이 빈자리가 제법 많았다. 우리가 자리에 앉자 이어폰을 하나씩 나누어 주어 그것을 쓰고 예배를 드리게 되었다.

곧 예배가 시작된다는 우리말 안내가 나왔다. 사방을 죽 둘러보니 대부분 교인들이 나이가 많아 보였다. 그 나라 사람들의 머리가 흰색 칼라가 많아서 그런지 거의 노인들만 모인 것 같은 느낌이 들었다. 내 가까운 주변을 보아도 나이가 든 사람들이 많은 것이 사실이다. 그리고 가만히 보니 외국인들이 관광차 와서 예배에 참석한 사람들이 꽤 많은 것 같다. 이어폰을 쓴 것을 보아도 그렇고 우리 한국인도 제법 많아 보였고 내가 아는 목사도 그곳에서 만났다.

예배 시작을 알리는 오르간의 음악과 더불어 강단 뒤 휘장이 열림과 동시에 여러 마리의 비둘기가 날아간다. 그날이 마침 성령강림주일이기에 성령강림의 상징으로 그랬던 것 같다. 그날 특별순서로 교회의 모든 찬양대가 각 찬양대 별로 앞에 나와서 특별 찬양을 했다. 맨 먼저 유치부 찬양대를 비롯하여 어린이, 중고등부, 청년부, 장년부 찬양대원들이 줄을 이어 앞에 나와서 찬양을 했다. 본 찬양대는 설교단 뒤쪽으로 어림잡아 이백여 명 정도가 자리하고 있었다. 요즘에는 우리나라에서도 그보다 더 큰 찬양대가 있는 교회가 여럿 있지만 그 당시에는 처음 보는 대형 찬양대였다.

마침 로버트 슐러 목사님은 외국에 나가시고 안 계셔서 그의 아들 목사가 설교를 했다. 그 유명한 로버트 슐러 목사님을 보지 못한다는 것에 대한 아쉬움도 있었다. 모처럼 이런 예배를 드리니 은혜롭기보다는 신비롭기도 하고 감동적이기도 했다. 이런 연출을 하면서 예배를 드릴 수 있다는 것이 너무나 감동적이었다. 그러나 왠지 허전한 마음이 들기도 했다. 무언가 기대했던 것에 미치지 못한 것이 있었나? 지난번 미국 교수의 이야기 때문일까?

(2) 새들백교회(Saddleback Church)

그다음 주일에 우리는 새들백교회를 방문하게 되었다. 남가주에 있는 새들백 교회는 그 당시만 해도 우리 한국에는 그리 많이 알려지지 않은 교회였다. 지금은 너무나 잘 알려진 "새들백교회 이야기(The Purpose Driven Church)", "목적이 이끄는 삶(The Purpose Driven Life)"등의 저자로 알려진 릭 워렌(Rick Warren) 목사가 1980년도에 개척하여 담임하는 새들백교회는 그야말로 '목적이 분명한' 교회다.

교회 근처에 갔을 때 교회당 안에서는 찬양 소리가 울려 퍼졌다. 그리고 주차장 안으로 들어가는데 입구에서부터 젊은 안내원들이 바쁘게 이리 뛰고 저리 뛰면서 밝은 웃음으로 안내를 한다. 마치 오랜만에 옛 친구를 만나 기뻐하는 듯이 반가운 표정의 인사가 처음 오는 우리에게 편안한 마음을 갖게 해 준다. 가벼운 얼굴 표정만이 아닌 진심으로 환영하는 마음으로 악수를 청함 받기도 했다. 차에서 내려 교회당 쪽으로 가는데 교회 마당에 흰 돔 형식의 대형 천막 몇 동이 있었다. 그게 교육관이라고 한다. 그곳에서는 어린이들이 찬송을 부르는 소리도 들렸는데 아마도 예배 중인 것 같았다.

우리가 방문했을 때는 예배당 건물이 무슨 창고 같기도 하고 큰 공장 같기도 한 그런 건물이었다. 예배실 바닥도 그냥 흙바닥 같았고 앞쪽에는 벌써 가득 차서 비스듬한 중층처럼 만들어진 위층으로 올라가니 흙바닥에 말뚝을 박고 그 위에다 송판을 얹어놓은 그런 의자였다. 물론 등받이도 없는 그런 간이의자였다. 모든 사람들이 일어서서 두 손을 높이 들고 찬양하는 가운데 우리 일행은 의자에 앉아 잠시 기도하고 일어나서 황홀한 마음으로 앞의 강단을 바라보았다. 앞 강단에는 7-8명 정도 되는 사람들 중에 기타를 치는 사람, 그리고 싱어들이 찬양을 했다. 나는 모르는 찬양이니까 속으로만 찬양하는 마음으로 사방을 두리번두리번하면서 둘러보니 거의가 젊은 사람들이었다. 찬양 소리도 힘차고 두 손을 높이 든 그 젊은 예배자들의 모습이 얼마나 귀하게 보였는지 모른다. 내 마음속에는 '그래 이게 진정한 예배로구나' 하는 생각이 들었다. 온몸과 마음을 다해서 찬양하는 그 자세가 얼마나 아름다웠는지 모르겠다. 나는 카메라를 꺼내 마구 찍었다. 며칠 전에 하와이에서 우리나라의 옛 배우 조미령 씨가 운영하는 카메라 상점에서 조미령 씨에게 직접 구입한 카메라를 꺼내 강단을 향해 라이트를 터트리며 몇 장을 찍었다. 나 혼자만 이 모습을 보는 것이 아쉬웠기 때문이다. 예배 시간에 라이트를 터트리며 사진 찍는 것이 실례인 줄 알면서도 어쩔 수 없었다. 우리가 도착해서도 20여 분 가까이가 지나도록 두 손을 높이 들고 기뻐 찬양을 하더니, 한 사람이 나와 기도하고 그리고 다른 예배위원이 나와서 성경을 읽고 그리고 반소매 컬러 남방을 입은 릭 워렌 목사가 성경을 들고 나와서 설교를 하기 시작했다.

설교 내용을 다 듣지는 못했지만 그날 설교 요약본이 주보에 실린 것을 보고 대강 짐작되기는 젊은 부부의 갈등에 대한 내용이었다. 앞에는 강대상도, 의자도 없고 그냥 설교자가 성경을 들고 이리저리 왔다 갔다 하면서 설교를 했다. 회중석에서는 가끔 웃기도 하고 손뼉을 치며 즐거워하기도 했다.

새들백교회 예배상황

그렇게 20분쯤 지났을까 설교자가 퇴장하더니 두 젊은 남녀가 의자 하나를 들고 강단 중간에 와서 여자는 의자에 앉고 남자는 서서 둘이 무엇이라 대화를 나눴다. 심각한 표정으로 대화를 하는데 처음에는 격한 소리까지 났으나 점점 대화를 하는 가운데 화해하는 모습을 볼 수 있었다. 아마도 설교 내용에 합한 예화를 콩트식으로 드라마화한 것 같았다. 짧은 드라마가 끝나자 회중들은 박수를 치면서 서로 마주 보면서 즐거워했다. 그러더니 다시 설교자가 나와서 5분 정도 결론적인 설교 마무리를 하고 간단히 기도한 후 모두 일어서서 찬양을 하고 축도로 예배를 마쳤다. 감동적인 예배를 마치고 나오는데 뒤에서는 찬양이 계속 울려 나왔다. 예배를 마치고 나오는 성도들의 모습은 은혜로 만족한 모습들이었다.

예배를 마치고 돌아가는 성도들에게 밀려 나오면서, 오늘이야말로 예배다운 예배를 드렸다는 생각을 하며, 우리의 예배가 변하지 않으면 안 되겠다는 생각을 하면서 교회당을 빠져나왔다.

지난 2014년 여름, 딸의 가정과 함께 새들백교회를 방문했을 때 그 교회에서 사역하는 한국인 사역자의 안내를 받아 돌아보았는데 17년이 지난 지금 새들백교회는 엄청나게 성장했다. 교회의 외형적인 규모(50 에이커의 대지)나 출석하는 성도들의 숫자(매주 20,000명)도 대단하게 여겨질 수 있지만, 이 교회가 개척할 당시부터 지금까지 꾸준하게 하고 있는 사역의 원리들을 살펴보면 역시 '잘 되는 교회'라는 것을 인정할 수밖에 없다. 지금까지 30여 년 동안 꾸준히 발전하여 왔다. 어느 순간 급속도로 발전된 교회라기보다는 말 그래도 '꾸준히' 성장해 왔다. 이러한 성장의 배경에는 담임목사 릭 워렌 목사의 뛰어난 지도력과 교회사역에 대한 새로운 패러다임을 지속적으로 접목해 왔기 때문이었음을 알 수 있다.

(3) 갈보리교회(Calvary Chapel)

새들백교회에서 예배를 마치고 멀지 않은 곳에 위치한 갈보리교회로 향했다. 1960년대 초 척 스미스(Chuck Smith) 목사가 갈보리 채플이라는 이름의 교회에 부임할 때만 해도 25명 정도의 교인들밖에 없었으나 그가 새로 부임하여 시작된 사역은 그의 균형 있는 사역과 믿음의 본이 되는 리더십으로 인하여 지금은 3만 5천여 명의 교회로 성장하였다. 척 스미스 목사는 성경 전체를 지속적으로 강해 설교하는 것으로 잘 알려져 있다. 성경 각 편에서 한 장씩 설교하면서 성경 전체를 성도들이 배울 수 있도록 가르치고 있다고 한다.

교회 입구에 도착하니 엄청나게 넓은 주차장에 몇 대의 승용차가 서 있을 뿐 텅 비어 있었다. 그렇게 부지런히 달려왔는데 이미 예배는 끝나고 예배당 문은 굳게 잠겨 있었으며 예배당 옆 체육관에서 많은 사람들의 왁자지껄한 소리가 들려서 가서 보니 성도들이 농구경기를 하고 있었다. 그 교회는 오전 예배 후 오후에는 예배 없이 자유롭게 활동한다고 한다. 우리 일행은 본당은 들어가 보지도 못하고 교회 안에 있는 서점에 들러 책들만 돌아보고 몇 권 사들고 나오고 말았다.

바쁜 사회생활 속에 살면서 주일에는 하나님께 예배드리고 안식하면서 다시 다가올 삶을 준비하는 그런 자세인 것 같다. 우리 한국 교회도 언젠가 그리될 것이라는 생각을 하면서 돌아섰는데 역시 오늘날 우리 한국교회도 그렇게 변하고 있는 것 같다.

6. 새 술은 새 부대에

나는 수정교회와 새들백교회의 예배드리는 모습의 사진을 크게 확대하여 액자에 넣어서 새로 건축한 예배당 로비 입구 양쪽에 걸어놓았다. 아마도 거의 10년 정도는 그랬을 것이다. 그리고 계속해서 우리 교회는 변해야 한다고 강조했다. 100년 넘은 교회의 역사만 자랑할 것이 아니라 새 시대에 맞는 교회로 변해야 한다고…

(1) 예배갱신

새 예배당에 입당을 한 후, 우리 교회가 나아가야 할 방향을 새롭게 짜는 구상을 했다. 지난번 학위 받으러 미국에 갔다가 방문한 교회들을 깊이 생각해 보면서 그동안 기도하며 준비한 대로 계획을 세워 보았다. 수정교회와 새들백교회, 정통을 주장하는 교회와 새롭게 변화하는 교회.

나는 수정교회와 새들백교회의 예배드리는 모습의 사진을 크게 확대하여 액자에 넣어서 새로 건축한 예배당 로비 입구 양쪽에 걸어놓았다. 아마도 거의 10년 정도는 그랬을 것이다. 그리고 계속해서 우리 교회는 변해야 한다고 강조했다. 100년 넘은 교회의 역사만 자랑할 것이 아니라 새 시대에 맞는 교회로 변해야 한다고... 무엇보다도 먼저 예배가 변해야 한다는 것을 계속 강조했다.

그리고 그해 가을에 정책당회를 1박 2일로 강원도 지방으로 부부동반으로 가게 되었는데 그 자리에서 앞으로 우리 교회 예배가 변해야 한다는 안을 내 놓았다. *우리의 예배가 지금의 방식에서 변해야 하고, *옛날부터 해 오던 방식의 예배만 고집해서는 안 된다고, *만약 우리 교회의 초대 당회장 언더우드 선교사께서 지금 살아 계셔도 100년 전의 방법을 그대로 하지는 않을 것이라고, *중요한 것은 예배의 본질이다. 예배 방법은 시대에 따라 달라질 수 있는 것이라고, *우리에게 복음을 전해 준 미국의 교회들은 그렇게 많이 변해 가는데 우리가 옛날 방법만을 고집하는 것은 하나님께서도 기뻐하시지 않을 것이라고, *하나님께 영광 돌리는 방법이 다양한데 한 가지만 고집하는 것은 하나님의 뜻에 어긋나는 것이라며 예배 갱신의 필요성을 강조했다.

당회원들도 공감하며 목회자가 구상한 방법을 그대로 따르는 것이 옳다고 동의해 주어서 감사했다. 내 마음속에 기도하며 준비하였던 일들이 해결되는 것 같은 느낌이 들었다.

그다음 주일부터는 설교 시간에 예배 갱신의 필요성을 강조하는 설교를 했다. 하나님께서 기뻐하실 예배를 드려야 하며 거룩한 것이 무엇인가? 조용히 묵상하며 얌전하게 앉아서 예배를 드리면 되는 것인가? 온 마음과 몸을 다 드려 경배를 드려야 한다며 예배 순서 하나만 바뀌어도 무언가 잘못되는 것인 줄 알지만 예배 순서는 예배 방법 중에 하나이므로 옛것에 지나치게 집착하지 말고 우리의 예배를 받으실 하나님께서 기뻐하실 예배를 드리자고 설파했다.

그리고 11월에 권사 세미나로 40여 명을 강화 기도원으로 인솔해 가서 다시 강조했다. "지금 우리 교회가 하고 있는 예배 순서는 100년 전 우리 교회 초대 당회장 언더우드 선교사께서 하시던 방법 그대로입니다. 시대는 엄청나게 변했습니다. 제가 미국에 가서 크게 성장하는 교회들을 보니 우리에게 복음을 전해준 미국교회의 예배는 옛날과 다르고 우리와 같지 않습니다. 우리 권사님들은 변하지 않고 그대로 하는 것이 익숙해서 좋으시겠지만 만약 우리 교회가 이대로 계속한다면 우리 젊은이들은 교회를 다 떠나가고 교회에는 권사님들 같은 노인들만 남을 것입니다. 저는 예배 방법을 바꾸어야 된다고 생각합니다. 권사님들은 어떻게 생각하십니까?"라고 물었다. 모두 "목사님이 원하시는 방법대로 하세요. 우리는 그대로 따라가겠습니다."라고 동의해 주시는 것이다.

그렇게 해서 1998년도 목회계획을 세우며 예배를 조금씩 과감하게 바꾸어 나갔다. 주일 낮 예배 시간에 복음송을 부르기도 하고 시낭송을 하는가 하면, 교회 사역이 끝나게 되면 설교를 5분 정도 줄이고 성도들이 사역을 하던 중에 받은 은혜를 앞에 나와 간증을 하게 했는데 그때 많은 성도들이 눈시울을 붉히며 같이 은혜를 나누기도 했다. 이미 사랑의 동산을 통해서 새로운 환경을 접해온 성도들은 잘 따라와 주었고 교회 분위기는 날로 새로워졌다. 그러면서 교회는 급속도로 부흥 성장했다.

(2) 21세기 목회연구소와 교회부흥.

어느 날 부천동광교회에 시무하는 류철랑 목사께서 내게 제의했다. "내가 지금까지 많은 세미나에 다녀보았지만 지금 나가고 있는 곳은 정말 유익한 세미나라고 생각되는데 같이 가지 않겠느냐"라는 것이다. 류 목사께서는 열정적으로 목회를 하여 교회가 많이 부흥하고 있었으며 전에도 내가 그 교회 사무실에 가면 당신이 읽은 책 중에서 좋았던 책을 주면서 읽어 보라고 했던 일이 여러 번 있었다. 항상 고맙게 생각하던 분인데 그날도 그런 제의를 해서 "목사님이 좋다고 생각되어 추천하는 곳이라면 가보고 싶다"라고 해서 함께 간 곳이 '21세기 목회연구소'였다. 연구소 이사장은 평북노회 신양교회 담임 이만규 목사였고 원장은 김두현 침례교 목사였다. 그 분은 영국에서 예배학을 전공하고 돌아와 한국교회 예배를 갱신해야 한다는 소명 아래 연구소를 개설하게 되었다고 한다. 류 목사의 말대로 아주 유익한 강의가 계속되었으며 매주 목요일마다 모였고 강의를 하고 실제로 응용할 자료까지도 제공해 주므로 이론적으로만이 아니라 실제로 예배에 적용하기 쉽도록 많은 도움을 주는 것이었다. 초교파적으로 목사 60여 명이 모였으며 얼마 후 나는 이사라는 직함을 받기도 했다.

그곳에 우리 노회 목사님들 중에도 몇 명이 참석했는데 어떤 목사님은 교회에 적용하여 많은 유익을 얻었지만 어떤 목사님은 중직자들이 담임목사의 목회방침을 이해하지 못해서 적용을 하지 못하고 그만두는 분들도 있었다.

그러나 나는 그렇게 그곳에서 배운대로 적용하면서 우리 교회 예배는 더욱 새롭게 변해 갔고 내 목회는 더욱 활기를 띠고 즐거웠다. 그때가 우리 교회가 가장 급성장하던 때인 것 같다. 약 5년간 연구소 회원이 되어 그곳을 다녔고 내 목회에 큰 도움을 받은 것이 사실이다. 나는 21세기 목회연구소에 다니면서 자신감을 가지고 예배를 갱신하며 교회를 키워갔고 목회를 즐거운 마음으로 할 수 있었으니 모두가 하나님께 감사한 일이다.

우리 교회가 건축을 계획하던 1993년에 북변동과 감정동에 아파트가 건축되고 있었기에 교회는 그 아파트 입주 시기에 맞추어 입당하도록 건축을 시작하였으나 계획에 차질이 생겨서 교회당 건축이 6개월 정도 늦었어도 건축 후 새 가족들이 많이 등록하여 교회는 급성장하게 되었고, 그렇게 3, 4년 계속 성장하다가 어느 정도 정착되는 시기가 되면서 다시 사우지역에 아파트가 건축되면서 계속해서 교회는 성장하게 되었다. 그런 가운데 앞으로 재개발될 계획설이 있는 동변연립 한 세대를 부교역자 사택으로 매입했다.

(3) IMF를 맞아서.

1997년도에는 건축 부채가 약 13억이 있었는데 그런 가운데 그해 말에 IMF의 경제 한파가 몰아쳐 와서 한 달에 2천 여 만원의 이자가 지출되는 부담이 있어서 한편 두려움이 몰려와 그때마다 새벽 강단에 올라가 하나님께 기도했다. "하나님! 하나님께서 허락하셔서 교회당 건축을 하고 지금은 이만큼 부흥하게 해 주시니 감사합니다. 그러나 경제적인 문제로 너무 힘이 듭니다. 하나님 제게 더 큰 능력을 주세요. 잘 감당할 수 있는 힘을 주세요." 새벽에 그렇게 열심히 기도하고 설교 준비에 최선을 다했으며 낮에는 전도하는 일에 전념했다. 그리고 모든 성도들이 최선을 다해 헌신 봉사하며 전도했다. 아파트마다 찾아다니며 전도지를 넣었고 길거리에 다니면서 만나는 사람마다 전도했다. 다만 우리 교회는 부흥하지 않으면 부도가 난다는 일념에서 온 성도들이 전도하도록 강조했고 성도들은 교역자의 목회 방침을 잘 따라 주었다. 성도들은 정말 열심히 전도하기를 때를 얻든지 못 얻든지 전도하라는 말씀을 사명으로 알고 온 성도들이 열심히 전도했다. 부족한 목회자를 믿고 따라주는 성도들에게 너무나 감사한 마음뿐이었다.

(4) 신년 대심방.

21세기 목회 연구소에서는 송구영신 예배에서 받은 약속의 말씀을 중심으로 년 초에 대심방을 하도록 하여 나도 큰 결심을 하고 연말에 계획을 세웠다. 먼저 부교역자들에게 나의 목회 방침을 주지 시켜 나와 같은 인식을 하도록 하고 함께 심방 계획을 짰다. 송구영신예배를 끝낸 1월 1, 2일 이틀 동안에 교구별로 각 가정에서 받은 약속의 말씀의 본문을 받아 내게 제출하도록 하고 1월 3일에 1 교구 1 구역부터 시작하는 것을 원칙으로 하여, 새벽 예배 후 출근이나 학교에 등교하기 전에 심방 받을 수 있는 2 가정, 오전에 8 가정, 오후에 8 가정, 퇴근 후인 밤에 받기를 원하는 2 가정을 심방 할 수 있도록 계획을 짜게 했다. 심방 대원은 새벽과 밤에는 교구 목사와 둘이서, 낮에는 교구 목사, 교구 권사와 함께 셋이서 심방을 다녔다. 심방 대원이 많으면 시간이 많이 지체되기 때문에 최대한으로 심방 대원 수를 줄였던 것이다.

한 가정에서 예배 시간은 20분, 지체하는 시간을 포함해 30분을 넘지 않도록 했으며, 다과 대접은 하지 말고 원하는 가정에서는 따뜻한 생수 한 컵을 하도록 했고 대신 주일에 감사헌금을 하도록 했다.

제일 먼저 심방을 간 가정이 G 집사와 S 집사 부부가정이었다. 양촌면 대벽리 공장 2층에 있는 주택에 살았기 때문에 제법 거리가 멀었는데 아침 6시에 도착하니 문 앞에 나와서 기다리던 두 내외의 안내를 받아 2층 주택 거실에 들어가니 깨끗하게 정돈된 바닥에 방석 여섯 개가 둥그렇게 놓여 있고 초등학교에 다니는 두 딸이 앉아서 기다리다가 자리에서 일어나 인사를 했다. 모든 가정 식구들이 거의 완벽하게 준비를 다 하고 기다리는 모습이었다.

간단하게 가정 형편을 물으며 대화를 나누다가 찬송 한 장을 부르고 금년에 받은 약속의 말씀을 온 가족이 다 함께 암송하도록 했다. 4 식구가 확실하게 암송을 했고 나는 그 말씀의 뜻을 잘 이해하도록 설명해 주고 액자에 넣어진 이 약속의 말씀을 온 가족들이 가장 잘 볼 수 있는 곳에 세워두어 오고 가면서 읽고 암송하면서 이 말씀을 따라 하루하루를 살아서 승리하는 금년 한 해가 되도록 하라고 권면을 했다.

유대인들이 쉐마를 문설주에 달아놓고 나가며 들어오며 보고 만지면서 하나님 말씀 중심의 삶을 살았던 것처럼 하라는 것이었다. 그리고 모든 가족과 사업장의 번창을 마음껏 축복하고 따뜻한 생수 한 잔을 마시고 자리에서 일어나 그 가정을 나왔다.

그리고 다음 한 가정을 더 하고 아침 식사를 한 다음, 오전 9시부터 준비된 8 가정을 하며 계획대로 진행하고 점심 식사 후에 또 8 가정을, 밤에 퇴근하여 온 가정이 함께 참석할 수 있는 가정 두 가정을 하며 두 주간을 하고 난 금요일 저녁에 코피가 터지며 몸에 이상이 오는 것을 느꼈다.

결국 다음 한 주간은 쉴 수밖에 없게 되었는데 그때 마침 장신대 동기 8 가정과 함께 5일간 일본 여행하러 가는 팀이 있어 우리 부부도 함께 가서 온천욕을 하며 피곤을 풀고 와서 그다음 한 주간 심방으로 전 교인들의 신년 심방을 다 마쳤다. 그렇게 3년을 계속하였는데 사실은 그때에 교회는 내 목회기간 동안 가장 열정적이었던 것 같다.

그 후 교회가 계속 부흥하여 담임목사가 심방하는 것이 벅차 심방은 부교역자들에게 맡기고 나는 설교 준비하는 데 많은 시간을 할애하게 되었다.

(5) 총동원주일

초기에는 연 2회 하는 것으로 계획을 세워 전도하는 일에 총력을 기울였다. 2개월 전에 준비위원회를 세워 계획을 세우고 50일 전에 주일 2, 3부 낮 예배 시간에 선포식을 하였다. 그리고 계획대로 기도회를 하면서 전도했고 마지막 두 주간을 앞두고는 낮 예배를 마치고 전 교인이 노방전도를 했다.

목회 초기에는 주일 낮 예배를 2시간 간격으로 7회 정도를 드리면서 온 성도들이 전도한 사람들을 데리고 나오도록 하였으나 후기에는 정기 예배 시간에 연예인을 초청하여 간증을 하게 한 후에 영접 설교를 간단하게 하고 기도하는 방식을 취하게 되었다.

(6) 먹을 만한 것이 있으니까 몰려들더라.

목회자의 마음은 항상 어떻게 해야 교회가 부흥할 수 있나? 에 관심을 갖기 마련이다. 언젠가 어느 관광지에 갔는데 연못 옆 가게에서 물고기 밥을 팔고 있었다. 사람들이 그 물고기 밥을 물에 뿌려 주니까 물고기들이 떼로 몰려오는데 이건 물 반 물고기 반이 아니라 물보다 고기가 더 많은 것 같았다.

그때 생각했다. '먹을 만한 것이 있으니까 이렇게 모여드는구나!'

나는 그 모양을 보면서 성도들이 몰려오는 환상을 보았다. 그러면서

"이렇게 성도들이 모여들면 얼마나 좋을까?"하고 생각했다. 그 후로 내 머릿속에는 항상 이번 주일에는 무슨 말씀을 어떻게 전할까에 전심하게 되었다. 많은 성도들을 심방하는 일에 혼신을 빼앗기기보다는 심방하는 일은 부목사들에게 맡기고 나는 훌륭하게 목회를 한 분들은 어떻게 말씀 준비를 했고 어떤 내용을 어떻게 했는지에 대해서 더 깊은 관심을 갖게 되었으며 각종 세미나에 참석하며 여러 사람들의 경험담을 들으며 말씀 준비하는데 시간을 들이게 되었다.

그렇다. 먹을 것을 줄 수 있는 능력을 길러야 한다. 진짜 나눌 수 있는 것에 집중하여 말씀을 전한다면 그 말씀을 받는 성도는 주변 상황이 아무리 어렵더라도 오히려 기회가 될 수 있고 목회자가 항상 준비되어 있다면 사람들은 자연히 찾아오게 되어 있다고 본다. 목회자가 언제나 내실을 갖추고 준비되어 있다면 줄 수 있는 목자가 될 수 있지 않겠나!

그래서 인간에게는 매력이 중요하다. 어떤 사람은 가만히 있어도 사람들이 몰려드는데 찾아다녀도 사람들로부터 박대를 당하는 사람이 있다. 왜 그런가? 매력이 없기 때문이다. 자석을 보면 가만히 있어도 끌어당기는 힘이 있다. 언제나 끌어당기는 힘, 그것이 실력이고 생명력인 것이다. 나에게 맡겨진 사역을 어떻게 감당할 것인가? 실력을 기르고 매력을 키우고 내실을 더 기하다 보면 승리할 수 있다고 믿는다. 이때가 기회라고 생각하고 열심히 노력해서 보람찬 열매를 거둬야 할 것이다.

그런데 나는 나름대로 열심히 기도하면서 설교 준비를 하며 설교를 하는데 훌륭한 목사님들의 설교를 들을 때면 나는 너무나 부족하다고 느끼며, 저렇게 훌륭한 설교 말씀을 들으며 성장하는 성도들은 얼마나 행복할까? 하는 생각을 하며 성도들에게 미안한 마음을 갖게 된다.

(7) 나는 꼴꾼이다

꼴꾼이란 말은 말이나 소에게 먹일 풀을 베는 일을 하는 사람을 말한다. 나는 어린 소년 시절에 토끼에게 먹일 풀을 뜯어 먹여 키웠고, 청소년 시절에는 염소와 소에게 먹일 풀, 돼지우리에 넣어 줄 풀, 닭 사료를 만들어 먹이는 꼴꾼이었다. 그리고 지금은 천국에 갈 영혼들을 먹이는 생명의 꼴꾼이 되어 나름대로 열심히 사역을 했다.

한편 꼴꾼이란 말은 일을 잘 못하는 사람을 지칭하기도 했다. 농촌에서 품앗이를 할 때, 꼴꾼은 사람들이 잘 부르지 않는다. 일을 제대로 하지 못하기 때문이다. 제 몫을 하지 못하니 누가 쉽게 부르겠나? 그러니 항상 처지기 마련이다.

청년 시절에 한 번은 마을 앞 논에서 몇몇 친구들과 함께 모내기를 하는데 어른들께서 논두렁에 서서 구경을 하고 있다가 하는 말이, "영준이 제는 농사지을 놈이 아냐"라고 하는 게 아닌가. 한마디로 꼴꾼이라는 말이다. 그때 나는 적어도 평생 농촌에서 살면서 새마을 지도자가 되어 우리 마을을 잘 사는 마을로 만들겠다는 나름대로 큰 포부를 갖고 있을 때였는데 말이다.

또 한 번은 다른 친구들과 함께 들에서 지게로 볏단을 져 나르는데 지나가던 어른께서 쳐다보시면서 "어떻게 등에 진 지게가 춤을 추냐?"라고 하시는 것이다. 다른 친구들은 지게가 등에 착 붙어서 안정되었는데 나는 지게가 등에서 따로 놀고 있어 마치 지게가 춤을 추는 것 같다는 얘기다.

그것뿐이 아니다. 산에 나무를 하러 가면 다른 친구들은 나무 한 짐을 다 해 놓고 나무 그늘에 앉아 쉬고 있는데 나는 그때 짐을 싸기 시작하는 것이다. 아무래도 나는 다른 친구들을 따라가지 못하는 것이다.

그야말로 나는 꼴꾼이다. 그렇다고 내 동작이 느린 것은 아니다. 그런데 일하는 폼도 그렇고 농촌에서 사는 모든 것이 내게는 맞지 않았다는 이야기다. 그래도 나는 최선을 다해 농촌의 일꾼으로 살기를 바랐고 그럴 수밖에 없는 사람이라고 생각하며 나름대로 열심히 살았다. 나는 진짜 착실한 농사꾼이 되려고 최선을 다하였는데 어른들이 보시기에는 어설프게만 보이는 꼴꾼이었다.

어떻든 나 같은 부족한 사람을 택하셔서 하나님께서 택한 사람들에게 생명의 꼴을 제공하는 꼴꾼으로 삼아 주신 하나님께 진심으로 감사하면서 한눈팔지 않고 날마다 좋은 꼴을 준비하기 위해 온 마음을 다해 노력했다.

(8) 생긋 웃는 얼굴

"의사들이 약 대신 웃음을 처방하는 날이 올지도 모른다."

일본 쓰쿠바대학 명예교수인 무라카미 카즈오의 '바보는 신의 선물'이라는 저서에서 한 말이다. 웃음은 약도 빛도 된다는 말에 나는 전적으로 동감한다.

한 번은 몸에 가려움증으로 피부가 상해서 일산 백병원에서 진료를 받은 일이 있었다. 그동안 몇 곳의 동네 병원에 다니며 약물 치료도 받아 보았지만 별 효과가 나질 않았다. 그래서 소견서를 받아서 대학병원을 찾아간 것이다. 40대 초반쯤 되어 보이는 여자 전문의에게 나의 병 증세를 자세하게 말해 주고 상처도 보여주었더니 몇 가지 주의 사항과 이러이러한 방법으로 치료해 보자는 의사의 말을 듣고는 '잘 알겠습니다.'라고 인사를 하고 일어서는데 진지하게 대화를 나누던 의사가 생긋 웃는 것이다. 그리고 병원 문을 나오면서 왠지 치료가 잘 될 것 같은 느낌이 들었다. 그때 그 웃음은 백만 불짜리 웃음이라는 생각이 들었다. 그 후로 더 이상 피부과 치료를 받을 필요가 없게 되었다.

아무리 즐거운 일도 찡그리면서 하면 즐겁지 않은 일로 둔갑하고 아무리 힘든 일도 웃으면서 하면 즐거운 일이 된다. 즐거운 일도 위대한 창조물 중에 하나다. 즐거운 일이 따로 존재하는 것이 아니라 즐겁다고 생각하기 때문에 즐거운 일이 되는 것이다.

7. 프로그램의 다양화

상기한 프로그램 중에 몇 가지 프로그램들은 상황에 따라 중단한 사역들도 있으나 거의 은퇴할 당시까지, 그리고 현재까지 계속해서 진행되고 있다. 그리고 우리 교회의 프로그램들은 거의가 영성프로그램과 더불어 가고 있음을 볼 수 있으니, 하나님의 영과 더불어 되지 않는 사역은 하나님과 동행하지 않기 때문이라고 생각되었기 때문이다.

(1) 교육.

a. 평신도 훈련과정

성전 건축 후에 교회는 급성장을 하게 되었고 많은 일꾼들도 등록했다. 누군가가 그런 말을 했다. '교회당 건물이 최고의 전도 매체다.' 그 말대로 성전이 제대로 건축되니 많은 사람들이 찾아오게 되었고 따라서 일꾼들도 많아졌다. 이제부터 해야 할 일은 성도들을 교육시켜 교회의 일꾼들로 양성하는데 관심을 갖게 되었다.

그동안 매년 분기별로 각종 제목을 붙여 특별새벽기도회를 시행해 왔고 특별히 성전 건축하는 동안 워터스 회사 예배당에서였지만 40일 특별 새벽기도회 한 번, 20일 기도회 두 번, 6일간 연속기도회 한 번이 있었는데 이런 기도회는 온 성도들이 함께 기도 훈련과 영성 훈련을 하는 프로그램이다.

성경 통독도 해마다 성서주일을 앞두고 하였으며, 뿐만 아니라 적어도 1년에 한 번 이상을 통독하도록 지도했고 성서주일에는 성경퀴즈대회를 해서 모든 성도들이 좀 더 깊이 성경을 공부하도록 했다.

2003년에는 교회 창립 109년 되는 해에 1년 동안 '성경 109독 대회'라고 이름을 지어 성경 읽기 대회를 가졌는데 전 교인이 232독을 하였다. 시상은 첫 번 통독을 한 이평자 권사, 최다 통독자 이평자 권사, 아동부 최다독자 이원휘 어린이, 온 가족 통독 가족 이익지 집사 가정이었다. 이 외에도 1번 이상 11번까지 읽은 성도들이 많았다는 것은 그만큼 성도들의 신앙이 성장할 뿐만 아니라 교회 프로그램에 즐겁게 참여했다는 증거이기에 목회자로서 마음이 흐뭇했다.

그리고 베델 성서대학과 와그너 교회성장대학, 평신도 성서 연구반, 새 가정 새 교회 등을 개설하여 계속 평신도 훈련을 했다. 평신도 훈련 과정을 마친 후에는 제주도로 졸업여행을 다녀오기도 했다. 여행하면서의 즐거움은 훈련받으며 힘들었던 부분들을 다 흘려버려 주는 것 같았다.

b. 일대일 제자훈련(배우든지 가르치든지)

교회가 은혜롭게 성장하면서 평신도 사역 중심의 교회로 나가도록 이끌었다. 모든 사역을 교역자가 다 주관할 수도 없을 뿐만 아니라 부교역자들도 언제까지나 정착해 있을 사람들도 아니기에 그들에게만 맡길 수도 없는 것이다. 그래서 평신도 자체적으로 사역을 해 나가도록 하자는 목회방침을 세우게 되었다. 일대일 제자훈련은 평신도가 평신도를 지도하면서 신앙을 키워 나가는 것이다.

그래서 강조한 것이 '우리 교회 성도들은 먼저 배웠으면 아직 배우지 못한 사람을 지도하고, 더 배워야 되겠다고 생각되는 성도는 먼저 배운 성도에게 배우자'라고 하며 '김포중앙교회 성도는 누구나 배우든지 가르치든지 하라'라고 강조했다.

일대일 제자훈련은 서울 온누리교회에서 하고 있는 사역으로 1993년 중반에 시작해서 당시에 약 20명을 데리고 5개월 동안 훈련시켜서 수료한 성도들에게 아직 경험하지 못한 성도와 일대일로 짝을 지어 양육하려 했으나 교회가 급성장하면서 도저히 나 혼자서 감당하기 어려워 주춤하고 있었다. 그런 중에 온누리교회에서 이 과정을 경험한 박윤희 목사께서 부목사로 부임하여 이 사역을 맡으면서 활발하게 진행되어 우리 교회 성도들을 제자화시키는데 큰 공을 세웠다.

먼저 훈련받은 사람에게 다른 평신도와 짝을 맺어 주어 훈련을 받게 하여 제자를 삼고, 제자가 된 사람은 교역자에게 양육자 훈련을 받고 또 다른 사람을 제자로 삼아 훈련을 시킨다. 제자훈련은 주일 오후나 평일에, 그리고 어떤 팀은 새벽 예배를 마치고, 아니면 직장에서 퇴근하고 돌아와서 어느 가정에서나 혹은 성전 한쪽에 마주 앉아 오손도손 공부하는 모습은 참으로 아름다웠다. 서로 의논해서 시간과 장소를 자유롭게 정하고 진심으로 신앙생활뿐만 아니라 사생활까지도 대화를 하며 믿음을 키워 나갔고 아름다운 스승과 제자로 성장하다가 더욱 성숙해지면서 주 안에서 절친한 친구와 형제와 같은 관계를 갖게 되었으며 이 프로그램은 지금까지도 계속해서 제자를 만들어 나가고 있다. 어떤 경우에는 고등학교를 졸업한 성도가 현직 고등학교 교사를 제자로 삼아 가르치며 배워서 후에 항존직자가 되어 훌륭한 교회 일꾼들이 되었다.

c. 성서연구원

이 프로그램은 부교역자들에게 맡겨 한 교역자가 6개월 동안 한 주제(구원론이나 신론, 복음서 강해 등)를 갖고 강의하고 마치면 또 다른 교역자가 6개월 동안 하도록 하여 부교역자들이 돌아가며 평신도들을 교육시키는 프로그램이다. 그로 인해 부교역자들도 연구하고 사역자들을 지도할 수 있는 기회를 갖도록 해주었다.

d. 성경일독학교

초등학교 교사로 재직하다가 명예 퇴임한 김금순 집사는 서울 온누리교회에 출석하면서 배운 성경일독학교를 당신이 받은 가르치는 달란트를 가지고 교회를 섬기고 싶어 하는 뜻을 가지고 있어 우리 교회에서는 그분을 명예권사로 추대해서 성경일독학교를 맡기게 되었다. 2006년 3월에 시작하여 동년 7월 16일에 1기 20명이 수료를 했고 계속 연 4회에 걸쳐 진행해 오다가 2012년 6월 10일 제13기 32명을 수료시키면서 일단 중지되었다.

성경일독학교에서는 3개월간 창세기로부터 요한계시록까지를 꿰뚫어 공부하는데 김권사의 재치 있는 지도로 한 과정을 마친 성도가 또다시 섬기는 경우도 있어 반복 교육을 받게 되면서 성도들의 신앙성장에 많은 유익을 주는 프로그램이다. 이 프로그램에는 우리 김포중앙교회 성도뿐 아니라 이웃 교회와 인천 등 타 교회 성도들과 목사 사모들께서도 많이 수강하여 말씀 속으로 깊이 들어갈 수 있는 성숙한 성도로 세우는 데 큰 역할을 하였다.

e. 새 가족교육

새로 등록한 성도들이 우리 교회에 속히 적응하도록 하는 프로그램으로 매 주일 낮 예배가 끝난 후 점심식사를 한 후에 담당 교역자가 실시하는데 처음에는 5주간을 했으나 알파코스 프로그램을 진행하면서 3주로 줄여서 진행하였다.

f. 큐티(QT)

매일 아침 성경 말씀을 읽고 깊이 묵상하며 그 말씀을 적용하며 하루하루를 살아가도록 하는 프로그램으로 개인적으로 하는 과정이지만 한 주일에 하루, 그룹별로 목요일이나 화요일에 모여 성경을 읽고 나눔을 한다.

물론 평신도 자체적인 프로그램이다.

구원의 확신을 갖게 하며 그리스도와 인격적인 관계를 이루며 성도들 간에도 원만한 관계를 맺으며 신앙성장을 도모하게 했다. 처음에는 교역자가 지도했으나 후에는 평신도가 지도하면서 두 파트로 진행하도록 하였다.

g. CMS 영어학원

영어 교육과 기독교 교육을 병행한 통합교육으로 2003년 8월에 개원하여 매주 월, 화, 목, 금 등 주 4회. 오후 2시30분부터 4시간 동안 재미있고 즐겁게 영어정복과 영어 선교에 대한 비전을 가지고 공부하며, 2년 가까이 운영했다.

그 외에도 때를 따라 새 생활 새 기쁨, CCM 영어학원 등의 프로그램을 통하여 교육하면서 사역자들과 성도들의 신앙을 다져가면서 양성시켰다.

(2) 영성 사역

a. 알파코스

2005년 2월 29일 제1기에 43여 명이 등록하여 10주간 교육 후 40명이 수료를 했다. 원래는 믿지 않는 비신자를 초대하여 믿음이란 무엇이며 하나님, 예수님, 성령님, 교회, 기도 등을 비롯하여 세례 받기까지 지도하며 온전한 성도로 키워 나가는 프로그램으로 여기에는 50명의 훈련생을 양육하는 과정이라면 보통 50명의 도우미가 헌신과 봉사로 섬김으로 하나님의 사람으로 양육시키는 프로그램이다. 보통 1년에 2회 정도 실시했으나 어떤 때는 3회까지 진행할 때가 있었다. 비신자를 초대해서 양육해야 하는 프로그램인데 대상자 자원이 부족하여, 새 가족들을 양육할 뿐만 아니라 기신자 중에도 신앙 재정립을 위해 이 과정을 공부하도록 권장했다. 결국 1년에 2회 할 경우 지난 반 년동안 등록한 새 가족과 일반 성도들과 함께 양육하는 과정으로 발전시켜 나갔다. 너무나 필요한 과정이어서 교회의 모든 사역자들이 이 과정을 이수하도록 권장했다.

b. 사랑의 동산

사랑의 동산에 대하여는 이미 100주년 기념성전건축 기록에서 소개한 것을 대치한다.

(3) 전도

a. 전도폭발

2006년 1기 시작한 전도폭발은 교역자에게 일정기간 동안 지도를 받아 훈련을 받고 실제로 나가서 전도하도록 하는 프로그램으로 계획된 기간이 끝나면 타 지역 교회에 가서 그 교회를 위하여 전도 집회를 하는 중에 낮에는 지역에 나가서 노방전도를 하고 밤에는 그들을 초청하여 준비해 간 선물을 나누어 주면서 결단을 하게 하는 집회를 한다. 본 교회에 돌아와서는 계속해서 전도자의 역할을 감당한다.

(4) 가정 사역

a. 김포 아버지학교

산업화 시대에 핵가족화가 되면서 젊은 가정에 많은 문제가 발생하고 있다. 그런 때 온누리교회에서 아버지학교를 개설했다는 소식을 듣고 우리 교회에서도 해야 할 필요성을 느끼고 두란노 아버지학교 담당자 김성묵 장로를 찾아가서 상의했더니 별로 신통치 않게 들어 넘기고 마는 것이다. 그래서 더 이상 진행을 하지 못하고 있던 중에 우리 교회 집사 중에 아버지학교를 경험한 사람이 있다는 것을 알고 그 집사를 불러서 물었다.

"어떻게 아버지학교를 경험하게 되었나요?"라고 했더니 "친구의 소개로 경험했다"라는 것이다. "왜 담임목사와 상의하지 않고 했느냐"라고 하니까, "담임목사님께서 싫어하실까봐 그랬습니다."라고 하는 것이다.

사실 아버지학교는 원칙적으로 담임목사의 추천서를 받아가야 접수가 되는 것인데 말이다. 나의 뜻을 이야기했더니 기뻐하면서 당장 알아보겠다며 며칠 후에 찾아와 "우리 교회에서 아버지학교를 개설하려면 담임목사님께서 먼저 경험을 해야 합니다."라고 하는 것이다. 그래서 "언제 개설되는지 알아보라"라고 했더니 "이번 11월 말에 용산 이촌동에 있는 온누리교회에서 진행되는 프로그램에 참가할 수 있습니다."라고 하는 것이다.

교역자의 연말은 굉장히 바쁜 때이지만 우리 교회가 꼭 해야 할 프로그램이라 생각하고 나는 즉시 등록을 하고 5주간 동안 매주 토요일에 온누리교회 서빙고 성전 교육관에 나가서 아버지학교를 경험을 했다. 그리고 다음 해인 2003년에 내가 지도목사가 되어 김포 두란노 아버지학교 1기(3월 15일-4월 12일)를 우리 교회에서 개설하였으며 본 교회 성도 30%와 김포 지역 내 타 교회 성도들이 참여해서 1기를 진행했고 그 후 1년에 2-3회 실시하기를 2년간 우리 교회에서 진행하였다. 운영위원장은 타 교회 성도인 김병두 형제가 수고하였고 모든 진행은 본부주관으로 하게 되었다. 그렇게 진행하다가 타 교회에서 요청하는 교회가 있으면 그 교회로 가서 진행했고 지원하는 교회가 없을 때에는 우리 교회에서 계속 개설했다.

아버지학교는 '아버지가 살아야 가정이 산다.'라는 주제로 5주간 동안 매주 토요일 오후에 모여 훈련을 하였다. "주님, 제가 아버지입니다"라고 외치며, 첫 번째 만남에서는 '아버지의 영향력', 두 번째 만남에서는 '아버지의 남성', 세 번째 만남에서는 '아버지의 사명', 네 번째의 만남에서는 '아버지의 영성', 다섯 번째 날에는 아내도 참석하여 결단하며 수료식을 가진다.

김포 두란노 아버지학교에서 지도 목사인 나는 오랫동안 아버지의 영성과 수료식을 맡아 사역하였다. 오늘날 한국의 젊은 가정들 중에 무너지는 가정들이 많은 때에 이 프로그램을 통하여 수많은 가정들이 회복이 되는 아주 유익한 프로그램이다.

b.김포 어머니학교

아버지학교를 진행하고 보니 어머니학교도 해야 된다는 여성들의 요구가 있어서 2003년 10월에 박윤희 목사의 지도로 김포 두란노 어머니학교 1기가 본 교회에서 개설되어 42명이 수료하였고 그 후 3기까지 우리 교회에서 진행하다가 아버지학교와 마찬가지로 개설을 자원하는 교회가 있을 경우에는 그 교회에서 개설하였다.

아버지학교와 마찬가지로 "어머니가 살아야 가정이 산다."라는 주제로 매주 화요일 오전 9시에 시작하여 오후 3시 30분에 마친다. "주님, 제가 어머니입니다!"라고 구호를 외치고 시작하는 이 프로그램은 1강은 성경적 어머니상의 회복, 2강은 아내로서의 사명, 3강은 어머니의 영향력, 4강 기도하는 어머니, 5강은 십자가와 사명으로 진행하였다.

아버지학교나 어머니학교는 교회 내의 성도들만을 대상으로 하는 것이 아니라 믿는 가정 안에 믿지 않는 남편이나 아내, 그리고 교회 밖의 그 누구든지 추천을 받아 참여할 수 있었으며 이 훈련을 통하여 상처받은 부부들, 깨어져 가는 가정들이 회복되는 큰 역사가 있었으니 오늘날 혼돈이 오는 가정에 아주 큰 영향력을 끼치는 프로그램이다.

(5) 사회봉사.

a. 김포중앙상록대학(노인대학)

1994년도에 예배당을 건축하면서, 아쉬운 마음으로 그동안 운영하던 관인 유치원을 폐원할 때에 우리 중앙유치원을 사랑하던 자모들이 건축을 하면 다시 개원해 줄 것을 당부해서 그렇게 하기로 약속을 했었다. 그러나 1995년도에 예배당 건축을 마치고 입당하고 나니 경제적인 문제도 있고 해서 유치원 개원을 하지 못하고 미루고 있다가 어느 정도 경제적으로 안정되었을 때 여러 가지로 생각을 했다. 우리 교회가 이 지역 교회로서 지역사회를 위해서 무언가를 해야 하는데 '유치원을 폐원하면서 약속은 했으나 현대 가정에서 유아교육을 위해서는 많은 관심과 재정을 투자해서라도 교육하지만 고령사회에 진입하고 있는 이때에 노인 문제를 정부에게만 맡기기보다는 우리 교회가 한 부분을 맡아야 되지 않겠나?' 하는 생각이 들었다.

그래서 결단하고 계획을 세워서 당회에 노인학교 문제를 내놓고 의논하게 되었는데, 재정에 관해서는 크게 문제를 삼지 않았으나 노인학교를 개설하면 결국 본당을 사용해야 하는데 때로는 건전가요도 부를 수도 있다고 하니까 당회원 두 사람이 거부반응을 나타내었다. 그래서 더 연구해 보자고 미루다가 그 후에 당회를 하던 중 이 안을 다시 내놓았더니 역시 한 분이 반대를 한다. 해서 더 연구를 해 보자며 미루었다가 그다음 당회 때 그 안을 다시 내놓았을 때 반대하던 회원이 '나는 반대하지만 다수의 의견에 따르겠다.'고 하여 당회가 만장일치로 결의했다.

교회는 노인학교 준비위원회를 조직하여 추진하였으며 학교 이름은 '김포중앙상록대학'이라고 정하고, '한국 노인학교 연합회'의 도움을 받아 이미 성공적으로 실시하고 있는 타 교회의 노인학교를 방문하여 실태 파악을 했으며, 교육계획을 세워 2004년 연초에 학생 모집을 위해 여자 성도들이 음료수와 과자 등 선물을 사들고 각 마을 노인정과 회관을 방문하여 노인학교 설립취지와 모집요강 전단지를 돌리고 해서 첫 해에 우리 계획으로는 150명 정도만 모집하겠다고 생각하고 준비했으나 200여 명이 더 모여 결국 다 받아 2004년 3월 25일(목)에 김포중앙상록대학을 개설했다.

상록대학은 매주 목요일 오전 10시부터 10개 반으로 나누어 각 반별로 담임과 부담임을 세워 관리를 했고, 10개 과목의 프로그램을 진행하였는데 강사진은 본 교회 성도들 가운데 특별한 달란트를 가진 이들을 찾아 맡게 하였으며 자체 내에서 감당할 수 없는 과목은 외래 강사를 초빙하였으며 12시에 점심식사를 대접하고 마치도록 했다.

첫 해인 2004년에 200여 명이 모였는데 그다음 해에는 300명, 그다음 해에는 350명, 이렇게 한 것이 2013년도에는 450명까지 등록하게 되었다.

원래의 계획으로는 초급대학 정도로 2년 과정으로 졸업을 시켰으나 졸업하신 분들이 계속 다니기를 원하셔서 평생대학원 과정으로 수정하여 2년을 마치고 평생대학원 과정 4년을 하면 졸업시키게 되었는데 그런 과정에 어떤 이들은 다른 사람들에게 기회를 주기 위해서 아쉬운 마음으로 스스로 중간에 수료하는 분들이 있는가 하면 어떤 분은 졸업한 후 1년 쉬고 다시 등록하는 분도 있었다.

특별히 주방에는 요리 솜씨가 좋은 성도를 주방장으로 세우고 십여 명의 직원들이 봉사를 했으며, 10개 반의 담임교사와 보조교사는 어르신들을 극진히 살펴 섬겼으며, 특별프로그램 강사로 수고하는 10여 명은 부모님을 섬기는 마음으로 최선을 다해 주님의 사랑 실천에 앞장섰다.

상록대학의 설립 목적은 어르신들의 여가선용을 위해서 우리 교회가 봉사한다는 차원에서 시작하였으며, 다만 우리 크리스천이 하나님의 사랑을 받고 살고 있으니 찾아오시는 어르신들에게 그 사랑을 전하므로 어르신들의 삶에 평안을 드리자는데 목적을 두었다.

매월 생신 축하를 해 드리면서 선물을 드렸고, 봄 소풍에는 십여 대의 관광버스를 대절하여 고궁이나 야외로 나갔으며, 가을에는 이웃 학교 실내 체육관에서 체육대회를 하고, 졸업반은 제주도를 비롯하여 해외로 여행을 나가기도 했다. 그러나 어르신들께는 최소한의 비용을 부담하게 하였으니 교회가 많은 비용을 부담해야 했고 성도들 중에 개인적으로 협력하는 분들도 있었으니 감사할 뿐이다. 학기 말에는 발표회를 통하여 그동안 배우고 닦은 것들을 초청한 가족들 앞에서 발표하며 축제를 벌이기도 했다.

여기서 밝히고 싶은 것은 김포상록대학을 설립하는 일에 여러 성도들의 노고가 있었지만 특별히 전옥희 권사께서 큰 업적을 남겼다고 말하고 싶다. 이 프로그램을 만드는데 누구를 담당 사역자로 세울까 기도하던 중, 전 권사가 가장 적합자라고 생각되어 부탁했더니 처음에는 망설이다가 1년 더 연구하고 개설하자고 하는 것이다. 그러나 내가 '지금이 바로 시작해야 할 때'라고 권면해서 반 강권적으로 전 권사를 교무처장으로 세워 그로 하여금 조직을 하도록 했더니 총무를 복지에 관심 있는 서오례 권사를 세우고 20여 명의 교사들을 선정하였다. 그리고 교무처장과 총무에게 이미 노인대학을 개설하여 잘 운영하고 있는 교회들을 탐방하게 하여 자료를 수집하여 개설을 했더니 내가 기대했던 것 이상으로 잘 감당하는 모습을 보면서 얼마나 감사했는지 모른다. 과거에 유치원을 경영한 경험이 있는 서오례 권사는 교무처장과 의논하여 지혜롭게 교육프로그램을 짜서 운영했다.

주방에도 요리 솜씨가 있고 사명감을 가진 사역자들로 구성되어 맡겨진 일에 최선을 다하고 있어서 고령화 시대에 교회가 해야 할 아주 중요한 사역을 계속해서 진행하게 되어서 보람을 갖는다. 우리 평신도들을 통해 하나님께서 역사하시는 모든 일을 보면서 그 은혜에 감사할 따름이다.

"성경에 네 부모를 즐겁게 해 드려라. 나를 낳아 주신 분을 기쁘게 해 드려라"(잠 23:25)라고 하였으며, "십계명에도 '네 부모를 공경하라'고 하였습니다. 이것은 약속이 보장된 첫 계명입니다. 그 약속은 '네가 하는 일이 다 잘 되고 이 땅에서 장수할 것이다'라는 것입니다."(엡 6:2-3)

김포중앙상록대학은 그 하나님의 명령을 실천에 옮기는 한 부분이다. 매주 목요일이면 이른 아침부터 김포시 전역에서 버스를 타고 오시는 어르신들을 보며, 내가 청년시절에 고향 김포를 위하여 일하는 일꾼이 되기를 원했으나 그 꿈을 이루지 못하고 목회자가 되었는데 그때 이루지 못한 꿈을 이렇게 하면서라도 이루어야 되겠다는 다짐을 하면서 최선을 다하였다.

b.김포중앙문화원

목회자가 되어 김포 고향으로 돌아오면서 "고향으로 죽으러 가자"라고 하면서 다짐했는데 언젠가는 청년시대에 마음먹은 것을 실천하도록 해야겠다고 생각했다. 그러던 중에 교회가 안정을 되찾으면서 노인대학과 문화원을 개설하게 된 것이다.

문화원은 2003년 봄에 개설하여 3개월을 한 기간으로 잡고 할 수 있는 한 본 교회 내의 인적 자원인 성도들의 특기와 은사를 최대한 개발하여 강사로 봉사하게 하여 지역 주민들에게 배움의 기회를 줌으로써 지역 교회로서의 위상과 역할을 최대한 세우는데 중점을 두었다. 이 프로그램으로 인해 주일 낮 예배 시간에 챔버 오케스트라가 세워졌고 어린이 때 배우기 시작하여 전공으로 가는 학생들도 여러 명 있다. 크로마하프, 워쉽, 컴퓨터, 악기, 한지공예, 영어회화 등 수년 동안 많은 프로그램을 진행해 왔는데 점차 여성회관이나 유수한 기관에서도 각종 프로그램을 유명 강사들로 진행하는 관계로 약 5년 정도 후에는 중단하게 되었다.

(6) 문화

a. 하늘소리

2003년 3월에 창간호로 발간된 교회 계간지로 성도들이 교회 사역을 하면서 체험한 일들과 은혜받았던 간증들을 모아 실었으며 교회의 기간 행사 보고와 앞으로의 계획들을 실어서 성도들도 보고 전도용으로도 사용하였다. '하늘소리'라는 책 이름은 성도들에게 공모하여 정하였다.

b.아름다운 신문

2008년 3월1일 창간호로 발간된 이 신문은 월간지로 8절지 16페이지에 4페이지를 우리 교회가 활용하고 나머지는 페이지는 신문사 측에서 공동으로 기재하였다.

어느 날 CTS와 관련된 한 직원이 찾아와서 각 도시마다 한 교회를 정하여 이 신문을 발간하고 있는데 김포지역에서는 김포중앙교회가 중심인 것 같아서 찾아왔노라고 하면서 나의 의견을 묻기에 전도지로서 좋겠다고 생각되어 결정했으며 각 지역마다 대표적인 교회들이 이 신문을 이용하고 있다는 사실을 나중에 알게 되었다.

하늘소리와 같이 교회 행사를 사진으로 기사화해서 실었으며 그리고 다음 달에 예정된 행사들을 홍보 차원에서 실었고 한 면에는 목회자의 설교를 간단하게 요약해서 실었다.

(7) 목회

a. 목장교회

2000년대 초에 한국교회에 셀 사역이 소개될 때 나는 교회가 받아들여야 할 좋은 프로그램이라고 생각하고 부교역자를 세미나에 보내 강의를 듣고 자료를 가져오게 하여 자료를 받아 보았다. 그런데 개인적으로는 교회가 받아들인다면 좋은 프로그램이기는 하지만 100년의 역사를 가진 우리 교회가 시행하기에는 문제가 있겠다 싶었다. 간단하게 말한다면 남여전도회와 찬양대를 폐지 또는 크게 손을 본다는 것이 우리 교회로서는 도저히 감당할 수 없는 문제라고 생각이 되어 마음은 있었지만 포기하고 말았다.

그러던 중 어느 날 치유하는교회 김의식 목사로부터 여전도회 헌신예배 설교 초대를 받아 방문했는데 그 교회는 대형 교회로 교계적으로 이름난 남녀전도회가 있는 교회이면서 5년여 전에 목장교회로 전환하여 지금 60% 정도 목표를 이루었다고 한다. 그날 예배 찬양대원이 거의 100명 정도나 되는 찬양대가 찬양을 하는 것이었다. 그래서 김목사에게 그 교회의 목장교회 상황을 듣게 되었다.

그 교회는 셀에서 말하는 원칙을 변형해서 교회의 실정에 맞게 시작했다는 것이다. 나는 우리 교회의 형편을 말했다. “교회 역사가 120년이 다 되었고 나도 2년 후면 은퇴를 해야 하는 형편이라”라고 했더니 “목장교회로 전환해야 되겠다는 의지가 있으시다면 지금 시작해야지 다음 후임자가 하려고 한다면 그때는 또다시 수년이 지나야 시작할 수 있을 것입니다.”라며 “시작할 의지가 있으시다면 적극적으로 후원해 드리겠습니다.”라는 것이다.

나는 교회에 돌아와 교역자 회의를 하면서 젊은 부교역자들에게 “목사님들이 담임목회를 한다면 지금의 구역과 목장교회 중 어떤 것을 선택하겠습니까?"를 물었더니 부교역자 모두가 목장교회를 하겠다고 했다. 그래서 주저 없이 "이제부터 목장교회를 위해서 준비기도 합시다."라고 선포하고 차곡차곡 준비했다.

당회 결의를 통해 그동안 일대일 제자훈련을 통하여 양육된 사역자들을 교회 자체에서 또는 세미나에 보내 목자로 재훈련시키며 성도 전체를 상대로 목장교회 사역의 철학을 주지 시키는 프로그램을 여러 차례 갖고 2013년도부터 목장교회로 전환하였다.

목장교회는 12명 미만의 소그룹으로 편성하며 그 목장교회에서는 교회가 해야 할 예배, 친교, 교육, 봉사, 전도 등이 이루어져야 한다. 그래서 목장 모임을 통해 주일예배에서 채우지 못하는 영적인 필요들을 공급받을 수 있어야 하는데 2년 동안 시행하고 나는 퇴임하였으나 그 이후 후임 목사님께서 더욱 잘 발전시켜 가고 있다.

b.심방목회

심방은 목회에 아주 중요한 위치를 차지한다고 생각한다. 그래서 목회 초기에는 열심히 심방을 했는데 문제는 동행할 사람이었다. 함께 다닐 심방대원이 없는 것도 문제이지만 대원이 어떤 사람이냐 하는 것도 문제다. 전에 개척 당시에는 혼자 다닐 경우도 있었지만 그게 얼마나 위험한 일인지 모른다. 다행히도 오래지 않아 동행자가 생겨서 다행이기는 했다. 부교역자

시절에도 교인들은 많아도 동행할 만한 권사나 집사가 없어 곤란한 경우가 많았는데 그때 담임목사님께서 관심을 갖고 해결해 주지 않으면 힘들 수밖에 없다.

그러나 김포중앙교회에 시무할 때는 감사하게도 그런 면에서는 염려하지 않아도 되었다. P 집사, J 집사, G 집사 세 사람은 5분 대기조처럼 언제든지 전화만 하면 5분 내로 나와서 동행해 주었으니 참으로 감사했다.

교회가 성장하면서 부교역자들에게 심방을 맡겼는데 지난 부교역자 시절에 내가 힘들었던 부분들을 생각하고 교구별로 심방대원을 조직해서 교역자와 동행하도록 해 주었는데 부교역자의 능력에 따라 관리의 성패가 따르는 것 같았다.

상기한 프로그램 중에 몇 가지 프로그램들은 상황에 따라 중단한 사역들도 있으나 거의 은퇴할 당시까지, 그리고 현재까지 계속해서 진행되고 있다. 그리고 우리 교회의 프로그램들은 거의가 영성프로그램과 더불어 가고 있음을 볼 수 있으니, 하나님의 영과 더불어 되지 않는 사역은 하나님과 동행하지 않기 때문이라고 생각되었기 때문이다.

*목회자의 보람

이러한 여러 가지 프로그램을 경험하면서 많은 성도들이 성숙하여지며 충성된 사역자들이 많아지면서 교회는 은혜와 사랑으로 충만해지는 모습을 보면서 교회는 성장했으니 하나님의 은혜에 감사를 드린다.

한 번은 40대 부부가 등록을 하였는데 그 성도들은 다른 지역에서 신앙생활 하다가 김포로 이사를 오면서 수개월 동안 교회 출석을 하지 않고 지내다가 우리 교회에 등록을 하고 구역예배를 드리면서 이런 간증을 했다는 것이다.

첫 주일 교회에 나와 보니 자기 집 이웃에 사는 분이 찬양대원으로 봉사하고 있으며 교회 여러 부서에서 열심히 봉사를 하고 있는 것을 보고 놀랐다는 것이다. 일 년 전만 해도 밤이면 술에 취하여 고성방가 하여 주변 사람들을 귀찮게 하던 사람인데 이 교회에 와서 보니 완전히 다른 사람이 되어 열심히 봉사를 하고 있더라는 것이다.

그게 사실이었다. 처음 교회에 나올 때 그는 완전히 초신자였으나 사랑의 영성훈련 아버지학교 등 여러 프로그램들을 거치면서 완전히 새 사람으로 바뀌어 영의 사람, 하나님의 사람으로 바뀌어 교회가 필요로 하는 부서에서 열심히 봉사를 했고 계속 그렇게 성숙해져 결국은 항존직자 부부가 되어 하나님의 교회에 큰 기둥의 역할을 하고 있으며 개인 사업도 성공적으로 하는 모습을 보게 됐다. 그런 성도들이 많이 있음을 보면서 교역자는 보람을 갖고 목회를 하게 된다.

8. 해외 선교

원주민 아이따교회

돌아보면 해외선교에 너무 소극적이었다는 생각이 든다. 변명이랄 수 있겠지만 예배당 건축을 하면서 부채가 많았고 후에는 교육관 부지 마련에 힘을 다하다 보니 해외선교에 적극적이지 못했던 것이 사실이다.

(1) 러시아 선교

노회에 속한 북방선교회에서 파송한 이형근 선교사를 협력 지원했으며, 후에 이희재 선교사도 지원했다.

(2) 중국선교

중국 조선족 보도교회와 효선교회에 매월 선교비를 보내고 일 년에 두 차례 방문하여 한 주간씩 제직들을 교육시켰는데 훗날에 보면 조선족들이 한국에 와서 일을 하여 돈을 벌어 경제적으로 여유로워지면 농지를 버려두고 도시로 나가서 살면서 교회는 점점 더 어려워지는 상황이 벌어져 기대를 잃고 말았다.

중국 동북삼성 금오신학교 개강예배

그 후 할빈에 박정석 선교사를 파송하여 한족교회를 선교하기로 하여, 한족교회 지도자를 훈련시키는 사역의 일환으로 할빈 북쪽에 위치한 오상에 '금오(金五) 신학교'를 세워 할빈을 중심으로 동북 3성 지역에 있는 교회 지도자들을 훈련시키는 교육기관으로, 담임목사인 내가 1년에 두 차례씩 방문하여 한 주간동안 숙박하면서 교육을 했는데 민간인 주택 독채를 세를 얻어서 십여 명의 교회 지도자들이 숙박을 하면서 교육을 시켰다. 여기에 모이는 지도자들은 2, 30여 명이 모이는 작은 가정교회, 적게는 십여 명이 모이는 가정교회 지도자들이 수십 시간씩 열차를 타고 와서 참여를 했으니 그 열정이 대단했기에 우리 교회에서는 그들의 교통비와 침식비를 책임졌으니 부담이 되기도 했다.

그 후 예배당 건축 당시 현장감독으로 수고를 많이 한 후 신학을 하고 목사 안수를 받은 류철희 목사를 단독 선교사로 파송하여 대학생들을 선교대상으로 5년간 사역하도록 했다.

산동성 청도에 박에스더 평신도 선교사를 3년간 파송하기도 했다.

(3) 필리핀 선교

필리핀에는 두마나 지역에 이정주 선교사를 지원을 했으며 이 선교사는 영어 회화도 하지 못하는 형편에 선교사로 나가서 2년 만에 영어와 필리핀 원주민의 따갈로어로 유창하게 설교할 수 있을 정도가 되었으니 하나님의 특별하신 은사를 받은 것 같다. 교회가 부흥하여 예배당을 건축하고 학교도 세우면서 지금은 유치원부터 초등학교 중학교 고등학교까지 운영하고 있으니 성공한 사례라고 볼 수 있다.

그리고 원주민이 사는 아이타스 지역에 우리 교회 성도 중에 독지가가 헌금하여 부지를 구입하였고, 방영학 장로의 딸이 대학에 진학하면서 4년 장학금을 받게 되어 감사해서 드린 헌금으로 예배당을 건축하기도 했다.

(4) 베트남 선교

서남노회 안에 있는 북방선교회가 베트남에 예배당을 건축해 줄 대상을 찾던 중, 베트남 기독교 총회가 100여 년 된 교회가 공산치하에서 모이지 못하다가 종교의 자유가 회복되면서 다시 100여명의 성도가 천막을 치고 예배를 드리는 교회를 소개 하여 주었는데, 마침 그 지역에 살다가 외국에 나가 살고 있는 성도가 대지를 기증하였으나 건축비가 없어 거축하지 못하고 있다고 하여 북방선교회가 건축하기로 추진하였으나 여러 가지 여건상 진행하지 못하던 중 그 당시 후임으로 회장이 된 내가 우리 교회 당회와 의논하여 우리 교회가 맡아 건축하여 주기로 하였고 건축이 완공후 입당예배에는 라파엘 찬양단을 비롯한 여러 성도들이 참예하였다.

(5)피지에 박영주 선교사 지원

(6)케냐 나이로비에 박남신 선교사 지원

(7)몽골에 안광표 선교사 지원

9. 다음 세대를 위한 교육관 확장

모세가 홍해를 가른 사건은 모세의 능력도 아니고 이스라엘 백성들의 힘으로도 아니었다. 완전히 하나님의 역사였던 것 같이, 우리 교회의 수년간의 염원이었던 이 교육관 부지를 매입하는 일도 완전히 하나님의 은혜였음을 고백할 수밖에 없다.

그동안 예배당을 건축하고 그 후로 교회가 성장하고 부흥하면서 다음 세대를 키울 교육관이 부족하였다. 본당을 건축할 때 처음 설계도에는 한 층을 더 올려서 교육시설로 사용하려 했으나 기도하던 중 우리 교회는 위로 올리기보다는 옆으로 부지를 확장해야 되겠다는 생각으로 한 층을 취소했다. 그리고 건축 후 건축 부채를 50% 정도 상환하면서 교육관 부지를 매입하여 확장했는데 1999년도에는 교회당 앞에 있는 대지(북변동 419번지와 417-6번지) 130평을 매입해서 조립식 건물로 교육관 80평을 건축하여 '무지개 동산'이라 이름 했고, 그로 인해 다시 발생한 부채 50%를 상환하면서 무지개 동산 뒤쪽에 있는 대지를 매입하려고 시도했으나 지주가 팔 의사가 없다고 해서 2005년도에 교회 뒤쪽에 있는 상업지구(북변동 414-19번지) 120평을 매입하여 조립식으로 2층으로 연 140평을 건축해서 '비전센터'라고 이름해서 교육관으로 사용하게 되었다.

교회가 계속 성장하면서 온 성도들이 교육관 문제를 놓고 기도하던 중 무지개 동산 뒤에 있는 부지를 매입하기 위해 다시 지주와 교섭하던 중, 2011년 어느 주일 3부 예배 후 예배를 마치고 나오는 성도들과 인사를 하는데 한 중년 부인이 인사하면서 "저는 미국에서 왔는데 잠시 목사님과 대화할 수 있겠습니까?"라고 하는 것이다. 그래서 부목사에게 그 손님을 내 방으로 안내하도록 하고 성도들과 인사를 다 마치고 집무실에 들어와 마주 앉아 대화를 하게 되었다.

그분의 하는 말이 "미국에서 한국에 계신 고모님의 전화를 받고 기도를 많이 하던 중 제가 직접 한국에 나가서 그 교회에서 예배를 드릴 때 담임목사님의 설교 말씀을 들을 때 하나님께서 제게 은혜를 주셔서 감동을 받으면, 그리고 예배를 마치고 나오면서 담임목사님에게 '잠시 상담할 시간을 주시겠습니까?'라고 물을 때 쉽게 응해 주신다면 토지를 팔아야겠다는 생각을 하면서 오늘 예배에 참석했습니다. 그런데 오늘 설교 말씀을 듣는 중에 제가 큰 은혜를 받고 이 신실한 하나님의 교회에서 제 땅이 필요하시다면 당연히 제가 협력을 해야겠다는 각오를 했습니다."라고 하면서, "목사님, 그 땅은 제 명의로 되어 있는 제 소유입니다. 제가 팔겠으니 사세요. 제 동생에게 모든 것을 일임하고 가겠습니다."라고 한다. 사실은 우리 교회에 그분의 고모 내외분이 출석을 하고 있어 우리 교회의 형편을 잘 알고 전화를 했던 것 같다.

그래서 결국 창고건물이 있는 북변동 417-1번지 171평을 매입하여 건물을 예쁘게 확장 리모델링하여 교육부서 및 알파코스 아버지학교 어머니학교를 비롯한 각종 사역을 진행하는데 아주 유용하게 사용하였다.

모세가 홍해를 가른 사건은 모세의 능력도 아니고 이스라엘 백성들의 힘으로도 아니었다. 완전히 하나님의 역사였던 것 같이, 우리 교회의 수년간의 염원이었던 이 교육관 부지를 매입하는 일도 완전히 하나님의 은혜였음을 고백할 수밖에 없다.

시무 중 교육관 부지로는 세 번째 매입이고, 본 건물 건축할 때 131평(북변동 416-1번지)과 그 후에 동변연립(438-4. 1996년)을 구입하여 부목사관으로 사용했으며, 은퇴하던 해(2014년) 5월에 후임 담임목사 사택을 매입하여(북변동 풍년마을 삼성아파트 108.8㎡) 부임 후 입주하였고, 은퇴준비를 하면서 7월에는 주차장 부지로(북변동 420, 422-2번지) 약 233평을 매입하였다.

대개의 경우 은퇴를 앞둔 목회자들은 은퇴할 때를 생각해서 일을 벌이지 않기 마련인데 나는 매월 퇴직금을 정산해 왔기 때문에 아무런 부담 없이 끝까지 일을 할 수 있었다. 그러나 한편 적립해 놓은 재정으로 매입한 것이 아니라 부채를 안고 매입했기 때문에 후임자에게 무거운 짐을 안겨 주는 것 같아서 한편 후임자에게 미안한 마음도 있었다. 그러나 일은 기회가 왔을 때 해야겠기에 그렇게 일을 처리할 수밖에 없었다. 지금까지 김포중앙교회를 사랑하시고 여기까지 인도해 주신 하나님께서 앞으로도 넉넉히 감당할 수 있도록 역사하시리라 믿는다.

이후에 모든 문제들은 하나님께서 나의 후임으로 보내주시는 목회자를 통해서 은혜롭게 역사하시리라 믿으며 감사함으로 기도할 뿐이었다. 하나님께서는 때마다 은혜를 주시고 일꾼을 보내주시고 사람을 보내 주셔서 선하신 뜻을 이루어 가심에 항상 감사드린다.

고린도전서 3장 6-7절에 "나는 심고 아볼로는 물을 주었으니 자라게 하신 분은 하나님이십니다. 그러므로 심는 사람이나 물주는 사람은 아무것도 아니요 오직 하나님께서 자라게 하신 것입니다."라는 말씀을 되새겨 본다. 하나님의 교회의 일은 어느 누구에 의해서만 진행되는 것이 아니라 각자에게 맡겨진 사명과 재능에 따라 자기 자리를 지키며 그것을 하나님 안에서 일치시키고 화합함으로써만 하나님의 역사는 진행되는 것이다. 그렇게 서로 연합으로써 서로의 부족한 것을 채워주고 도와주면서 더 아름답게 하나님의 뜻을 이루어 가는 것이다.

나는 비록 부족하더라도 나름대로 열심히 목회하게 하신 하나님께 감사드리며 앞으로도 하나님께서는 우리 김포중앙교회가 '땅끝까지 이르러 내 증인이 되라'고 하시는 말씀을 이루는 건강한 교회로 우뚝 서도록 어떠한 방법으로든 역사해 주시기를 기도할 뿐이다. 하나님의 교회이니까.

10. 고목에 꽃 피우기

"거룩한 빛 광성교회 정 목사님은 토양이 좋은 적당한 자리를 찾아서 거기에 품종이 좋고 아주 튼튼한 과목을 스스로 선정하여 정성껏 심고 가꾸어 과원을 만들어서 지금 그 열매를 거두고 있는 것이고, 나는 100여 년 된 과원에 100여 년이 되어 고목이 된 과목을 다듬고 물을 주고 가꾸어 지금의 김포중앙교회로 성장시키고 있다"

2010년 1월 4일(월). 오전 10시부터 오후 5시까지 일산에 있는 거룩한 빛 광성교회 교육관에서 그 교회 담임 정성진 목사를 강사로 제직 수련회를 했다. 거룩한 빛 광성교회는 당시 힘있게 성장하는 교회로 교계에 잘 알려진 교회였고 정 목사는 한국교회에 장래 유망주로 떠오르는 목사였다.

항존직인 장로, 안수집사, 권사 등 100여 명이 교회 버스와 승용차를 이용하여 아침 10시에 광성교회에 모여 오전에는 정 목사의 강의로 '거룩한 빛 광성교회가 어떻게 성장해 왔고 앞으로 어떠한 비전을 가지고 나아갈 것인가'를 들으며 도전을 받았다. 그리고 점심 식사를 광성교회에 부탁하여 준비된 식사를 하고 오후에는 금년에 우리 교회의 각 부서가 무슨 일을 어떻게 해야 하는지에 대해서 각 부서별로 발표하도록 했다. 우리 교회가 더 큰 비전을 갖고 나가기를 원하여 힘있게 성장하는 교회가 되기를 바람에서였다.

수련회를 마친 그다음 날, 교회 홈페이지 카페에 엉뚱한 글이 올라왔다. 그 내용은 G 집사가 “왜 우리 교회 박목사님은 거룩한 빛 광성교회 정 목사님처럼 힘있게 리더십을 발휘하여 교회를 성장시키지 못하느냐”라는 내용이다. 나는 그 글을 보고 어떻게 답변을 해야 하나 깊이 생각하고 직답을 하지 않았다. 그런데 그날 저녁에 다른 G 집사가 답 글을 올리기를 “무슨 말이냐. 박 목사님이 지금까지 최선을 다해서 목회하였기에 우리 교회가 이만큼 성장하지 않았느냐? 박목사님이 오시기 전의 김포중앙교회를 알지 못하면서 그런 말을 하지 말라.”라는 글이 올라온 것이다.

처음 글을 올린 집사는 교회에 등록한 지 10여 년 정도 되어 우리 교회의 과거를 경험하지 못한 안수집사이고, 답 글을 올린 집사는 우리 교회에서 태어나 성장하여 지난날 우리 교회의 역사를 잘 알고 있는 안수집사다. 그때 내가 답 글을 올렸다.

“거룩한 빛 광성교회 정 목사님은 토양이 좋은 적당한 자리를 찾아서 거기에 품종이 좋고 아주 튼튼한 과목을 스스로 선정하여 정성껏 심고 가꾸어 과원을 만들어서 지금 그 열매를 거두고 있는 것이고, 나는 100여 년 된 과원에 100여 년이 되어 고목이 된 과목을 다듬고 물을 주고 가꾸어 지금의 김포중앙교회로 성장시키고 있다"라고.

그 후로는 아무도 거기에 토를 다는 사람이 없었다. 내가 나를 돌아볼 때도 내가 얼마나 부족한 사람이라는 사실을 잘 알기 때문에 열심히 기도하며 배우면서 최선을 다해 목회를 하고 있었다. 그러면서 나의 한계가 왔다는 사실을 의식하고, 나는 여기까지라는 사실을 깨닫고 끝까지 최선을 다하다가 적당한 때가 되면 좋은 후계자를 세우고 물러나야겠다는 생각을 하며 기도하면서 은퇴 준비를 했다.

라엘 찬양단 크로마하프

11. 다음세대를 바라보며

그런데 연구 발표 결과는 빼야 할 사역이 없다는 것이다. 사역이 많은 것은 사실이지만 모든 성도들이 잘 감당하고 있는 편인데 굳이 조종할 이유가 없다는 것이다. 한편 감사하기도 했다. 우리 교회에 많은 사역 때문에 사역자들이 힘든 것이 사실이지만 건강한 신앙을 소유한 성도들이기에 모두가 원만하게 감당하고 있다는 이야기가 되는 것이다.

〈교회 컨설팅〉

우리 교회에서 봉사하는 성도들 중에 여러 가지 사역에 열심히 참여하면서 저들 나름대로 즐거움과 보람을 갖고 신앙생활 하는 성도들이 많았다. 그런가 하면 어떤 성도들은 일이 너무 많아 부담이 된다고 하는 성도들도 있었던 것이 사실이다. 그러던 중에 열심히 봉사하는 사역자들 중에서 나오는 말이 "전임 목사님은 큰 소리를 내며 일을 하셨는데 박 목사님은 소리 없이 일을 많이 하신다."라고 하는 소리가 내 귀에 들렸다. 사실 성도들이 쉴 사이 없이 사역에 몰두하도록 이끌었던 것이 사실이어서 어떤 이는 낙오되는 성도가 혹 있는가 하면 그런 중에도 대개의 많은 사역자들이 보람을 갖고 열심히 봉사했으니 감사한 일이다.

교회가 어느 정도 성장하다가 멈추는 상황에서 앞으로 우리 교회가 더욱 건강하게 성장하여 성도와 목회자가 더불어 하나님 나라에 쓰임 받는 일꾼으로 세워지기 위하여 어떻게 나가는 것이 좋겠는지 방향 설정을 위하여 교회 컨설팅을 해야겠다는 생각을 하게 되었다. 그래서 '교회진단연구소(CI House) 예닮'을 선정하여 연구케 하였다.

나는 연구원에게 우리 교회 현재의 모든 목회 상황을 설명했으며 설명을 들은 연구소 소장은 "교회 규모에 비해 사역이 너무 많아 교회 성장에 오히려 방해가 될 수 있으니 줄이는 것이 좋겠다."라고 하는 것이다. 그래서 "나도 사역을 줄여야겠다는 생각을 하고 있는데 나로서는 어떤 사역을 줄여야 하는지 감을 못 잡겠으니 객관적 입장에서 잘 연구해 조정 방향을 알려주면 좋겠으며 앞으로 우리 교회가 나아가야 할 방향을 설정해 주기 바란다."라고 부탁을 했다.

1년 계약을 하고 연구원들이 당회원을 비롯하여 제직회, 남선교회, 여전도회, 교회학교 교사, 청년부 등을 대상으로 각종 설문조사를 하고 시청이나 공공기관을 통해서 지역사회의 동향을 알아보고 김포시의 비전을 파악하고 주민의 연령 등 각종 통계를 내고 하면서 1년간 연구를 하고 연구발표를 하게 되었다. 나의 제일 관심사는 사역 문제였다.

그런데 연구 발표 결과는 빼야 할 사역이 없다는 것이다. 사역이 많은 것은 사실이지만 모든 성도들이 잘 감당하고 있는 편인데 굳이 조종할 이유가 없다는 것이다. 한편 감사하기도 했다. 우리 교회에 많은 사역 때문에 사역자들이 힘든 것이 사실이지만 건강한 신앙을 소유한 성도들이기에 모두가 원만하게 감당하고 있다는 이야기가 되는 것이다.

교회 컨설팅을 하면서 교회는 더욱 새로운 활기를 띠게 되었는데, 어떤 다른 교회 목회자들 가운데는 "목사님, 대단하십니다. 그렇게 목회에 자신이 있습니까? 염려스럽지는 않습니까?"라고 묻는 분들도 있었다. 왜냐하면 목사의 자질 문제, 설교 등 목사의 개인적인 문제에 이르기까지 설문조사를 했기 때문에 혹시나 목사에게 어떤 타격이 있어 목회자에게 어려움이 닥치지 않겠나 하는 것이었다. 그러나 결과는 나의 목회를 더 든든하게 하는 기회가 되었다. 성도들 90% 이상이 담임목사의 목회 전반에 대하여 신뢰감을 갖고 있다는 결과가 나타났기 때문이다. 어떤 면에서 보면 담임목사에 대하여 10% 정도의 부정적인 성도들도 있다는 의미인데 목회자로서 그런 것은 내 몸의 가시라고 생각하고 잘 감싸고 나가야 할 일이다. 모든 것이 합력하여 선을 이루어 주시는 하나님께 감사드릴 뿐이다.

그런데 교회 컨설팅을 마쳤을 때 우리 지역에 뉴타운 발표가 나서 교회는 새로운 패러다임을 짜야만 했다. 뉴타운으로 이 지역이 개발되더라도 교회는 그대로 존치되기 때문에 큰 문제는 없지만 주변이 완전히 바뀌니 상황이 크게 변할 수밖에 없다. 그런 상황 중에 우리 교회 부흥의 거침돌이 되는 것은 진입로 문제였다. 승합차 한 대 겨우 드나들 정도의 소로만 있는 형편이었다. 교회 옆으로 지적도상 예정 도로가 오래전부터 나 있지만 김포시 예산이 없다며 시행이 되지 않았다. 당시 시장께서는 모든 상황을 참고하여 계획을 세웠어도 시의회가 '뉴타운으로 계획이 잡혀 있으니 그런 곳에 예산을 사용할 수 없다'라며 예산을 받아주지 않았다. 그러던 중 새로운 시장이 들어서면서 '오랜 역사가 있는 교회에 천여 명의 성도들이 있고 지역사회를 위하여 봉사하는 노인대학에 400백여 명의 어르신들이 드나드는 기관에 행정적인 문제로 진입로를 내주지 않는 것은 문제가 있으니 계획된 도로를 내주는 것이 타당하다.'라며 적극적으로 추진하여 결국은 교회 진입로가 개설되었으니 감사할 일이다.

그 후 진입로 옆으로 가건물로 교육관을 건축하여 사용하였으며 성도들뿐만 아니라 상록대학의 어르신들이 자유롭게 드나들며 그 교육관에서 즐겁게 활동도 하게 되었으니 감사했다.

얼마 후 교회 이웃에 있는 문화재 향교로 인하여 개발에 많은 제약을 받는다는 이유로 교회 주변의 뉴타운 계획은 취소되어 교회는 열린 진입로로 인하여 현 위치에서 더욱 건강하고 든든한 교회로 성장하게 되었다. 교회 성장에 수고해 주시고 협력해 주신 모든 분들께 진심으로 감사를 드리며 고향에서 목회하는 보람을 갖게도 되었다. 감사하고 고맙다.

12. 장로 5명 장립

이제 물러날 준비를 해야겠다고 생각한 나는 다음 후임자는 40대 목회자이어야 하는데 현재 우리 교회 당회는 60대 후반이 중심으로 구성되어 있어서 이 당회로는 40대 후임자가 목회하기 힘들겠다는 생각이 들었다. 그러므로 당회의 세대교체가 되어야 하지 않겠나 하는 생각을 하면서 새벽 강단에서 하나님께 기도했다.

이제 물러날 준비를 해야겠다고 생각한 나는 다음 후임자는 40대 목회자이어야 하는데 현재 우리 교회 당회는 60대 후반이 중심으로 구성되어 있어서 이 당회로는 40대 후임자가 목회하기 힘들겠다는 생각이 들었다. 그러므로 당회의 세대교체가 되어야 하지 않겠나 하는 생각을 하면서 새벽 강단에서 하나님께 기도했다. 그때가 2008년 가을이다. 연말 당회를 준비하며 기도하다가 내 뜻을 당회에 내놓았다. "우리 교회가 이만큼 성장했지만 당회원을 보충하려고 하면 수년 동안 한 명 정도씩만 선출되니 이번에는 5명을 세우는 방향으로 목표를 정하고 공동의회를 하는 것이 좋겠습니다." 라고 발의했더니 당회원 모두가 찬성하여 2009년도에 장로 5명을 세우는 것을 목표로 기도하게 되었다.

그동안 91년도에 2명, 97년도에 2명, 2001년도에 2명, 2008년도에 1명이 임직하였다. 그리고 장로 두 분이 원로로 추대되었고 1분이 다음해에 은퇴하게 된다. 교회가 급성장한 것에 비해 당회원 충원이 부족하였던 것이 사실이다. 결국 당회는 2009년도에 5명의 장로를 선출하는데 어떠한 방법으로 은혜롭게 선출할 것인가를 놓고 기도하던 중에 1차 투표 결과에서 결격 사유가 없는 다 점자 5명을 2차 투표에 붙여 선출하는 방향으로 당회가 결의를 하였다.

그래서 한 주 전에 예고한 대로 예배 중에 공동의회를 개회하고 나는 회원들에게 간곡하게 부탁했다. "우리 교회가 급성장을 하였으나 장로 충원이 제대로 되지를 않아 이 시점에 다섯 명의 장로를 충원하는 것이 필요한 때라고 생각되니 당회가 결의한 방법으로 공동의회에서 결의해 주었으면 감사하겠다."라고 당부하고 가부를 물으니 감사하게도 만장일치로 찬성해 주어 그대로 진행하였다.

1차 투표에서 다 점자 5명을 살펴보니 아무런 결격 사유가 없는 분들이어서 그 다섯 명을 그대로 2차 투표에 올려놓고 기도하고 투표한 결과 다섯 명 모두가 2/3 이상의 표를 받아 감사하게도 당회가 계획한 대로 이루어졌으며 피택자 모두가 50대로 구성되어 당회가 많이 젊어지게 되었다. 그 후 모든 교육을 필하고 2010년 창립기념주일인 3월 7일 주일에 임직 예식을 거행했다.

내 생각에 이 일은 은퇴를 준비하는 과정에 꼭 해야 할 일이라는 생각에, 지혜를 주시고, 허락하신 하나님께 감사드렸다.

성지순례 중에 시내산에서

골고다 언덕길에서 십자가를 메고

13. 돌비를 세우면서

그런 중에 언더우드 선교사께서 우리 김포에 다른 지역보다 일찍 복음을 들고 들어와서(1894년 3월) 김포지역 복음화뿐만 아니라 교육사업 등 지역사회를 위하여 활동하기 위해 세워진 초대교회를 기념하여 도의원의 주선으로 시작하여 언더우드 선교사 기념비를 세우기로 준비하였으나…

2012년. 김포시 기독교연합회는 활발히 움직였다. 임원진들이 열심히 활동하면서 정치권까지도 합력하여 연합사업을 돕게 되었다. 그런 중에 언더우드 선교사께서 우리 김포에 다른 지역보다 일찍 복음을 들고 들어와서(1894년 3월) 김포지역 복음화뿐만 아니라 교육사업 등 지역사회를 위하여 활동하기 위해 세워진 초대교회를 기념하여 도의원의 주선으로 시작하여 언더우드 선교사 기념비를 세우기로 준비하였으나 김포시는 특정 종교에 편향이 된다는 이유로 거부하여 김포시 자체의 예산을 세우지 못해, 결국은 김포시 기독교연합회 주관으로 우선 김포중앙교회와 김포제일교회에 기념비를 세우게 되어 2012년 11월 18일 김포시장과 도의원, 시의원 등 김포시 기독교연합회 임원들이 함께 모여 제막식을 하였다. 그리고 2014년 9월

30일에는 서울서남노회 역사 위원회 주관으로 한국 초기 선교 역사 기념비를 본 교회 입구에 세웠다.

김포중앙교회에 부임하고 목회 24년을 돌아보면 감사한 일들뿐이다. 1990년, 교회 창립 96년 되는 해에 고향 땅 김포중앙교회의 청빙을 받았을 때 내가 자란 고향 교회는 아니지만 교회 안에 친척이 있고 교회 주변에도 친척들이 있었으며 고향 교회와 친구들이 멀지 않은 곳에 살고 있는데 참으로 부담스러운 마음으로 목회를 할 수밖에 없었다. 그리고 우리 김포중앙교회는 교역자가 수시로 떠나는 교회로 소문이 나 있었다.

제 20대 목사로 부임한 지 약 4년이 지난 어느 날 우리 교회에서 시무하다가 몇몇의 성도들과 이웃에서 개척을 하던 이병덕 목사님께서 하신 말씀이 생각났다. "박 목사님 잘해봐요. 내가 김포중앙교회에서 6년간 시무하여 장수 목회하고 나왔어요." 그러니까 교회창립 120년 만에 처음으로 내가 원로 목사로 은퇴한 것만 보더라도 그동안 우리 교회의 형편이 어떠했겠는가는 짐작할 만하다. 나같이 부족한 사람에게 어찌 힘든 일이 없었겠는가! 나에게도 감당하기 어려운 일들이 수없이 많이 있었지만 청빙을 수락할 때 '고향으로 죽으러 가자'라고 한 각오를 항상 되새기면서 우리 주님의 십자가를 생각하며 날마다 나를 죽이며 목회하여 마무리를 하게 된 것 같다.

아사교생 아생교사(我死教生 我生教死), 바울의 고백이 생각난다.

"그러나 내게는 우리 주 예수 그리스도의 십자가 외에 결코 자랑할 것이 없으니 그리스도로 말미암아 세상이 나를 대하여 십자가에 못 박히고 내가 또한 세상을 대하여 그러하니라."(갈라디아서 6:14)

내가 은혜롭게 목회할 수 있었던 것은 오직 하나님의 크신 은혜와 사랑 때문이었고, 그리고 또 하나는 목회자를 존경하고 순종해 준 성도들의 사랑 때문이다. 그 사랑으로 말미암아 여기까지 오게 되었으니 다만 하나님과 성도들에게 감사할 뿐이다.

14. 승계자를 찾아서

은퇴를 준비하면서 자나 깨나 '어떻게 하는 것이 후임자가 은혜롭게 목회 바톤을 이어받도록 하는 것이며, 어떻게 해야 우리 교회가 건강한 교회로 계속해서 성장할 수 있을까?'를 생각하며 기도했다. 할 수 있으면 나의 역량이 더 노쇠해지기 전에 물러나야 한다는 나 나름대로의 견해를 갖고 있었다.

은퇴를 준비하면서 자나 깨나 '어떻게 하는 것이 후임자가 은혜롭게 목회 바톤을 이어받도록 하는 것이며, 어떻게 해야 우리 교회가 건강한 교회로 계속해서 성장할 수 있을까?'를 생각하며 기도했다. 할 수 있으면 나의 역량이 더 노쇠해지기 전에 물러나야 한다는 나 나름대로의 견해를 갖고 있었다. 1994년도에 교회당 건축을 하는 과정에 연금을 해약해서 건축헌금으로 드리고 재가입하다 보니 연금을 받으려면 만 70세가 되는 2014년도 말까지 연금을 납부해야만 했다.

그래서 2013년 10월 연말 당회를 하면서, 2014년도 초에 후임자를 정하여 부임하도록 하고 1년간 동사 목회를 하되, 나는 1년간 안식년을 하고 연말에 은퇴하는 것이 좋겠다는 안을 제시했다. 그럴 경우 사례비가 이중으로 지출될 것이라는 사실도 말했다. 당회는 흔쾌히 받아들여 2013년 12월에 당회 안에 후임 담임목사 청빙위원회를 조직하여 기독 공보에 청빙 광고를 내고 이력서를 받아서 당회에 내어놓고 나는 후임자 청빙에 관여하지 않겠으니 청빙위원회와 당회가 의논하여 결정하도록 했더니 당회원들도 그대로 받아들였다.

그러나 이력서를 받아 놓고 1개월이 지나도록 공전만 하고 진전하지 못하여 결국은 담임목사의 도움이 필요하다고 하여 내가 청빙위원회에 들어가 같이 의논하며 추진하여 이력서 중에 7명으로 압축하여 장로 2, 3명씩 짝을 지어 주일예배 시간에 현지에 답사하여 실사를 하게 하였더니 3명으로 조정되었는데, 새문안교회 부목사와 영락교회 부목사와 송학대교회 부목사가 선정되었다.

당회는 고난주간 특별새벽기도회를 월, 화, 수요일까지 3일간 하면서 목, 금, 토 3일간에 걸쳐 한 분씩 각각 15분 설교를 하게 하였고, 성도들에게는 3일간 출석 체크하여 빠지지 않고 출석한 제직들만이 마지막 날 설교 후에 투표를 하게 하였다. 그리고 당회에서는 성도들의 득표 점수 70%와 당회원 득표 점수 30%를 합한 최다득표자를 선정하도록 결의하여 심사한 결과 영락교회 부목사인 정재화 목사를 선정하게 되었다.

나는 설교 부탁하기 전에 영락교회 이철신 목사에게 전화해 정 목사에 대하여 문의했더니 “지난 7년 동안 담임목사 입장에서 지켜본 결과 자신 있게 추천할 수 있는 분이라”며 정 목사를 적극 추천하였다.

당회는 투표 결과를 교회에 공포하고 7월 첫 주에 부임하도록 하였으며 준비한 주택에 입주하기에 불편이 없도록 손을 보게 하여 6월 말에 이사를 오게 되었다.

나는 교회 교육관 부지를 마련하기 위해 은퇴 준비하기까지 내가 기거할 사택을 마련할 일은 생각지도 못했고, 그렇다고 성도들 중에도 담임목사 사택에 대하여 관심을 갖는 이도 없었다. 해서 새로 부임하는 목사의 사택은 내가 해결해야 되겠다는 생각이 들어 무리해서라도 사택을 준비하도록 했다.

후임 목사가 부임하기 전에 당회를 하면서 청빙 하는 목사를 위임목사로 청빙 하도록 하자고 제안했으나 당회원들이 망설이는 것이다. 김포의 교회들 거의가 위임목사 청빙에 대한 주저함이 있다. 그래서 더 겪어보고 위임하자는 것인데 내 생각은 달랐다. 신분을 확인하고 설교까지 들어보고 청빙 했으니 담임목사로서 최선을 다해 목회할 수 있도록 안정되게 하는 것이 맞다고 생각했다. 당회원들은 여러 가지로 망설이고 있어서 부임하기 전 한 달 동안 기도하도록 했다.

부임한 후임자에게 7월 첫 주일에는 1, 2, 3부 설교를 하도록 했고 나는 둘째 주일에는 2부, 셋째 주일에는 3부 설교를 하고 7월 넷째 주간에 미국에 거주하는 딸 가정에 가면서 당회 서기에게 "내가 나가 있는 동안 당회원들 간에 의논하여 돌아오기 전에 연락해 주십시오."라고 부탁하고 떠났는데 미국에서 셋째 주일이 지났을 때 부목사에게서 전화가 오기를 위임하도록 결정했다는 것이다.

미국에서 한 달간 지내고 돌아온 후에는 설교하지 않고 회중석에서 예배를 드리고 축도만 하였으며, 12월 21일 주일 오후 3시에 은퇴식과 후임목사 위임예식을 하였다.

마지막 임직 기념

15. 교회 111년사 편찬

김포중앙교회의 역사는 김포지역뿐만 아니라 경기도 지역 교회들의 역사와 그 맥을 같이 한다고 하여도 과언이 아니다. 언더우드 선교사가 새문안 교회를 세운 이후 복음의 확산에 따라 자연스럽게 김포중앙교회도 김포 지역의 교회로서, 경기 충청지역의 몇 안 되는 초기 교회로 설립되었다.

1990년도에 부임하고 교회창립 100주년이 되는 1994년도에 예배당 건축을 시작하여 이듬해에 입당하면서 교회는 부흥하였으나 부채가 많은 중에 1997년도에 IMF의 경제적 한파를 맞으면서 재정 적으로는 힘들었지만 그런 와중에도 교회는 성장하면서 안정되어 갔다. 그러던 어느 날 '창립한 지 100년이 지난 교회의 역사를 기록해 놓아야 되겠다.'라는 생각을 갖게 되었다.

그동안 당면한 문제들에 집착하다 보니 교회 역사에 손도 대지 못하다가 뒤늦게 정리하려 하니 너무나 자료가 빈약했다. 역대 교역자들도 이 점에 대하여 관심을 가질 겨를도 없이 거쳐 지나갔으니 자료가 전무한 형편이었다.

그런데 우리 교회 10대 장로이신 김영일 장로의 아들 되는 김한수 장로께서 교회사에 깊은 관심을 가지고 있었고 창립 초기는 아니지만 중반기의 역사를 잘 아시는 유해종 장로님을 비롯한 몇몇 분들이 생존해 계실 때 편찬해야 되겠다는 생각을 하게 된 것이다. 특별히 얼마간의 교회 역사자료를 가지고 있는 김한수 장로와 의논을 했더니 반가워하시면서 당회가 결의하고 김한수 장로를 중심으로 편찬위원회를 조직하여 교회창립 110주년에 편찬하기로 하고 자료를 정리하였으나 창립 후 1950년대까지의 자료들은 6.25 사변으로 인하여 많이 훼손되었고 그나마 성도들 몇몇 분들이 소장하고 있는 약간의 자료들을 수집하였으나 그것으로는 도저히 정리할 수가 없었다. 여러 가지로 기도하던 차에 연세대학교 한국 교회사 교수로 은퇴하셨으며 한국 교회사의 권위자이시며 당시 서울장신대학교 총장이신 민경배 교수께서 우리 교회에 방문하셨을 때 우리 교회의 형편을 말씀드렸더니 "내게 맡겨준다면 우리 연구팀에서 할 수 있겠다."라고 하시는 것이다. 해서 '한국교회사학연구원'에 의뢰하여 편찬하게 되었으며 권평 교수가 담당하고 우리 교회에서는 민경엽 부목사께서 맡아서 자료를 제출했고 누구보다도 편집 위원장이신 김한수 장로의 적극적인 활동이 큰 역할을 했다.

한국교회사학연구원은 백방으로 사료를 찾은 결과, 당시 "백 팔, 구십여 명중 세례교인 일백 이십 오인이 되므로 경충노회의 허락을 받아 1912년 1월 19일 오후 2시에 원두우 목사의 사회로 공동의회를 열어 투표하여 리춘경 씨를 장로로 선정하였다"는 제1회 당회를 기록한 당회록을 입수하게 되었고 그 후로부터 연구원의 노력으로 독노회와 총회 및 기독공보 등에서 더 많은 자료를 찾게 되어 온전한 교회사를 발간하게 되었으니 얼마나 다행한 일인지 모른다. 그러나 김포중앙교회가 자라온 자세한 역사 기록은 별로 많지 않아 결국은 1970년대 이후의 자료와 특히 1990년 이후에 교회가 급성장하였으므로 그 시기의 자료들을 많이 수록할 수밖에 없었다. 결국 2002년도에 편집위원회가 조직되어 2007년도에 [교회창립 111년사]로 발간되었으니 편집위원들을 비롯한 집필진들의 수고에 다만 감사할 따름이다.

김포중앙교회의 역사는 김포지역뿐만 아니라 경기도 지역 교회들의 역사와 그 맥을 같이 한다고 하여도 과언이 아니다. 언더우드 선교사가 새문안 교회를 세운 이후 복음의 확산에 따라 자연스럽게 김포중앙교회도 김포 지역의 교회로서, 경기 충청지역의 몇 안 되는 초기 교회로 설립되었다. 역사가 지나면서 나중 된 교회 가운데 우리 교회보다 훨씬 더 크게 성장한 서울, 경기, 충청 지역의 교회들이 많고, 1960년대에 교회 분열이라는 아픔도 겪었지만 우리 교회가 지나온 자랑스러운 초기 역사는 결코 지워지지 않는 뚜렷한 자취로 남아 있다.

김포중앙교회의 역사는 크게 세 부분으로 나눌 수 있었다. 첫째는 초기 교회로서 커다란 발전과 영향력을 나타내었던 열심 있는 시절과, 둘째는 해방 이후부터 1980년대까지 묵묵히 역사를 지내왔던 시절이요, 셋째는 1990년대 이후의 발전 도상에 있는 시기였다. 세 시기는 모두 각각의 특징

이 있는데 두 번째 시기는 고난의 시기를 겸하고 있어 오히려 첫 시기보다 자료가 빈약하였고 역사 사료(史料)들을 구하기 어려웠다. 하지만 김포중앙교회가 지나온 역사의 뒤안길은 그것이 성공적이든 그렇지 못하였든지 간에 우리 공동체가 지나온 길이요 역사이기에 그만큼 소중하고 더하여 오늘의 이 교회를 배태하는 인고의 시간이었으리라 믿는다. 그러기에 어쩌면 이 시기가 역사에 크게 드러나지는 않았을지라도 어떤 형태로든지 하나님의 역사책에는 자세하게 기록되어 있으리라 믿는다. 김포중앙교회의 역사는 우리나라 개화기 초기 기독교회의 한 전범(典範)으로서 그 역사적 가치가 크다고 볼 수 있다.

사실 교회사가 발간되어 나왔을 때 나로 하여금 많은 것을 생각하게 했다. 책 분량의 반 이상이 발행인인 나의 목회 기간인 십여 년 동안의 기록들이니 물론 편집위원들과 글을 쓴 사람은 따로 있지만 나의 치적(治績)을 많이 기록한 것 같은 느낌이 들면서 발행인으로서 무언가 씁쓸한 마음이 들었다. 물론 그 이전의 사료가 부족했고 내가 있는 짧은 기간에 교회가 급성장하는 기간이었기 때문이기는 하지만.... 해서 훗날에 주변에서 자서전을 쓰라는 권고를 받았을 때 무척 망설이게 되었던 것도 사실이다.

인간에게 있어서는 기록된 역사만이 남는 법이다. 이 교회사가 김포중앙교회의 역사서로서 성도들에게 자긍심을 심어주며 미래를 소망으로 바라볼 수 있는 그런 역할을 하게 되리라고 믿으며 목회자로서 자부심을 갖게 되었다.

16. 스승과 선배, 그리고 후배들과의 만남

러시아 성 바실리성당 앞에서

"인생은 만남이다." 독일의 의사요 작가였던 '한스 카로사'(Hans Carossa)의 명언이다. 인생은 너와 나와의 만남이요 산다는 것은 서로 만나는 것이다. 인생은 조우(遭遇)의 존재요, 해후(邂逅)의 생이다. 100년의 긴 여로(旅路)에서 우리는 수많은 사람을 만난다. 부모, 애인, 아내, 남편, 자식, 친구, 스승, 제자, 선배, 후배, 이웃, 그 밖의 많은 사람들. 그러나 절친한 만남은 그렇게 많은 것이 아니다. 인간은 일생에 불과 20명 내외의 사람과 깊은 운명적(運命的)인 만남을 가질 뿐이라고 어느 철인은 말했다.

인생의 만남에는 세 가지가 있다고 말한다. 첫째는 깊은 만남이요, 둘째는 창조적(創造的)인 만남, 셋째는 행복한 만남을 말한다. 우리는 깊은 만남을 가져야 한다. 혼과 혼, 마음과 마음, 생명과 생명, 인격과 인격이 서로 포옹하는 깊은 만남이 중요하다. 독일의 철학자 '야스퍼스'(Karl Jaspers)

는 이러한 만남을 실존적(實存的)인 만남이라고 했다. 일시적이고 편파적이고 피상적(皮相的)인 옅은 만남은 큰 의미가 없다. 생산적이고 창조적인 만남, 만남 속에 인생의 감격이 있고 정신의 희열이 있고 삶의 보람이 있으며, 행복함이 있어야 한다.

1994년도에 김포중앙교회에 부임하니 최준호 선생님 내외분이 출석하고 계셨다. 무척 반가웠다. 최 선생님은 내가 중학교에 다닐 때에 서울대학 법대를 나와 우리 학교 교사로 근무하셨는데 실제로 내가 가르침을 받지는 않았으나 우리 학교 재단 이사장이신 최종오 선생님의 아들이시라는 사실로 내 기억 속에 남아있었다. 그 당시 풍채(風采)가 좋아 보이는 선생님이 교무실 쪽으로 걸어가시던 모습이 지금도 눈에 선하다. 그런데 30여 년이 지난 지금 내가 시무하는 교회에서 이렇게 만나게 되니 반갑기도 하지만 한편 은사님 앞에서 설교를 한다는 것이 두려운 마음도 있었다. 부임 후 두어 주간이 지나 교회 근처 단독 주택에 사시는 선생님 댁을 방문하여 인사를 드리면서 "제가 통진 중학교 6회 졸업생입니다. 이렇게 교회에서 만나 뵙게 되어 너무 반갑습니다."라고 말씀드렸더니 선생님도 반가워하시면서 "아주 잘 오셨습니다. 열심히 수고해 주세요."라고 격려해 주시는 것이다. 그 후부터 인자하신 사모님과도 좋은 관계를 가지며 지냈다. 최 선생님은 교회 가까운 곳에 법무사 사무실을 가지고 계셨다. 얼마 후 사우동 신축 아파트로 이사를 가신 후 한 번은 개인 사무실로 나를 초대하여 예배를 드리면서 "교회와 조금 멀어지기는 했지만 그렇지라도 박 목사님이 계신 교회를 내가 떠날 수 없지요"하시며 한 주일도 빠짐없이 열심히 출석하셨다. 최 선생님께서는 연세가 많으셨지만 계속 책을 집필하셨는데 때로는 일본 서적을 번역하시기도 했다. 처음 내가 받은 책이 '지구가 뭐야 물이지'라는 제목의 책인데 내가 부족해서인지 이해하기가 좀 어려웠다. 그 후로도 몇 권의 저서를 내셨는데 한 번은 서울 세종회관에서 출판기념식을 하시면서 말씀을 전해 달라고 하여서 갔던 일도 있었는데 선후배와 지인들 여러분들이 참석하셨고 거기서 간단하게 설교를 한 일도 있었다. 그런데 최 선생님께서 저술하신 책들은 대개가 이해하기가 어려운 편이었다. 가끔 사무실에 찾아가 좋은 말씀을 들으며 정담을 나누었다.

그러던 어느 날 최 선생님께서 지병으로 인해 고양시에 있는 명지 병원에 입원을 하셔서 병문안을 갔더니 최 선생님의 누이동생 부부가 와 계셨는데 최 선생님의 매제 되시는 심형윤 선생님은 내가 중학교 1학년 때 영어 담당교사였다. 너무나 반가웠다. 물론 선생님은 나를 기억하지 못하시지만 내게는 잊지 못할 추억이 있다.

1학년 수업 시간에 갑자기 나를 호명하여 일으켜 세워 한 문장을 읽고 해석을 하라고 하셨다. 그러나 나는 예습을 전혀 안 했기 때문에 더듬대다가 꿀 밤 한 대 얻어맞고 학생들 앞에서 망신을 당하고 말았다. 그날 집에 돌아가서는 예습서를 놓고 내일 배울 학과를 달달 외웠다. 그리고 그다음 날 영어시간에 다시 나를 지적하시기에 일어나 시원스럽게 읽고 해석했더니 칭찬을 하셨고 그 학기에 영어 점수는 '수'였다. 그 후부터 영어 과목에 취미를 붙이게 되었다. 그런 일로 심 선생님을 잊지 못했는데 이렇게 만나게 되니 너무 반가웠다. 심 선생님은 당시 사진 촬영에 매료되어 전국각지를 다니시면서 사진 찍는 취미생활을 하신다고 했다. 그 후에도 몇 번 만나 뵈었으나 최 선생님 장례식 때 만나 뵙고 그 후로는 뵙지 못했다.

그리고 이중찬 선배님은 내가 자란 이웃동네 살던 선배로 고대 법대를 졸업한 나의 소년 시절에 존경의 대상이었는데 나의 초등학교 동기이기도 한 사랑하는 아내의 질고로 인해 하던 사업을 정리하고 김포로 내려와 우리 교회에 출석하시며 착실하게 신앙생활을 하셨으니 내 마음에 큰 힘이 되었다. 때때로 만나 목사와 성도이기보다 선배와 후배의 입장에서 좋은 대화를 할 때도 있었다.

그리고 우리 교회 학생들 중에는 통진중고등학교 재학생, 또는 졸업생들이 있었으니, 스승, 선배, 후배들 앞에서 하는 내 목회는 더 조심스럽고 다듬어지게 되었고, 또한 보람도 있었던 것 같다.

만남이란 말은 '참으로 맛이 난다'는 말로 '만남은 맛남이다'라고 한다. 너와 나와의 성실한 만남 속에 인생의 행복이 있고 나도 성실한 나가 되고 너도 성실한 너가 되어 성실한 나와 성실한 너가 성실한 자리에서 성실한 만남을 가질 때, 우리의 만남은 깊고 행복하고 창조적인 만남이 될 수 있는 것이다.

17. 이 취임식
(2014년 12월 21일 오후 3시)
-원로 및 공로목사 추대 및 담임목사 위임예식-

나는 내려가서 아내를 세워 손을 잡고 중 강단 앞으로 데리고 올라와 허깅하여 주면서 "여보! 그동안 수고 많았어요. 우리 앞으로 더 행복하게 삽시다."라고 말을 건네는데 순간 왠지 울컥 솟구쳐 오르는 눈물을 참느라 힘들었다. 그때 회중석에서는 박수 소리가 터져 나왔다. 돌아보면 아내의 지극한 내조가 없었다면 내가 어떻게 목회를 할 수 있었을까?

이번 이 취임예식은 우리 김포중앙교회 역사에 중요한 한 점을 찍는 예식이라고 생각했다. 120년 김포중앙교회 역사에 처음 있는 원로목사 추대요, 노회에서 공로목사로 추대하는 행사일 뿐만 아니라, 후임 목사가 위임목사로 취임하는 아주 귀한 예식이라고 생각된다. 이 모든 예식을 노회와 함께 주관해야 하기 때문에 노회 임원과 함께 의논해서 준비하였다.

나는 많은 것을 생각했다. 예정된 일정 2개월 전에 노회장과 서기를 만나서 예식에 관하여 의논을 했다. 그 이전에 후임자인 정 목사와 의논하기를, 설교는 전총회장님들 중에서 한 분을 세우고 싶은데 목사님 생각은 어떠신지 묻고 몇몇 분을 더듬어 보니 김순권 전총회장님이 좋겠다고 의견이 모아져서 김 목사님께 전화를 걸어 부탁을 드렸더니 쾌히 승낙하셔서 그렇게 결정을 했다. 내가 겪은 총회장 중에 가장 존경하는 분이라고 생각했고, 당시 내가 이사로 몸 담고 있는 한국 교회법 연구소 이사장이시기도 했다.

예배는 시찰위원 중심으로 하여 인도는 전노회장이며 고촌중앙교회 시무하는 이진섭 목사가, 기도는 운양교회에 시무하는 손호송 목사가, 성경봉독은 꿈이 있는 교회에 시무하는 시찰장 윤태성 목사로 했고, 원로목사 및 공로목사 추대예식 목사 위임예식은 노회장 권대근 목사가 집례를 하고, 원로목사 추대, 기도는 나의 모 교회인 서암교회 담임 한요섭 목사에게, 그리고 격려와 축하 순서의 인도를 전노회장인 강서시찰 금성교회 이성오 목사가 하도록 했고, 원로 공로목사 격려사는 나와 가깝게 지내며 격이 없이 지내는 전노회장이며 본 노회 공로목사며 부천동광교회 원로목사인 류철랑 목사에게, 그리고 위임목사 격려사에는 정목사의 전임교회 당회장이었던 영락교회 이철신 목사에게, 축사는 장신대 동기이고 내가 회장을 지낸 정유한양선교회 회장인 임은빈 목사와, 홍철호 김포지역 국회의원과 유영록 김포시장 그리고 김포경찰서장에게, 축도는 본 노회 공로목사이며 원미동교회 원로목사이신 김영진 목사에게 부탁하는 것으로 계획을 세우고, 노회장 권대근 목사와 서기 김규호 목사와 함께 의논하니 모두 잘 되었다고 하여 그대로 진행하게 되었다.

후임 정 목사에게 정해진 모든 예배위원들에게 부탁하는 연락을 드리도록 하였고 나는 나대로 전화를 해서 착오가 없도록 준비를 했다. 당일 찬양은 할렐루야 찬양대가 준비하게 하면서 결코 송별가가 아닌 승리의 개가를 부르도록 준비를 시켰고 축가는 서울 영락교회에서도 준비를 한다고 했지만 시간이 많이 걸릴 것 같아 본 교회 라파엘 찬양단의 크로마하프팀이 준비를 하는데 축가도 역시 감사의 축가를 준비하도록 부탁을 했다.

교회 예식 준비위원회가 모인 가운데 진행을 설명했더니, 김포남성합창단에서 축가를 준비하고 있다고 해서 원로 공로목사 추대식 후에 하도록 했다. 김포 남성 합창단은 창립 당시부터 내가 고문으로 되어 있어 기도해 왔기 때문에 은퇴를 앞두고 당연하게 찬양하는 것으로 생각을 하고 이미 준비를 한 것 같다.

행사를 앞두고 교회는 담임목사 집무실과 당회실, 새 가족실 유아실 등을 깨끗하게 단장하고 교회 외벽 청소 등을 했으며, 안내장을 발송하는 등 분주했다. 노회원들과 김포연합회원 목사들에게 꼭 오기를 바라기보다는 알리는 의미에서 보내도록 했더니 사무실에서는 인쇄물이 부족해서 추가로 더 인쇄한 것 같다.

당일 모든 예식 위원들이 준비를 잘해서 은혜롭게 진행되었으니 하나님께서 영광을 받으셨을 줄 믿으며, 이번 예식에서 교회에서는 원로 목사로 노회에서는 공로 목사로 추대를 받은 나는 인사하면서, 지나간 날들을 돌아보면 나 같이 부족한 사람이 목사가 되게 하신 하나님께 감사를 드리며, 오셔서 축하해 주시는 모든 분들에게 감사를 드렸다. 그리고 위해서 기도해 주신 모든 분들에게, 그리고 목회를 잘할 수 있도록 최선을 다해 협력해 주신 김포중앙교회 당회원들과 성도들에게 감사하고, 신학교에 가는 것을 허락할 수 없는 형편에서 어렵게 허락해 주셨고, 7남매를 키우시고 가르치시고 위해 기도해 주신 어머니와 위해서 기도해 준 동생들에게 감사했고, 이북에서 피난 나오셔서 처음 낳은 맏딸을 목회자에게 시집보내고 한결같이 기도해 주신 장모님과 여러모로 목회에 협력해 준 4명의 처남, 처제들께도 감사했다.

어머니 두 분을 일어나시게 해서 함께 격려의 박수를 부탁드렸으나 어머니는 귀가 잘 들리지 않아서 잘 못 들으시고 일어나지를 않으셨는데 나중에 들으니 어머니께서는 앞으로 나오시라는 줄 아시고 안 일어나셨다고 한다. 그리고 우리 아버지가 가장 훌륭한 목사님이라는 자부심을 갖고 잘 자란 두 남매에게도 고맙다는 인사를 했다.

마지막으로 사랑하는 아내를 소개했다. 그동안 부족한 사람의 버팀목이 되어준 아내를 소개한다고 하면서, 이름은 최승희이고 예명은 '아침 햇살'이라고 했더니 관중석에서 웃음소리가 터져 나왔다. 아침 햇살은 본인이 자칭한 예명이고 그 예명은 교회에서뿐만 아니라 노회원들이 더 잘 알고 불러주는 예명이기도 하다. 나는 내려가서 아내를 세워 손을 잡고 중 강단 앞으로 데리고 올라와 허깅하여 주면서 "여보! 그동안 수고 많았어요. 우리 앞으로 더 행복하게 삽시다."라고 말을 건네는데 순간 왠지 울컥 솟구쳐 오르는 눈물을 참느라 힘들었다. 그때 회중석에서는 박수 소리가 터져 나왔다. 돌아보면 아내의 지극한 내조가 없었다면 내가 어떻게 목회를 할 수 있었을까? 7남매의 맏이로서 가정을 돌보며 목회한다는 것이 여간 힘든 일이 아니었다. 내가 가정 일 때문에 목회에 지장이 있을까 염려되어 아무 소리 없이 가정 일을 도맡아 해 온 아내가 아니었던가! 고마울 뿐이다. 예식 후에 만나는 많은 분들 이야기가 그 순간 자기들도 뜨거운 눈물을 흘렸다고 한다.

이어서 우리 두 내외는 각 부서에서 주는 꽃다발을 받았고, 맨 마지막에 예쁘게 성장한 사랑하는 손녀 세아가 엄마와 함께 꽃바구니를 들고 나와 전해 주면서 나와 아내 뺨에 뽀뽀를 해 주고 들어갔다.

"우리 가정의 축복의 선물들. 사랑하는 나의 딸 인이와 아들 주석아! 부족한 아빠 엄마를 믿고 순종하느라 너희들도 힘들었을 텐데 잘 자라 주어서 고맙고 사랑한다."

이어서 김포 기독 남성 합창단의 웅장한 축가가 울려 퍼졌다. 이어서 제3부 목사 위임예식을 진행했다. 노회장이 위임목사 선포할 때 나는 일어나 20년 가까이 내방 금고 안에 고이 간직해 두었던 교회당 헌당예배 때 받은 황금열쇠를 위임목사가 된 후임 정목사에게 전달했다.

그렇게 목회의 대단원을 마무리하고 마음속 깊이 하나님께 감사를 드렸고, 앞으로의 삶도 목회하는 마음으로 하나님 앞에서 신실하게 살아가려고 다짐했다. 주님! 감사합니다.

* 망치로 기적을 짓다.

한 성공한 기업가가 있었다. 그는 29세의 나이에 커다란 저택과 250만 평의 토지를 소유하고 호숫가의 별장과 호화로운 보트, 최고급 승용차를 소유하는 백만장자의 반열에 오르게 되었다.

찢어지게 가난한 가정에서 태어나 힘든 유년시절을 보낸 그에겐 오로지 부자가 되는 것보다 더 중요한 일은 없었다. 그는 넘치는 재산에 만족하지 않고 돈 모으는 재미에 빠져 아내와 두 아이의 얼굴을 볼 시간조차도 없이 일만 하며 지냈다. 결국 그의 아내는 결혼 5년여 만에 별거를 요구하게 되었다. 자신의 욕망만을 생각하고 남을 위해 살지 않는 것이 무슨 의미가 있냐는 것이었다.

그는 지난날을 곰곰이 생각해 봤다. '무엇이 문제일까? 도대체 무엇을 위해 그렇게 바쁘게 뛰었던 것일까?' 결국 돈 때문에 중요한 것을 잃어버렸다는 것을 깨달았다. 그는 아내를 찾아가 눈물을 흘리며 용서를 구했다. 그리고 다시 인생을 설계하기로 굳게 결심했다.

그는 유년시절의 추억 하나가 떠올랐다. 한 노부부의 허름한 집을 고

쳐주며 뿌듯해하던 아버지와 너무도 고마워했던 노부부의 모습이었다. 주변의 반대를 무릅쓰고 가진 돈을 사회에 환원하기로 했다. 그리고 자신의 재산을 정리해서 '국제 해비타트'라는 기구를 설립했다. 백만장자의 삶을 버리고 집이 필요한 이들에게 직접 망치를 들고 사랑을 실천하는 삶을 살기로 한 것이다. 망치로 사랑의 나비효과를 만든 이 아름다운 사람은 74세의 나이로 세상을 떠난 [밀러드 풀러]다.

하루하루 정신없이 살다 보면 문득 그런 생각이 나기도 한다. '내가 무엇을 위해 이렇게 열심히 사는 걸까?' 수단이 목적을 삼켜버리지 않도록 마음의 소리에 귀 기울여보게 된다. 진짜로 원하는 삶이 어떤 삶인지 곰곰이 생각해 보며 살아야겠다. 더 가치 있는 인생이 기다리고 있을지 모르니까.

'알베르트 아인쉬타인'은 이렇게 말했다.

"성공한 사람이 되려 하기보다는 가치 있는 사람이 되려고 노력하라."

원로목사 추대식을 마치면서

06 사랑의 손길에 감사

1. 고현신 권사님
2. 이정숙 전도사님
3. 고마운 동역자 박윤희 목사
4. 나는 네가 그렇게 될 줄 알았다
5. 노회 및 연합활동

1. 고현신 권사님

고현신 권사님 부부

앞에서도 이야기했지만 고현신 권사님은 내게 영의 어머니로서 나를 새 인생길로 안내하신 분이시다. 하나님께서 권사님의 마음에 당신의 뜻을 심으셨고, 권사님께서는 속에 품고 있던 하나님의 뜻을 지나가는 나를 향해 입으로 내뱉으셨다. 나는 그 말을 하나님의 음성으로 들었고 그 말은 나를 감동시켜 나로 하여금 기도하게 하셨고 순종하여 준비하게 하셨고 결국 그 길을 가게 하셨다.

권사님의 남편 강 교장 선생님께서는 당시에 신앙생활을 하지 않으셨지만 권사님은 네 딸과 함께 열심히 교회봉사를 하셨고 교회 여전도회 회장으로 교회에서 여러모로 봉사하셨다. 친정 오빠는 서울에서 큰 사업을 하면서 합동 측 교회에서 장로로 시무하는 고웅진 장로님으로 교계에서는 꽤 알려진 분이시다.

4명의 딸 중 큰딸은 서울에서 고등학교를 졸업하고 외삼촌 회사에 취직해서 직장생활을 하고 있었다. 둘째 딸은 서암교회에서 중고등학교 시절을 보내었는데 몸이 약해서인지 대학에 진학하지 못했다. 내가 청년부 활동할 때 그는 고등학생으로 명랑하고 활달해서 주일학교 교사로 봉사도 잘했다. 외모도 아주 복스럽게 생겼다. 사실 나는 신학교에 가면서 마음속으로 그 둘째를 나의 배우자로 삼았으면 좋겠다는 생각을 했고, 신학교를 졸업하게 되면 프러포즈를 해야겠다고 생각했다. 나이가 나보다 8살 아래여서 내가 신학교에 등록할 때는 고등학교 3학년이었으니 지금 말하기에는 일렀다. 셋째 딸과 넷째 딸 등, 그렇게 4 자매가 부모님의 성품을 닮아 훌륭하게 잘 자랐다.

내가 신학교에 등록한 후 강 교장 선생님은 이천군 대신초등학교로 전근을 가셨고 나는 해마다 방학 때면 찾아가서 두 분께 인사를 드렸다. 강 교장 선생님께서는 대신초등학교에 근무하실 때 회갑을 맞으셨는데 나는 누님이 준비해 주신 제일 모직에서 제일 좋은 양복 기지 한 벌을 준비해 갖고 찾아가서 인사를 드렸다.

권사님은 방학이 끝날 즈음이면 찾아오셔서 등록금을 전해 주셨는데 만 원짜리 지폐를 얇은 미농지에 싸서 주시는데 그 지폐는 하나도 접히지 않은 것으로 지폐의 번호가 하나도 틀리지 않는 것을 보면 은행에서 새 돈으로 찾아오신 것 같다.

생각해 보면 내 등록금은 교장 선생님 월급의 십이조를 떼어 십일조는 본 교회에 바치고 다른 십일조는 6개월 동안 모았다가 가지고 오시는 것 같다. 그 돈을 받아서 공부하는 나는 한순간도 한눈을 팔 생각을 할 수 없었다. 내가 열심히 공부할 수 있는 힘이 거기에 있었던 것 같다. 학교에서 시간이 되거나 결강이 있을 때 다른 친구들은 극장에도 가고 데이트를 하며 이런저런 활동들을 하는데 나는 그럴 여유가 없었다. 그저 학교와 포목가게 일에 매여 살았다.

그렇게 학부 과정 4년을 마칠 즈음에 권사님은 학비를 그만 보내겠으니 그리 알라고 하신다. 그 후에도 나는 일 년에 두 번 정도를 찾아가 감사의 인사를 드렸고 권사님 내외분은 그때마다 반갑게 맞아 주셨다. 그런데 사실 궁금한 것은 내게 등록금을 주신 것에 대하여 남편 교장 선생님이나 자녀들이 알고 있는지 모르기 때문에 인사하기가 매우 조심스러웠다.

내 평생 권사님은 내 영의 어머니로서 내 마음속에 영원히 잊지 못할 어른이시다.

2. 이정숙 전도사님

그곳에 찾아가서 내가 신학교에 가는 일에 대하여 상담을 했더니 '나와 함께 있어 나를 도와주면 학교에 다니는 일을 보살펴 주겠다.'라고 하셨다. 그래서 거기에 머물러 기거하면서 낮에는 장사하는 일을 돌봐 드리고 저녁에는 야간 신학교에 다니면서 공부할 수 있었던 것이다.

내게는 또 한 분의 잊지 못할 분이 있다. 이정숙 전도사님은 영등포 도림동의 유복한 가정의 딸로 성장했으나 어린 시절 소아마비로 한쪽 발에 장애가 있어 약간 절름거리신다. 그러나 머리는 천재형으로 암기력이 뛰어났고 모든 판단력이 아주 정확했다. 장로회신학대학을 졸업하셨지만 몸의 장애로 인한 컴플랙스 때문에 방황하던 가운데 결혼에 실패하고 아들 하나를 데리고 부모가 남긴 토지가 있는 연고지인 김포에 내려와 우리 집 앞에 살면서 서암교회에 출석하게 되었고 이 사실을 안 당시 서암교회 당회장 한기익 목사님께서 무임 전도사로 세워 주셔서 목사님과 함께 심방을 다니시며 성도들을 돌보셨다.

당시 나는 청년부 활동을 하면서 봉사했는데 전도사님은 몇 년 후 고향인 서울 도림동으로 가셨고 그 후 동대문구 마천동으로 이사해 그곳에서 아들 하나를 데리고 포목상회를 하면서 생활하셨다.

그곳에 찾아가서 내가 신학교에 가는 일에 대하여 상담을 했더니 '나와 함께 있어 나를 도와주면 학교에 다니는 일을 보살펴 주겠다.'라고 하셨다. 그래서 거기에 머물러 기거하면서 낮에는 장사하는 일을 돌봐 드리고 저녁에는 야간 신학교에 다니면서 공부할 수 있었던 것이다. 내게는 누님이 없어 누님이 있는 친구들을 부러워했는데 그 일로 누님으로 섬기며 돕고 도움을 받으며 기거하게 되었다.

나는 아침에 일찍 일어나 가게 문을 열고, 물건을 가게 앞 좌판에 진열하고 주변청소를 했고, 낮에는 누님을 도와서 손님을 받기도 하고 손님들이 흩어 놓은 물건들을 정리했다. 그러다가 오후 4시경이면 찬밥 한술 뜨고, 아니면 시장에서 물 칼국수 사다가 삶아 먹고 학교에 갔다. 학교에 갈 때 혹시 손님이 주문한 옷감을 메모해 주면 조금 일찍 출발하여 동대문 도매시장에 나가서 물건을 사 갖고 학교에서 수업을 마치고 밤 11시 가까이 되어 가게에 돌아와 상점 문을 닫는다.

어떤 때는 누님이 동대문 시장에 나가서 나 혼자서 가게를 볼 때가 있는데 그러면 내가 손님을 받아야 했기에 대강의 물건 값을 알아야 했고, 옷감 가지 수가 많으니 다 알지 못해서 어떤 때는 물건 값을 더 받을 수도 있고 어떤 때는 덜 받을 때도 있었는데 그래도 별로 문제가 된 일은 없었던 것 같다. 그렇게 하는 동안 주변에서 우리 포목상회를 총각 포목점이라고 하는 사람도 있었다. 물론 교통비나 책을 구입하는 비용도 누님께서 부담해 주었다.

누님은 신학을 했으면서도 당신이 하지 못한 교회 섬김을, 나를 섬기면서 그 마음을 달랬던 것 같고 당신 주변의 여러 목사님들을 내게 소개해 주면서 공부하는 데 많은 도움을 받게 해 주었다.

고현신 권사님과 더불어 이정숙 전도사님은 내게는 은인과 같은 두 분으로 결코 잊을 수가 없는 분들이시다.

3. 고마운 동역자 박윤희 목사

박 목사는 나의 목회 초기 역곡에서 세광교회를 개척할 때 등록을 해서부터 신실하게 교회 봉사를 하며 나의 목회를 도왔다. 어린 딸을 등에 업고 큰 아이 손을 잡고 개척교회에 등록을 하여 교회학교 교사, 찬양대, 구역장 등으로 열심히 섬겼다.

김포중앙교회에서 목회하는 과정에서 여러 프로그램들을 진행하는 과정에 박윤희 목사께서 많은 공을 세웠다고 할 수 있다. 일대일 제자훈련, 큐티, 전도폭발, 두란노 어머니학교, 상담, 알파코스 등의 사역은 박 목사의 피땀 어린 수고와 열정이 있었기에 성공적으로 발전할 수 있었다고 하겠다. 나를 도와서 10년간을 한결같이 헌신한 그 노고에 감사를 드린다. 집이 서울 상도동에서 경기도 광주군 퇴촌면으로 이사를 하였으면서도 그 먼 곳에서 출퇴근하면서 최선을 다했다.

박 목사는 나의 목회 초기 역곡에서 세광교회를 개척할 때 등록해서부터 신실하게 교회 봉사를 하며 나의 목회를 도왔다. 어린 딸을 등에 업고 큰 아이 손을 잡고 개척교회에 등록을 하여 교회학교 교사, 찬양대, 구역장 등으로 열심히 섬겼다. 그 당시 남편은 교회에 다니지 않았지만 혼자서 열심히 봉사를 하다가 결국은 남편을 전도하여 같이 신앙생활 하다가 세례를 받았으며, 후에 서울 온누리교회 시무장로로 사역하고 있다.

그 후에 자녀들이 학교에 진학하게 되면서 신학 공부를 하고 싶다고 하여 신학교에 등록하여 공부할 때도 장학생으로 열심히 공부했고 장신대를 졸업하고 사역을 하고 싶다고 하여 김포중앙교회 유치부 담당으로 나와서 수고하다가 가정일로 5년간 사역을 쉬면서 남편이 시무장로로 섬기는 온누리교회에서 각종 사역을 두루 경험하고 다시 우리 교회에서 전임 전도사로 사역하다가 내가 노회장이던 2003년 10월에 부목사로 청빙을 받아 목사 안수를 받고 사역을 하면서 지난날 경험했던 프로그램들을 맡아서 수고하였다. 내게는 잊지 못할 귀한 동역자였다.

신학교에 다닐 때 실천신학 교수들의 말이 여교역자는 잘해야 본전이라는 말을 했는데 그 말은 여교역자에 대한 부정적인 말로 별로 좋지 않다는 뜻이었다. 그러나 박윤희 목사는 나의 목회에 큰 힘이 되었으며 교회 부흥에 큰 역할을 했으니 다만 감사할 뿐이다.

4. 나는 네가 그렇게 될 줄 알았다

그때 강사님은 나를 보고 "너 어느 집 아들이지?" 하시면서 "너는 커서 목사가 되었으면 좋겠다."라고 하시는 것이었다. 그 후 나는 그 일을 까맣게 잊어버리고 살았다. 그런데 조그마한 시골교회를 이리저리 옮겨 다니시면서 목회를 하셨고 다락방 집회 식으로 농촌교회 부흥회를 다니시던 목사님의 입으로 내뱉은 그 말씀이 이루어져 내가 목사가 되어 40여 년의 목회 여정을 마치고 오늘에 이른 것이다.

어느 따스한 봄날, 김포 어머니 집에 볼 일이 있어서 왔다가 돌아가기 위해 버스정류장으로 가는데 서암초등학교 5학년 때 담임이시던 이종명 선생님을 만났다. 그 선생님 고향 집이 김포 월곶면 고정리라서 친가에 가시는 길인 것 같다.

반갑게 인사를 했더니 청년 때도 몇 번 만난 일이 있기 때문인지 얼른 알아보시고, 내게 물으신다. "지금 무얼 하고 있니?"

“예, 신학대학을 졸업하고 목사로 일하고 있습니다.”라고 했더니, 대뜸 하시는 말씀이, “나는 네가 그렇게 될 줄 알았다. 열심히 해 보게”라고 하시며 등을 두드려 주시며 지나가셨다. 그 선생님은 예수를 믿는 분도 아니시고, 내가 열심히 신앙생활 하는 것을 알지도 못하시는 분이시다. 내가 어렸을 때부터 그렇게 보였던 것인가?

오래전 어렸을 때의 일이 생각난다. 그때만 해도 이웃 교회에서 부흥회를 하면 십 리가 넘어도 보따리에 점심 도시락을 싸갖고 가서 낮 성경공부를 하고는 점심을 먹고 저녁 예배까지 참석하기도 했다. 짧게는 아침부터 저녁까지, 길게는 며칠씩 묵으면서도 참여했다.

중학교 2학년 다니던 겨울방학 때, 5km 정도에 있는 대곶면 송마리교회에서 부흥사경회가 있었다. 서암교회에 다니던 나는 어른들을 따라 부흥사경회에 참석했다. 20여 평 정도 되는 마루가 깔린 조그마한 예배당이었다. 보통 어른들은 앞자리에 잘 앉지 않으니 나는 어린 학생으로 맨 앞자리에 앉아서 말씀을 열심히 듣고 있었다.

그때 강사는 그 교회의 담임이신 김명국 목사님이신데 한쪽 다리가 짧아 지팡이를 잡고 절름거리며 걸으셨고 설교하실 때도 비스듬히 서서 하셨으며 설교하시다가 강조할 말씀일 경우에 한쪽 발에 힘을 주어 들어서 쾅하고 마룻바닥을 구르면 졸던 사람이 깜짝 놀라서 깨기도 한다.

그 목사님은 송마리교회를 세 번이나 부임하신 분으로 알고 있다. 한 번은 가현교회로 가셨다가 다시 오셨고, 또 한 번은 서암교회로 떠나셨다 다시 오셨고, 그 후에는 하성 삼보교회에서 시무하시다가 은퇴하신 것으로 알고 있다. 그 당시는 교회가 재정 형편이 힘드니까 목사님을 오랫동안 모시는 것이 부담스러웠던 것 같고 교역자도 그런 갈등 속에서 자주 이동을 했었다.

조그마한 예배당 안에는 성도들이 가득 찬 가운데 오전 부흥사경회가 한창일 때 강사님의 목소리는 우렁찼고 한편 재미있게 성경말씀을 가르치셨는데 문답형식으로 강해를 하셨다. 강사께서 가끔 질문을 해도 어른들은 잘 대답을 하지 않았다. 잘 모르기 때문일 수도 있겠지만 아는 질문에도 쑥스러워서 얼른 대답하지 못하였으리라고 생각이 된다. 그런데 맨 앞에 앉은 나는 또박또박 대답을 했다. 묻는 질문들이 대개 성경 이야기인데 거의가 다 주일학교에서 배운 것들이기 때문에 쉽게 대답을 할 수 있었다. 그때 강사님은 나를 보고 "너 어느 집 아들이지?" 하시면서 "너는 커서 목사가 되었으면 좋겠다."라고 하시는 것이었다. 그 후 나는 그 일을 까맣게 잊어버리고 살았다. 그런데 조그마한 시골교회를 이리저리 옮겨 다니시면서 목회를 하셨고 다락방 집회 식으로 농촌교회 부흥회를 다니시던 목사님의 입으로 내뱉은 그 말씀이 이루어져 내가 목사가 되어 40여 년의 목회 여정을 마치고 오늘에 이른 것이다. 그 목사님은 내가 신학교 재학생 시절에 하나님께 부르심을 받아 이 세상을 떠나셨지만 하나님의 섭리는 나의 삶 속에서 역사하시고 계셨던 것이다.

사람의 앞길이란 참으로 알 수 없는 것 같다. 나는 그렇게도 농촌에서 살기를 바랐는데 남들은 나를 그렇게 봐주지를 않았던 것 같다. 다만 나의 삶에 최선을 다해서 살아갈 때 하나님께서는 당신의 뜻대로 나의 삶을 세워 가셨던 것이다.

5. 노회 및 연합활동

나는 그 후에 여론에 밀려 2002년 10월 노회에서 전 회원 만장일치로 부노회장으로 추대되었고 내가 회갑이 되고, 교회창립 110주년이 되는 해(2003년 10월-2004년 9월)에 노회장을 지내게 되었다. 우리 노회에서 나보다 먼저 전입한 회원들에 비해 너무 일찍 노회장을 하게 되어 미안한 마음도 들었다.

노회의 사역은 노회원들이 때가 되면 돌아가면서 섬기는 것이므로 특별한 것은 아니지만 내게도 때가 되어 여러 부서를 섬겼으나 특별히 몇 부서만 기록해 본다.

(1) 노회

a. 노회장

서울서남노회는 서기를 한 회원이 부노회장으로 출마하도록 되어 있었다. 그런데 내가 서기를 하고 물러날 때에는 부노회장으로 나갈 수 있는 대상자가 나 외에는 없었다. 그러나 노회에 전입한 후 다른 회원에 비해 서기를 일찍 한 편이기 때문에 장로 노회장을 세우고 그 후에 30년 가까이 목회하고 은퇴를 앞둔 목사를 부노회장으로 세웠는데 그다음에 노회 질서를 깨트리고 서기를 지내지 않은 후보자가 나서서 정치적인 문제를 일으키면서 부노회장이 되었다.

나는 그 후에 여론에 밀려 2002년 10월 노회에서 전 회원 만장일치로 부노회장으로 추대되었고 내가 회갑이 되고, 교회창립 110주년이 되는 해(2003년 10월-2004년 9월)에 노회장을 지내게 되었다. 우리 노회에서 나보다 먼저 전입한 회원들에 비해 너무 일찍 노회장을 하게 되어 미안한 마음도 들었다.

그 후부터 부노회장 선거를 놓고 경쟁을 하는 혼란이 계속 일어났다. 서기를 한 회원이 부노회장으로 출마할 수 있다는 질서가 깨짐으로 누구나 출마해 표를 많이 받는 사람이 부노회장이 될 수 있게 되었으니 그 후로부터 임원 선거 때가 되면 노회안에 치열한 선거운동이 벌어졌으니 안타까운 일이 아닐 수 없다. 규칙을 만들어 놓고 개인적인 감정에 치우쳐 지키지 않았기 때문에 이런 혼란이 올 수밖에 없게 되었다.

내가 부노회장이 되고 나서 여론이 돌기를 회원명단을 전입 순서대로 보고서에 기록해서 질서를 지키도록 하자는 안이 채택되어 그때부터 회원명단이 보고서에 올라오게 되었고 지금도 그것이 계속 기록되고 있다.

노회 안에서 섬겼던 부서는 노회장을 비롯하여 정치부장, 고시부장,

교육자원부장, 기관선교부장, 평신도지도위원장, 재판국장, 선거관리위원장, 교회자립위원장, 교회설립위원장, 목사후보생지도위원장, 서남성서신학원 등의 부서를 맡아 노회를 섬길 수 있었다.

b. 미자립교회 대책위원장(동반성장 위원회)

내가 노회장을 지낼 때에 총회에서 미자립교회 대책위원회가 설립되면서 '지 노회 대책위원장은 직전 노회장이 된다.'라고 하여 결국 내가 노회장을 마치면서 초대 위원장이 되었고 고척교회에 시무하는 조재호 목사가 총무로 그리고 응곡교회에 시무하는 주성수 목사가 서기가 되어 우리 임원 세 사람은 지혜를 짜내 총회가 계획한 미자립교회를 돕는 일에 힘쓰자고 다짐하고 기도하며 모든 일을 추진했다. 임원회로 모일 때 지출할 수 있는 회의비 예산이 있었지만 미자립교회를 돕는 부서에서 임원들이 회의비를 받는 것은 합당하지 못하다고 생각되어 위원장과 총무가 돌아가면서 식비를 지불하면서 부서를 섬겼다.

우리 임원들은 머리를 맞대어 숙고하여 총회가 세운 방침에 준하여 계획을 짜서 노회에 발표하고 실행했다. 모든 미자립교회 목회자들이 고맙게 생각했고 지원하는 교회들도 잘 협조해 주어 은혜롭고 보람 있게 사업을 진행해 갈 수 있었다.

일 년이 지난 회기에는 총회 방침이 위원장은 연속성이 있어야 하므로 3년간 해야 한다는 통보가 내려와 결국 3년을 계속해서 해야 했는데 보조를 받는 교회들이 보조를 받으면서도 불만이 생겨 결국 서기를 바꾸기를 원하여 다음 해에는 오류동교회에 시무하는 이형백 목사가 서기를 보게 되었다. 총무와 서기가 지혜롭게 하여 위원회 업무를 집행할 수 있었지만 보조를 받는 교회 목회자들과 보조를 하는 교회 간의 갈등도 발생하기 시작했다. 그러면서 미자립교회 대책위원회 위원장의 자리를 원하는 전노회장들도 생기게 되었다. 나는 그렇지 않아도 이젠 임기도 다 되었으니 잘 되었다고 생각했는데 정치적인 사욕을 가지고 위원장을 하겠다는 사람에게 맡기는 것은 합당하지 않다며 계속해 주기를 원하는 노회 중진들의 의견에 따라 결국은 3년을 더 하게 되었는데 감사하게도 안산제일교회 고훈 목사께서는 위원회 모임에 참석해서 나에게 다시 해 주기를 당부하면서 당신 교회 장로 한 사람을 회계로 세워준다면 적극적으로 협력하겠다고 하여 3년을 더 했으니 6년을 하고 물러난 셈이다.

그 후에 지원받는 목회자들이 모임을 조직하면서 지원하는 교회 목회자들과의 갈등도 심해지면서 여러 가지 문제점들이 발생하는 것을 보게 되었다.

c. 서울서남 성서신학원

* 이사장과 학원장

이사장 천병선 목사께서 은퇴하면서 이사회에서는 후임 이사장 자리에 노회 내의 전노회장 몇몇 분들이 깊은 관심을 가졌지만 문제는 신학원장이 원활하게 일할 수 있는 이사장이 세워져야 한다는 여론이 있어 이사회에서 그 자리를 내게 맡겨 주어 2009년 12월에 이사장 취임식을 김포중앙교회당에서 거행하여 3년간 이사장으로 신학원을 섬길 수 있었다.

그렇게 섬기던 중 원장 류철랑 목사께서 은퇴하면서 그 후임을 누구를 세울 것인가에 대하여 이사회를 비롯한 노회 중진들은 많은 고심을 했다. 그동안 류목사께서 20년 가까이 원장을 해 오면서 신학원을 크게 발전시켜 왔는데 앞으로 누가 맡아서 계속 이 일을 해 나갈 것인가를 의논하던 중 노회 내에 훌륭한 분들이 많이 있지만 현재 노회 내의 여러 가지 정황으로 보아 마땅한 분이 나서지를 않는다고 보았다. 결국 이사장인 나에게 과도기 원장을 맡아보다가 분위기가 되면 신학원 발전에 크게 기여할 수 있는 분을 세우자는 여론이 세워지면서 이사장을 이성오 목사에게 맡기고 내가 원장을 해야 한다는 여론에 의해 이사회의 결의에 따라 이사장 3년을 하고 2012년 12월에 원장으로 취임하였고 2014년 말 은퇴하기 전까지 소임을 감당했다.

부천동광교회에서는 내가 원장으로 있는 동안까지만 강의실을 제공하기로 계획을 세우고 있었으므로 앞으로 원장이 누가 되든지 원장이 시무하는 교회에서 신학원을 운영해야 했다. 원생 모집과 교통편을 비롯한 여러 가지 입지가 맞아야 된다는 문제가 있어서 누가 원장이 되어야 할지 많은 기도를 해야 했다.

그러던 중 내가 은퇴를 하게 됨으로 이사회는 민경설 목사가 가장 적임자라고 판단하고 민 목사를 세우면서 신학원도 개봉동 광진교회로 옮겨 수업을 하게 되었으며 민 목사는 지난날 대전신학대학 총장 경험도 있고 교회의 규모나 여러 가지 입지 조건이 좋아 신학원을 잘 발전시켜 나가고 있다.

d. 교육자원부장

교육자원부 사업 중에 대표적인 것들은 어린이대회 교사교육대회 여름성경학교 교사강습회 교역자부인수련회 그리고 교역자 부부수련회 등이다. 모든 사업들은 전례대로 하는데 교역자 부부수련회를 이번에는 성지순례로 가자는 회원들의 의견이 많았다. 전에도 외국에 나가던 때가 몇 번 있었는데 이번에 다시 나가자고 해서 추진위원회를 총무와 서기 회계를 중심으로 5명에게 맡겨 계획을 세워서 구약을 중심으로 애굽, 요르단, 이스라엘을 중심으로 다녀오게 되었다.

다음 해에 다시 2년 차 부장을 할 때에는 신약을 중심으로 터키와 그리스를 가자는 의견들이 있었다. 사실 나는 터키 지역을 2번이나 다녀왔고 뿐만 아니라 작년에도 노회 재정에 부담을 주면서 다녀왔는데 또 나간다는 것이 노회에 미안한 마음이 있어 망설였는데 교역자들 중에 강력하게 주장하는 회원들이 많이 있어 다시 추진하여 다녀오게 되었다.

본 노회는 다른 부서에는 교회로부터 찬조금을 내지 않고 교육부 행사에만은 하도록 되어 있어서 조금 미안하지만 교회에 청원을 해서 추진할 수 있었으니 다행한 일이었다. 내가 교육부장을 하는 동안 두 번의 성지순례를 다녀올 수 있었던 것은 그만큼 노회원들의 후원이 있었기 때문이었으니 감사할 뿐이다.

다음 해에는 종교개혁지를 가자고 하는 회원들의 의견이 있었지만 나는 부장을 내려놓고 타 부서로 가고 말았다. 그러고 보면 나는 성지 순례를 일산 신광교회에 시무하면서 이스라엘 중심으로 다녀오고, 김포중앙교회 성도들과 이스라엘 중심으로 한 번과 터키 중심으로 한 번, 노회원들과 이스라엘 중심으로 한 번과 터키 중심으로 한 번을 다녀왔으니 목회자로서 보람 있는 여행이었으니 감사하게 생각한다.

e. 북방선교회 회장

북방선교회는 노회 부서는 아니지만 노회 중진들로 조직된 선교단체이다. 1992년 8월에 서울서남노회에 소속된 목사들이 러시아에 파송된 이형근 선교사를 지원하기 위해 김재건 목사를 중심으로 조직된 선교단체로서 러시아를 교두보로 하여 북한을 복음화하자는 취지로 조직되었다. 그래서 북방선교회라고 이름 하였다.

내가 선교회에 가입하게 된 동기는 1993년 이형근 목사가 모스크바에서 3.1 교회 창립과 문화원 개원예배에 참석하면서 가입하게 되었다. 2009년 부회장을 거쳐 2011년에 회장이 되어 전회장 때 결의해 놓고 이루지 못한 베트남 벤캇교회당 건축사업을 김포중앙교회를 통하여 완공하여 헌당했으며, 북방선교회 정체성을 '우리의 사명은 선교를 통하여 주님의 지상 명령을 효과적으로 수행하는 데 있다. 그 지역은 북방으로 한다.'로 세웠으며 20주년 행사로 북방선교회 20년사를 발간하기로 결의하고 추진하였으며 내 임기를 마친 다음 해인 2013년도에 '선교하라. 환상을 본 사람인 것처럼'이라는 제목으로 출간되었다.

(2) 연합활동

a. 제17대 김포시 기독교연합회 회장

1990년도에 김포에 왔을 때 김포시 기독교연합회는 활발하게 활동했다. 연합부흥회를 할 때는 농번기를 피해 김포시 종합운동장에서 유명 강사를 초빙하여 성대한 집회를 하였는데 각 교회에서 자동차를 동원하여 천여 명이 모여 야외 종합운동장이 가득하도록 모였다. 그리고 전용 앰프 시설도 마련하여 사용하기도 했다. 연합활동에 참여하기를 좋아하던 나는 한편 반가웠고 열심히 참여했다. 사무실도 따로 준비하여 받아 사용하다가 김포시에서 종합운동장 1층에 사무실을 제공해 주어 얼마간 사용하기도 했다. 그러던 중 1993년 11월 정기 총회에서 총무로 선임되어 2년간 섬겼는데 그때는 김포시 실내 체육관이 건축되어 실내 체육관에서 연합집회를 하면서 마련해 놓은 앰프시설은 별 의미 없이 되어 사용하지 못했다.

나는 1995년도에는 감사로, 97, 98년도에 부회장으로 섬기다가 1999년도에 회장으로 활동하였다. 연합회는 임원들의 활동에 의해 활성화가 이루어지기 마련인데 수년을 지나면서 연합활동이 약화되기 시작했다. 2000

년대 후반을 지나면서 점점 연합집회 모임도 힘들어지면서 후반기에는 연합집회를 체육관에서 하기도 어려울 지경이 되어 지 교회당에서 모이게 되었다.

b. 김포경찰서 경목위원회 위원장

본 위원회는 경찰서 직원과 가족선교를 위해 조직된 전국적인 기관이다. 이전에 시무하던 고양군 지역에서도 경목활동을 하였는데 고양경찰서 경목회는 경목위원들이 고양시 기독교 연합회의 주도권을 갖고 있어서 기독교연합회보다 더 활동이 많았으나 김포경찰서 경목회는 그렇지 못했다. 전입하고 1년이 지나면서 위원으로 위촉되어 활동하다가 1996년도에 위원장이 되었으며, 1997년도 경찰의 날에 김포경찰서장(총경 주상룡)의 감사패를 받기도 했다. 은퇴하기 전까지 계속해서 위원활동을 했고 은퇴한 후에도 명예위원으로 경찰신우회 예배를 인도하였다.

c. 김포시민장학회 이사

본 장학회는 유정복 시장 재직시에 재단법인으로 설립되어 유 시장 개인의 출연금과 김포시의 출연금, 그리고 시민들의 자원금으로 운영되었으며 각 초.중.고등학교에서 추천하는 학생과 대학생 중에서, 그리고 예체능계 학생과 단체 중에서 연 1회 장학금을 전달했다. 처음에는 시장이 이사장이 되어 주관했으나 후에 민간인으로 바꾸면서 초대 이사장에 전동국대 총장을 지낸 민병천 씨께서 그리고 사무장에는 심형찬 씨, 그리고 이사 15명과 감사 2인으로 구성되어 운영을 해 나갔다. 나는 2005년도에 김포신문사

조형묵 사장의 추천으로 종교계 대표급으로 이사로 위촉을 받아 함께 일을 하게 되었다. 후에 민병천 이사장께서 소천하여 사무장이던 심형찬 씨가 이사장을 지냈고 3년 후 전 경기도의회 의장을 지낸 이규세 씨가 이사장을 지내다가 소천하므로 전 경기도 의회의원이던 황치문 씨가. 그 후 나의 친구 이종훈 씨가 이사장을 지내다가 임기를 마칠 때 나도 사임하였다.

d. 김포시 기독남성합창단 지도목사

본 합창단은 김포에 거주하는 기독교인으로 구성된 합창단으로 처음 조직할 때 김포제일교회의 송희만 장로께서 단장을, 그리고 김포중앙교회의 김명섭 장로가 지휘를 하며 20여 명의 단원으로 시작하면서 김포제일교회 담임 김동청 목사와 나를 지도 목사로 세워 기도로 지원하도록 했다. 연습은 김포중앙교회 찬양대 연습실에서 수년을 하다가 제일교회로 옮겨 수년간 했고, 지금은 다시 김포중앙교회로 옮겨 연습을 하고 있다. 김포시에서 기독교 행사를 할 때나 지 교회에 행사시에 초청을 받아 찬양으로 하나님께 영광 돌리는 아주 귀한 일을 감당했다. 수년을 지나면서 단원 인원도 30여 명으로 성장하였으며 은혜로운 찬양으로 하나님께 영광을 돌리는 찬양단이 되었다. 나는 은퇴하기 전까지 지도목사로 있으면서 단원들과 좋은 유대 관계를 맺으며 지냈고 은퇴하는 행사에도 은혜로운 찬양으로 귀한 자리를 더욱 귀하게 빛내 주었다.

e. 김포원로회

본 회는 김포 시민 원로들의 모임이다. 처음 들어가 보니 내가 가장 어린 편에 속했으나 10년 혹은 15년 연배의 어른들께서 따뜻하게 대해 주어 어렵지 않게 적응하며 어울릴 수 있었다. 이 모임에서는 지난날의 경험을 바탕으로 김포시가 당면한 문제들 혹은 장래의 발전을 내다보며 토론하여 좋은 안을 김포시에 제안해서 시정에 도움을 주기도 했다.

07 의의 면류관을 사모하며

1. 노후에 복된 삶을 설계하다
2. 은퇴 후의 교회 섬김
3. 70교회 이야기
4. 고향을 섬기는 보람
5. 우리는 친구 삼총사
6. 사랑하는 자녀 남매
7. 믿음의 뿌리를 찾아서
8. 어머니를 천국으로 보내드리며

1. 노후에 복된 삶을 설계하다

나의 증조할아버지께서는 한국 장로교 초대 선교사이신 언더우드 목사에게 전도를 받아 기독교인이 되신 우리 가정의 믿음의 조상이시니 이 대지는 우리에게 의미가 깊은 곳이라는 생각이 든다… '더존 하우징'이란 건축 회사와 계약을 맺어 37평의 단층 주택을 노인들이 살기 편하게 설계하여 2015년 3월에 건축을 시작하여 6월에 입주해서 어머니를 모시고 살게 되었다.

교회에서는 나의 노후에 거할 주택을 은퇴하기 3년 전에 고촌에 있는 현대 힐스테이트 아파트를 마련해 주었다. 그동안 20여 년을 전셋집으로 이리저리 이사를 다니며 살았는데 은퇴를 앞두고 은퇴 후에 거주할 주택을 마련해 주어 입주를 한 것이다. 힐스테이트 아파트는 그때만 해도 김포에서 가장 괜찮은 아파트라고 할 수 있었다. 조경도 잘 되었으며 생활하기에 편리하였다. 그리고 교회에서는 은퇴 후에도 매월 생활비를 제공해 주었으니 안정된 삶을 살게 되었다.

그런데 은퇴하고 나니 40여 년을 홀로 생활하시던 88세 되신 어머니께서 "이젠 혼자 살기도 힘들고 너도 은퇴를 했으니 너희들과 함께 살고 싶구나."라고 하시는 것이다. 사실 그동안 목회하는 내게 짐이 된다고 하시면서 부천에서 혼자 거하셨고 우리는 생활비를 해 드렸다. 나의 생각에도 더 이상 홀로 계시게 할 수 없겠다고 생각하여 아내와 의논해서 어머니께서 부천에 가시기 전에 농사를 지으시던 나의 고향 동네, 옛날 증조할아버지께서 사시던 대지가 있어 그 자리에 집을 짓고 어머니를 모시고 살아야겠다고 결론을 내려 준비하게 되었다.

그 사실을 어머니께 말씀을 드리니 어머니께서 "네 장모님도 홀로 살고 계시지 않느냐? 집을 조금 넓게 건축하여 모시고 와서 함께 살도록 하자"라고 하신다. 감사한 일이긴 하지만 어머니께서 힘이 드실 것 같다고 말씀드렸으나 어머니의 간곡한 부탁에 마지못해 장모님을 모시게 되었으나 결국은 6개월 후에 장모님은 처제가 살고 있는 동두천에 아파트를 마련하여 보내 드리게 되었다.

나의 증조할아버지께서는 한국 장로교 초대 선교사이신 언더우드 목사에게 전도를 받아 기독교인이 되신 우리 가정의 믿음의 조상이시니 이 대지는 우리에게 의미가 깊은 곳이라는 생각이 든다. 2014년 겨울부터 주택을 어떻게 지을까 기도하면서 준비하던 차에 킨텍스에서 하고 있는 건축박람회에 갔다가 목조주택을 보고 지난여름 미국에 여행을 갔을 때 목조주택 건축하는 것을 보면서 앞으로 집을 지으면 저런 친환경 주택을 건축하면 좋겠다고 생각을 했었는데 바로 그 건축물을 보고 마음에 들어 결단하여 '더

존 하우징'이란 건축 회사와 계약을 맺어 37평의 단층 주택을 노인들이 살기 편하게 설계하여 2015년 3월에 건축을 시작하여 6월에 입주해서 어머니를 모시고 살게 되었다.

입주 후 나는 정원을 가꾸는 일에 전념하게 되었고 죽마고우(竹馬故友)인 이종훈 친구가 당신 집 정원에 있는 정원수 십여 그루를 캐다 심어주었고 철 따라 예쁜 꽃들로 주택을 아름답게 꾸몄더니 집 옆길을 지나가는 사람들이 아름답다며 들어와 구경하는 사람들도 있었다. 나는 이 아름다운 주택을 사진에 담아두고 싶어 사진 촬영에 특별한 달란트를 가진 이진섭 목사에게 몇 카트 찍어 달라고 부탁을 하였더니 수십 장을 정성껏 찍어 사진첩을 만들면서 또 다른 시인 이계현 목사에게 부탁을 해 시한수를 써넣은 사진첩을 만들어 가지고 왔다.

조강재(祖江齋)의 풍경

목빈 이계현

구름이
문수산을 휘돌아 가고
한강과 임진강이 만나는 곳에
장맛비가 내리면
텃밭의 아로니아 나무가
푸른빛으로 인사를 한다.

아침 햇살이
조강재(祖江齋)의 정원으로 다가와
사랑을 속삭이면
채송화는
꽃향기로 피어나고
감나무는 싱그럽게 미소를 짓는다.

달빛이
조강재(祖江齋)에 비추이면
꽃잎 따다 띄운
차의 향기가
은은하게 마음을 적시고
고향의 옛날이야기 풀어낸다.

매미가 지나간 자리에
풀벌레 소리 가득하고
반딧불처럼 아름답게 반짝이는
조강재(祖江齋)의 불빛 아래
성경 읽는 소리가
창밖에 스친다.

너무나 감사하고 고마워 이웃에 사는 친구 이종훈에게 사진첩을 보여

주었더니 시가 너무 아름답다며 이 시를 책에만 담아 두기가 아까우니 돌비에 새겨보자며 몇몇 친구들에게 연락하여 6명의 친구들이 뜻을 모아 돌비를 만들어 정원에 세워 주었으니 고마운 마음을 이루 헤아릴 수 없다(친구들/이기봉 이재현 이종훈 임종호 조정연 조휘철).

시비를 세워준 친구들과

2. 은퇴 후의 교회 섬김

육체적으로 더 이상은 이런 사역을 감당할 수 없겠다는 생각을 하면서도 그동안 잘 감당하도록 건강을 지켜 주신 하나님께 감사를 드리며, 한편 보람도 있었다.

(1) 불로교회(2016년 3월 6일 - 2016년 5월 29일)

3월 3일 저녁, 김포시찰장에게서 전화가 왔다. 내일 아침 7시에 노회 임원회와 정치부의 연석회의가 있는데 참석해 달라는 노회장의 부탁이 있다고 한다. 어쩐 일이냐고 물으니 불로교회 강단 문제인 것 같다고 한다.

다음 날 아침 일찍 시간 맞춰 나갔더니 노회장, 서기, 정치부원들, 그리고 불로교회 장로 3분이 참석한 연석회의로 모인 것이다. 모인 내용은 불로교회에 강단이 사고가 발생했으니 당분간 대리당회장으로 강단을 지켜달라는 부탁이다.

회의를 마친 후 불로교회 당회원들의 안내를 받아 불로교회 당회실로 가서 사정 이야기를 듣게 되었다. 간단하게 말하면 전임 김경수 목사가 교회당 건축을 하고 부채가 27억 정도가 되었는데 여러 가지 사정으로 인해 성도들이 떠나는 일이 있고 하여 이자를 감당하지 못할 상황이 되어 누적된 부채가 44억원이 되며 그 일로 인해 김목사는 사임을 했다고 한다.

그 후에 부임한 박형배 목사가 불미스러운 일로 인해 수감되어 재판을 받게 되어 이번 주일부터 강단이 비게 되었다는 것이다. 전에 500여 명이 모이던 교회에 현재 100여 명 정도의 남은 성도가 이 많은 부채를 감당할 수 없는 안타까운 형편에 놓였다는 것이다. 현재 담임목사의 사임 처리가 된 것도 아니고 적어도 3개월 정도는 지켜봐야 하기 때문에 우선은 내가 3개월 정도 맡기로 하고 기도하게 되었다.

예배는 매일 새벽기도회 인도와 주일 1, 2, 3부. 수요예배를 인도하는 일이다. 교역자가 아무도 없는 상황이어서 엄청나게 큰 부담이 되는 것이다. 집에서 자동차로 25분 거리가 되니 오고 가는데 큰 문제는 되지 않았다. 지금 내 체력으로는 하나님께서 허락하시면 얼마든지 감당할 수 있겠다는 생각이 들었다.

그러나 1개월이 지나니 체력의 한계를 느끼게 되었다. 주일에는 1, 2, 3부에 100여 명의 성도가 모이고 찬양대도 있어서 은혜롭게 예배드리지만, 매일 새벽기도회 때 10명 정도의 성도들이 통성으로 기도하는데, 그래도 가까운 곳에 살고 있는 장로 3분과 안수집사 권사들이 매일 나와서 눈물을 쏟으며 간절히 함께 기도하여 다행스러운 일이기는 하지만, 그래도 힘은 들었다.

하나님께 불로교회에 합당한 목회자를 속히 보내주시기를 간절히 기도하던 가운데 어느 날 서울장신대 문성모 총장을 만나 차를 마시며 대화하던 자리에서 불로교회 상황을 이야기했더니 "그런 경우에 큰 교회가 맡아서 해결해 주어야 되는데 현재 그렇게 할 만한 교회가 안 보인다. 그런 중에도 정성진 목사 같은 분은 할 수 있을 것이다."라고 하는 것이다.

다음 주간에 정 목사에게 전화를 해 만나자고 했더니 여의도 어느 카페에서 만나자고 약속을 하여 만나서 상황 이야기를 했더니, "긍정적으로 받아들이겠습니다. 그러나 나 혼자서 결정할 문제가 아니니 시간을 주십시오."라고 하였다.

하나님의 인도하심이라는 믿음으로 확신을 갖고 기도를 했고 장로들에게도 기도를 부탁하고 기다리는데, 한 달 가까이 지나도 아무런 연락이 없어 안타까운 마음으로 성도들과 함께 기도하던 중, 정 목사께서 당회 결의를 보았다며 불로교회 당회원들을 만나자고 하여 당회원 4사람을 거룩한빛광성교회로 보내 합의하여 결정되었으니 거룩한빛광성교회가 교역자를 파송하고 앞으로 안정될 때까지 담임목사의 사례비와 전도하는 일에 적극적으로 지원하겠다고 하는 것이다.

그렇게 하여 5월 말에 한민수 목사가 이사를 와서 6월 첫 주일부터 강단에 서기로 하여 결국은 3개월 만에 나도 정리를 하게 되었다.

그동안 설교는 안타깝게 울부짖는 성도들에게 하나님은 살아계신 하나님, 역사하시는 하나님이심을 증거 했다.

#주일예배 1, 2, 3부 13회.

*사랑을 나누는 사람들(막10:45). *위엣 것을 찾으라(골3:1-4). *인류 최대의 절망과 희망(롬3:9-18). *예수 다시 사셨다(마28:1-10). *예수를 아는 자의 삶의 능력(빌3:10-11). *내 안에 기적이 일어날 때(행16:25-34). *이 뼈들이 능히 살 수 있겠느냐?(겔37:1-10). *고난이 주는 이유(고후1:3-11). *천국의 사람(마19:13-15). 자녀들이여!(엡6:1-3). *성령의 사람(행2:14-21,42). *불행을 행복으로(창9:18-29). *새롭게 출발합시다(창8:20-22)

#수요예배 13회

#새벽예배 57회

#제직헌신예배 1회

#여전도회 헌신예배 1회

(2) 빛된교회(2022년 6월 8일(수)-7월 24일(주))

김포시찰 시찰장 정재화 목사께서 시찰 내 빛된교회의 교역자 문제가 있어 6월 5일 주일 낮예배시간에 공동의회를 한다고 하니 참석하여 지도해 주시면 좋겠다고 했다. 주일 아침 10시 40분경에 도착하여 담임인 김현중 목사를 만났고 예배에 참석하니, 11시 예배는 담임목사가 인도하고 이웃

교회에 시무한다는 박근수 목사가 설교를 했다.

후에 알아보니, 박근수 목사는 앞서 내가 3개월간 강단에 섰던 불로교회에서 부목으로 시무하다가 김경수 목사를 반대하던 성도들과 함께 약 4년간 개척교회를 하다가 문제가 발생하자 그 교회를 떠나게 되었고 지금은 새롭게 개척교회를 시작하였다.

예배 후 교역자 청빙위원 4명과 대화를 해 보니, 박창하 목사께서 개척하여 시무할 당시 부천 참된교회 성도들이 출석하고 전도도 되어 교회가 부흥하여 200여 명의 성도들이 현 교회당을 부채를 안고 매입을 하였으나 박 목사가 은퇴하고 후임 목사가 목회하던 중, 성도들 간에 갈등이 생기면서 많은 성도들이 흩어졌으며, 목회자가 책임감을 갖고 떠나게 되었다고 한다.

현 담임인 김 목사는 2019년 말에 부임하였으나 2020년 초에 코로나19로 인해 설교 외에는 성도들과 만나 대화할 여지가 없었으며 주일 설교만 하다가 여기까지 왔다고 한다. 그런 상황에 교회당 건물 구입 시에 발생한 부채가 많았으니, 현 부동산 가격 8억 재산에 부채가 5억이 되며 월 지출이 6백만원 정도 되며, 경제적인 압박을 받는 목사가 헌금을 강조하니 성도들과의 관계가 힘들어져서 결국은 담임목사가 사임하겠다고 발언을 했다고 한다.

청빙위원들과의 대화를 마치고 김 목사를 만나니 본인은 이미 사임하기로 선포를 했다며 담임목사 사임서를 내게 제출하였다. 돌아오는 길에 시찰장 정 목사를 만나 사임서를 전해주었고, 8일 수요예배부터 설교를 하게 되었다.

주일 예배에는 성도들 10명 정도가 참석했고, 나의 아내와 예배 반주자로 딸 인이와 사위가 함께 예배에 참여했으나 그래도 권사 4사람이 열심히 안내를 하며 봉사를 하였다.

지난번 불로교회를 섬기던 경험이 있어 몇 명 남지 않은 성도들을 격려하면서 희망과 용기를 주는 설교를 준비하여 설파했다. 시찰장과 계속 대화를 하던 중, 시찰장 정 목사와 친분이 있는 서울 목동에 있는 목양교회가 개척을 계획하고 있다는 사실을 알고 연결이 되어 목양교회가 모든 부채를 맡기로 하고 개척교회로 이재국 부목사를 파송하기로 결정하면서 교회명을 사랑의교회로 바꾸게 되었다.

빛된교회에서는 매주일예배 1회와 수요예배를 인도하였다.

*주님이 함께하시는 교회(마18:5-20) *다시 시작하자(창40:5-8) *모든 것은 하나님의 손에(창50:15-21) *사명자가 받을 축복(행16:1-15) *너희는 세상의 빛이라(마5:13-16) *여호와를 앙망하는 사람(사40:27-31) *그럼에도 불구하고(합3:16-19) *하나님 사랑(롬8:31-39) *예수의 심장으로(빌 1:3-8) *비전과 사명(히11:1-6) *새롭게 출발합시다(창8:20-22)

육체적으로 더 이상은 이런 사역을 감당할 수 없겠다는 생각을 하면서도 그동안 잘 감당하도록 건강을 지켜 주신 하나님께 감사를 드리며, 한편 보람도 있었다.

3. 70교회 이야기

70교회 예배 모습

70교회 가족 일동

매주 토요일이면 기도하며 주일 준비를 한다. 주일에는 적어도 1시간 이상 고속도로를 달려야 할 때도 있으니 자동차를 확인하고 세차도 한다. 주일 아침이 되면 부지런히 준비하고 아내와 함께 집을 나선다. 도착하여 주차장에 차를 세우고 아파트로 올라가면 벌써 도착한 친구들이 "할렐루야!", "메리 크리스마스!" 하면서 반갑게 맞이한다. 우리는 항상 메리 크리스마스다.

여기가 바로 우리가 가야 할 곳 천국인 것처럼 만나면 반갑고 즐거운 곳, 바로 70교회다. 물론 십자가가 세워진 예배당이 따로 있는 것이 아니라 우리 각 가정이 살고 있는 집이지만, 장신대 70동기 가족들의 모임이니 우리는 이곳을 70교회 운정성전(최양춘 최동희), 시흥성전(김기복 우선심), 도촌성전(양기수 조영희), 수원성전(강윤구 이명순), 일산성전(배태옥 김혜숙), 김포성전(박영준 최승희)이라고 하며 매주일마다 돌아가며 모여 하나님의 거룩한 성전이 되도록 하나님을 찬양하고 경배하며 은혜의 말씀을 나누고 아름다운 성도의 교제를 충만히 누리면서 이 땅에서의 천국을 맛보며 즐기고 있다.

처음에는 두 가정이 시작해서, 세 가정, 네 가정... 이렇게 8가정까지 모이다가, 한 가정에 사모님이 하나님께 부름을 받아 가시니 떠나고, 또 한 가정은 사정상 참석을 하지 못하게 되었다. 그런데 어느 날 한 친구가 몸이 불편해하면서 한두 주일 빠진다. 우리는 합심하여 기도했지만 결국은 요양병원으로 가고 말았다. 아차! 싶었다. '이게 우리들의 마지막 닥쳐야 할 일일 수 있겠구나'하는 생각이 들었다. 그래서 우리는 더욱 모이기를 힘쓰고 서로 사랑하기를 힘쓴다. 그리고 다시 한 친구가 등록하여 반갑게 환영식을 하며 맞이해서 이제는 6가정이 모이고 있다.

우리는 매주일마다 돌아가며 예배를 인도하고 생일 당한 친구를 멋지게 축하해 주며 매월 쌀 나누기로 일용할 양식을 나누기도 한다. 선교의 일환으로 선교사로 나가 수고하는 동기들에게 격려비, 선교사로 나간 자녀에게 선교비도 보낸다. 그리고 불우이웃 돕기, 화재나 홍수로 인해 재난을 당한 곳에, 그리고 지난번에는 우크라이나에 70교회 이름으로 구호금도 보냈다.

예배 시작은 11시 30분이지만 모두 거리가 먼 관계로 모두 모이기를 기다렸다가 "시간이 되었으므로" 인도자가 재종을 치면 반주자 강윤구 성도의 하모니카 송영이 울리며 예배가 시작된다. 차례가 돌아와 몇 주간동안 최선을 다해 준비한 메시지가 전해지는 설교 시간에는 현직 때에 경험하지 못했던 은혜를, 전하는 자나 받는 자 모두가 충만히 누리고 70교회가를 부르고 난 후, 축도를 하고는 서로 감동의 악수와 인사를 나눈다. 매주일마다 각종 악기로 찬양을 한다. 그리고 식당으로 나가서 아주 맛있는 식사로 오찬을 즐긴다. 그런 후에는 다시 성전으로 돌아와 꿀피를 마시며 아름다운 성도의 교제를 나누다가 오후 3시가 지나면 갈 길이 머니 다음 주일에 다시 만나 더 멋지게 은혜 나눌 것을 기약하며 아쉬운 마음으로 각 가정으로 돌아간다. 그리고 다시 맞이할 주일을 기다리며 한 주간을 즐겁게 지낸다.

봄과 가을에는 2박 3일의 여행을 나가 함께 지내며 밤이 지나는 줄도 모르고 이야기꽃을 피우며 즐기는데, 지난 학창 시절, 동기들, 목회 시절의 이야기들을 쏟아 놓고, 노후의 삶을 이야기하기도 하다가 어려운 일을 당한 친구의 소식을 들을 때는 안타까워하면서 함께 기도를 드린다.

우리는 지난 주일에 했던 이야기를 또다시 해도 마냥 즐겁기만 하다. 웬일일까? 모든 살림을 맡아서 계획하고 준비하는 최양춘 성도의 수고와, 70교회 중심에서 당회장으로 수고하는 김기복 성도의 리더십이 우리 70교회를 더욱 은혜롭고 성숙하게 만들어 가고 있다.

나는 은퇴를 한 후에 본 교회에 출석을 하면 후임 목사에게 부담을 주겠으니 나의 고향인 김포의 약한 교회들을 순회하며 예배드리고 헌금도 하면서 지내리라고 생각했지만, 막상 은퇴를 하고 나니 약한 교회에 참예한다는 것도 후배 목회자에게 부담을 주기는 마찬가지라는 생각이 들어 70교회에 나가기를 참 잘했다고 생각하며 항상 감사하는 마음으로 주일을 기다리면서 모이기를 힘쓰고 노후의 경건한 삶에 최선을 다하고 있다.

"그러므로 성도 여러분, 나는 하나님의 자비로서 여러분에게 권합니다. 여러분의 몸을 하나님을 기쁘시게 하는 거룩한 살아있는 제물로 드리십시오. 이것이야말로 여러분이 마땅히 드려야 할 영적인 예배입니다."(롬 12:1)

4. 고향을 섬기는 보람

나는 부족하지만 노후에 나의 고향 마을을 섬길 기회가 주어졌다는 사실에 감사하면서 어찌하든지 주어진 일에 최선을 다 해야겠다는 다짐을 해 본다. 이 모든 것들이 내 일생의 마지막 사명이라고 생각하면서...

26살에 출가하여 서울에서 공부하고 서울과 부천시 고양시 등에서 목회를 하다가 46세에 김포읍에서 24년간 목회를 하여 고향 친구들의 모임에 어쩌다 참석할 때가 있었으나 목회에 열중하다 보니 깊은 관심을 갖고 참석하지 못했으니 친구들에게 미안한 마음이 항상 있었다. 그러던 중 은퇴를 하고 통진 고향 동네로 이사를 오니 각종 모임에 참석하면서 교제를 하게 되었으니 감사했다. 나도 모르는 사이에 먼저 세상을 떠난 친구들도 있어 우리 나이가 벌써 그렇게 되었구나 하는 생각이 들었다.

그런데 각종 모임의 연말 총회를 하게 되면 서로 임원을 피하려고 한다. 나이가 들어서 복잡한 일을 하고 싶은 사람이 어디에 있겠나? 서로 책임을 맡으려고 하지 않고 미룬다. 아무리 생각해도 내가 섬겨야겠다는 생각이 들어 맡겨 주는 대로 감당하고 있으니 서암초교 7회 동기회, 통진중고등학교 5, 6회 동기회, 대서명동 고향친구들 모임 등의 회장과 총무 등을 맡아 살림을 하게 되었다.

그리고 우리 동네(서암 2.11.12리) 마을 회관에 나가면 낯 모르는 몇몇 사람도 있지만 거의가 어린 시절 같이 자란 선후배들의 모임이다. 그곳에 나가서 마을 소식을 듣고 교제를 하며 시간을 보낼 때가 있는데 그러던 중 경로당 회장을 하던 친구가 지병으로 세상을 떠나게 됨으로 갑자기 회장을 세우게 되니 여러 사람들이 나에게 회장직을 맡아 수고해 주었으면 좋겠다고 한다. 나는 아무리 생각해도 이 일을 맡을 수 없다고 생각되어 극구 사양했다. 그동안 교회에서 청장년을 비롯한 1000여 명 성도들의 당회장을 지냈고 400여 명이 모이는 노인대학 학장을 지내고 은퇴한 목사가 나의 신앙과 아무런 관계도 없는 마을 경로당 회장을 한다는 것이 내 마음에 허락되지 않았다. 그래서 사양하였으나 온 회원들이 부탁을 하고 있으니 혼자서 얼마 동안 기도하던 중 마음으로 결정했다. '내가 신학 공부를 하러 고향을 떠나기 전에 나의 비전은 내 고향, 내 마을의 농촌지도자가 되는 것이었는데 하나님의 특별하신 부르심에 의해 고향을 떠나 신학을 하고 목사로 최선을 다하는 삶을 마치고 이제 여생을 고향에 돌아와 지내게 되었으니 나의 첫 꿈을 이렇게라도 이루는 것이 결코 이상할 것이 없지 않겠나!' 하는 생각이 들었다. 그리하여 서암 2리 경로당 회장을 맡아 감당하게 되었다.

사실 회원들 간에는 그동안 지나온 몇몇 회장들에 대한 불평불만이 많았다. 이런 일은 아무리 잘한다고 해도 불평불만을 들을 수 있는 직책이다.

그래서 회장을 맡은 후로 전임 회장들을 만나 지난날의 이야기도 듣고 회원들의 분분한 의견들을 들었다. 그리고 통진읍 분회 사무실에 나가 다른 경로당에서는 어떻게 활동하고 있는지 등의 소식을 듣기도 하며 분회장께 '경로당을 어떻게 운영하는 것이 바람직합니까?' 하고 물었더니 '특별히 잘하려고 하지 말고 회원들 서로 간에 즐겁게 지내도록 화목한 분위기를 만들면 되지 않겠느냐'고 한다. 나는 경로당 생활을 3, 4년 정도밖에 하지 않았으니 몹시 조심스럽게 모든 일에 임했다.

분회장의 말을 참고하며 우선 회관 건물이 오래되어 낡았으니 리모델링을 해야 되겠기에 이장과 의논하여 시의 도움을 받아 대대적인 손을 보았으니 도배, 장판을 새로 하고 밖에 있는 화장실이 겨울이면 동파에 위험이 있어 난로를 피워야 했기에 여성 화장실은 안에서 사용할 수 있도록 문을 안으로 새로 내고, 남성 화장실은 보일러실 쪽으로 하여 이젠 겨울에 난로를 피울 필요가 없도록 했다. 건물 외부는 도색을 하여 깨끗해졌다.

그리고 남자들 방에 소파가 몇 개 있는데 낡아서 사용하기가 불편한데 어찌할까 생각하다가 잘 아는 독지가에게 전화를 하였더니 한마디에 대답하여 소파 두 개를 수선하여 실내가 깨끗해졌고 여성들 방에도 대개의 노인들이 바닥에 앉아 놀기도 하고 눕기도 하지만 집에서 소파에 앉거나 누워 지내던 분들 중에는 의자를 찾는 이들도 있어 뒤쪽으로 소파를 들여놓았다.

그동안 회원들의 숫자에 맞게 의자가 있었는데 젊은 회원들이 새로 가입하여 회원들이 증원되어 의자가 부족해서 의자를 어떻게 마련하나 생각했는데 지부의 계획에 따라 탁자와 함께 의자 열 개를 들여와 의자 문제도 해결되었다. 그리고 양쪽 방에 텔레비전이 작고, 아니면 낡은 것이어서 그동안 모임에서 수차례 누구의 도움을 받든지 해서라도 바꾸자고 갑론을박(甲論乙駁) 해 왔는데 더 끌면 안 되겠다 싶어 임원회를 거쳐 그동안 모아놓은 자체 운영비로 양쪽 방에 50인치짜리로 바꿔 설치했다.

그리고 에어컨이 낡아 큰 방에는 신형 에어컨으로 교체하였고, 작은 방에는 시청 복지과를 통하여 작은 것으로 설치하였다. 이렇게 거의 완벽할 정도로 시설을 해 놓았으나 코로나 19로 인해 거의 2년 가까이 모이질 못하고 있다가 자유롭게 모일 수 있게 되었으나 회원들이 바쁘기도 하지만 그동안 안모이다가 모이려고 하니 모두가 소홀해지는 것 같다.

통진 분회에서는 부회장이 세상을 떠나서 공석이 되어 나에게 부회장을 맡아 달라고 하여 할 수 없다고 하였더니 '죽으려고 고향에 왔다면서 수고를 해 달라'고 선임하여 그 일도 맡아보고 있다.

나는 부족하지만 노후에 나의 고향 마을을 섬길 기회가 주어졌다는 사실에 감사하면서 어찌하든지 주어진 일에 최선을 다 해야겠다는 다짐을 해본다. 이 모든 것들이 내 일생의 마지막 사명이라고 생각하면서...

성경에서는 "맡은 사람에게 더없이 요구되는 것은 충성입니다"라고 했으니 할 수 있는 한 최선을 다해 보려고 힘쓰고 있다.

5. 우리는 친구 삼총사다

그러던 어느 기회에 내가 존경하는 이중찬 선배의 제안으로 우리 세 가정 부부를 비롯하여 네 가정이 일본으로 여행을 가게 되었다. 이곳저곳을 관광하며 온천을 하며 즐겁게 지내다가 마지막 날 저녁, 우리는 참으로 의미 있고 보람 있는 시간을 가졌으니 이 선배의 제안으로 '지난 일생을 살아오는 동안 추억에 남는 일을 돌아가면서 이야기해보자'라는 것이었다.

나의 고향에는 좋은 친구들이 여럿이 있었으니 무엇보다도 나의 집 정원에 시비를 세워준 6명의 친구들이 매월 1회씩 모여 식사를 하며 교제를 하고 있으며 가정 대소사에 함께 축하해 주며 때로는 격려하기도 한다.

그리고 특별히 가깝게 지내는 친구가 있으니 조휘철, 이종훈이다. 조휘철은 중학교 시절 나와 한 의자에 앉아 공부하던 친구요, 이종훈은 초등학교에 같이 다니다가 6학년 때 서울로 전학을 갔던 친구다. 우리 세 사람은 성격이 각기 다르고 자란 환경도 물론 다르다. 우리는 10대 때에 헤어져 70대가 되도록 다른 환경 속에서 살다가 50여 년 만에 다시 만났으니 너무

오랜만이다. 물론 가끔 만나는 일은 있었지만 그때는 동창생으로 만났을 뿐 깊은 우정을 나누는 사이는 아니었다.

그러던 어느 기회에 내가 존경하는 이중찬 선배의 제안으로 우리 세 가정 부부를 비롯하여 네 가정이 일본으로 여행을 가게 되었다. 이곳저곳을 관광하며 온천을 하며 즐겁게 지내다가 마지막 날 저녁, 우리는 참으로 의미 있고 보람 있는 시간을 가졌으니 이 선배의 제안으로 '지난 일생을 살아오는 동안 추억에 남는 일을 돌아가면서 이야기해보자'라는 것이었다.

먼저 [휘철]은 홀어머니와 할아버지 할머니 슬하에서 자라면서 아비 없이 자라 버릇없다는 말 듣지 않게 키우시려는 할아버지의 혹독한 훈계를 받으며 자랐다. 유복한 생활에 고등학교 때 서울로 유학을 하여 졸업을 하였지만 연로하신 어른들만 계신 고향 집으로 내려올 수밖에 없는 형편이어서 대학에 가지 못한 안타까움을 안고 열심히 농촌생활을 하면서 일찍 결혼하여 2남 2녀의 자녀를 두고 행복한 삶을 살면서 김포 지역사회에서 선거관리위원회와 금융계 등에서 많은 활동을 하며 지역 유지로서의 삶을 살던 중 아내가 암 판정을 받았을 때는 절망감마저 들었다며 우리 네 가정이 있는 자리에서 북받쳐 흐르는 감정을 억제하지 못하고 흐느끼며 간증을 하는 것이다. 그의 아내를 뜨겁게 사랑하는 마음을 느낄 수 있었다. 그동안 시조부모님과 시어머니를 섬기며 4남매를 키워온 아내가 중한 병에 걸렸다는 사실이 너무나 안타까워 네 자녀들과 힘을 모아 온 정성을 다해 아내의 병수발을 하여 회복한 뒤 더 이상 힘든 농촌에서 살아서는 안 되겠다 싶어 70

여 년을 가꿔온 농토를 뒤로하고 운양동에 좋은 아파트를 마련하여 이사를 하였으며 지금은 건강을 회복한 아내와 함께 분가한 4남매의 섬김을 받으며 행복하게 살고 있으니 감사하다고 간증하였다.

[종훈]은 외갓집에서 살다가 6.25 당시 임진강을 도강하여 넘어와 홀어머니 슬하에서 형제가 어렵게 자랄 때 서울에서 초등학교 교사로 계시는 숙부님께서 집안의 장손을 공부시키신다며 불러올리셔서 어린 나이에 서울에서 유학 생활을 하게 되었다. 당시 넉넉하지 못한 숙부님의 가정에서 여러 사촌들 틈에 추운 겨울 난방장치도 제대로 되어 있지 않은 다다미방에서 고생하며 학교에 다니면서 몇 번을 다시 시골로 내려오고 싶은 마음도 있었으나 어머니의 간곡하신 나무람을 들으며 고등학교까지 졸업하였다. 직장에 다니다가 군 제대를 한 후 결혼하여 어머니를 모시고 살면서 전공을 살려 사업을 시작하면서 많은 어려움과 역경을 딛고 지금의 사업장을 키웠다. 지난날 공부할 때 힘들었던 일을 생각하며 어려움 중에 있는 학생들을 도와야겠는 심정으로 각종 장학회에 몸담아 헌신하던 중 김포시민장학회 이사장을 지낼 때는 더 많은 학생들에게 장학금 혜택을 주기 위해 노력하여 이전보다 배나 되는 장학금을 전달하는 등 헌신하던 삶을 눈물겹게 간증했다.

나도 가난한 가정 형편으로 고등학교 진학을 포기하고 강의록으로 공부하면서 농촌 지도자의 꿈을 갖고 지내다가 복막염 수술로 건강을 잃고 있을 때 하나님의 은혜로 지인의 도움을 받아 서울로 올라가 공부하고 목사가 되어 일생을 성직자의 삶을 살게 되었던 일을 간증했다.

우리는 밤이 깊어가는 줄도 모르고 정담을 나누었던 그 이후, 더욱 깊은 우정의 관계를 쌓게 되었으며 우리 스스로 "우리는 친구 삼총사다."라고 하며 이종훈 회장의 사무실에서 자주 만나 건강문제를 비롯하여 가정사에 이르기까지 모든 일을 허물없이 내어놓고 이야기하며 매일 전화로라도 만나지 못하면 궁금해하는 사이가 되었으니 우리는 서로 '누구도 세상을 먼저 떠나지 않도록 건강관리 잘하자'고 격려하니, 우리 셋이 만나면 마치 오늘이 생일인 것처럼 즐거우니 역시 우리는 친구 삼총사다.

6. 사랑하는 자녀 남매

우리 자녀들과

하나님께서는 내게 남매를 허락해 주셨다. 첫째는 딸 [인](仁)이고, 둘째는 아들 [주석](柱碩)이다. 33살 11월에 결혼하여 다음 해 봄에 아내가 임신을 했다. 결국 나의 후손이 잉태되었다는 기쁨에 태아 관리를 잘해서 첫 딸을 낳아 이름을 지어야 하는데 조금도 생각할 여지도 없이 내 머릿속에는 이미 박인(仁)이라고 이름했다. 딸이니까 예쁜 이름이면 되겠다는 생각에서 평소에 딸을 낳으면 '인'이라고 짓겠다는 생각을 했기 때문이다. 아내는 좋은 이름을 지어보라고 하는데 아무리 생각해 봐도 '인'이보다 더 예쁜 이름이 없는 것 같았다. 아내에게는 말을 하지 않았지만 내 속으로는 이미 정해

놓았던 것이다. 그리고 결국은 그대로 호적에 올리게 되었다. 그랬더니 아내는 그렇게 오랫동안 깊이깊이 생각하고 지은 것이 겨우 한 자밖에 짓지 못했느냐고 하였다.

어린 딸은 아주 적극적인 아이로 자랐다. 5개월쯤 되어 겨우 기어 다니면서 갖고 놀던 장난감이 장롱 밑으로 들어가면 파리채로라도 잡아서 기어이 그것을 꺼내고야 마는 아이였다. 한 번은 심방 중에 집사님들과 대화하는 중에 우리 딸이 아주 적극적인 아이라는 이야기를 했더니 어느 집사님이 하는 말이 "그건 적극적인 것이 아니라 극성스러운 겁니다."라고 하는 것이다. 조금 계면쩍었지만 그래도 좋다. 적극적인 우리 딸이 예쁘기만 했다.

그렇게 자란 딸이 대학 음악과 클래식 피아노과를 들어가 2학년까지를 다니더니 자기는 클래식 피아노가 싫으니 현대음악 재즈를 하겠다고 하는 것이다. 나는 목사의 딸이 재즈가 뭐냐며 반대하면서 학교가 멀어서 그런가 하고 소형 승용차 한 대를 사 주며 열심히 다니라고 했더니 1년을 더 다녀 3학년을 마치더니 우리와 아무 의논도 없이 자퇴서를 내고 재즈 학원을 1년 다니고는 2년제 예술대학에 들어가서 재즈 피아노를 하고 1학년 성적표가 왔는데 모든 학과 점수가 거의 A+이었다. 그제서야 안심을 하면서 '그래, 자기가 하고 싶은 것을 하게 해야지'라는 생각을 하게 되었다. 2학년 마지막 학기가 가까워 오자 학교에서 미국에 있는 대학 3학년에 편입할 수 있도록 추천해 준다고 하여 결국 미국에 가서 2년을 마치고 졸업 준비를 하는데 모교 예술대학에서 교수가 필요하니 연말까지 들어와 달라는 학교의 부탁을 받고 졸업식도 하지 못하고 귀국하여 예술대학 강사로 출강하면서 신학대학 대학원 예배음악과에 등록하여 석사 과정을 마쳤다.

그 후로 결혼하여 남편과 함께 미국으로 건너가 열심히 신앙생활 하면서 지내다가 다시 귀국하여 비누공방을 하고 있고, 사위는 미국에서 하던 직장 일을 열심히 하면서 나름대로 즐겁게 살고 있다.

첫 딸이 첫돌도 되기 전에 아내는 둘째 아이를 가졌다. 그때 만해도 병원에서 태아의 성별을 말해 주지 않았기 때문에 우리는 출산할 때까지 기도했고 열 달 만에 건강한 아들을 낳았으니 기도를 응답해 주신 하나님께 감사드리면서 이름은 담임이신 김창선 목사님에게 부탁을 해서 돌림자를 따서 박주석(柱碩)이라고 지었다.

아내가 어린아이 둘을 키우기가 힘들어서 장모님께서 인이를 데리고 가셔서 돌봐 주셨다. 그 후로 아내는 외갓집에 떼어 놓았던 일을 생각하면서 엄마가 키워주지 못한 것에 대한 미안한 마음을 항상 갖고 있는 것 같다. 사춘기에 투정을 부리기만 해도 어렸을 때 떼어 놓았기 때문일 것이라고 생각하며 미안해했다.

생각해 보면 아들은 성격이 원만한데 비해 딸은 좀 불평이 많다. 그때마다 아내는 동생에게 엄마의 사랑을 빼앗겨 엄마의 사랑을 듬뿍 받지 못했기 때문이라고 생각하는 것 같다. 그러나 인이는 입이 무거웠고 큰딸이라서

인지 확실히 마음도 넓었다.

둘째가 첫 돌도 되기 전에 우리는 두 아이를 데리고 역곡에서 세광교회를 개척을 해야만 했다. 그것이 1980년 9월. 마침 큰 처제가 같은 연립 2층에 살면서 두 아이들을 돌봐 주어서 많은 힘이 되었는데 어떤 때는 어린 두 아이들을 두고 심방을 갈 때도 있었고 새벽에도 그대로 재워 두고 기도하고 돌아오면 둘이서 놀고 있는 모습이 너무 아름다웠다.

우리는 개척하면서 하나님께 기도드렸다. "하나님, 이 두 아이들을 뻥튀기를 한 것처럼 빨리 키워 주시어 우리가 목회하는데 힘들지 않게 해 주세요." 하나님께서는 우리 두 아이들을 정말 잘 자라게 해 주셔서 딸은 9개월 만에 걸었고, 아들도 11달 만에 걸었으니 이것은 대단히 빠른 것이다. 남자아이들은 돌이 되어도 걷지 못하는 아이들이 많은데 말이다.

그렇게 잘 성장해서 부천 역곡에서 세광교회를 개척하는 동안 두 남매는 유치원을 다녔고, 일산 신광교회에서 초등학교를 다니다가 다시 김포로 전학을 와서 김포초등학교에 전학을 해서 계속 학교에 다녔는데, 딸은 아버지가 목사라는 것에 부담이 되었던 것 같다. 그러나 중학교 학생시절부터 교회 예배시간에 피아노와 오르간 반주를 하며 열심히 예배를 섬겼으니 아빠 마음이 든든했고 고마웠다.

어린 아들 주석이는 가끔 '아버지는 자꾸 시골로만 이사를 간다.'며 불평했다. 역곡에서 일산으로, 일산에서 김포로 왔기 때문이다. 사실 1990년 당시만 해도 김포는 정말 시골이었다. 그런 가운데도 아들은 자부심을 갖고 자랐으니, '우리 아버지가 가시는 교회마다 교회가 부흥한다.'라는 것이다. 그렇게 생각하는 어린 아들이 한편 대견하다는 생각이 든다.

아들은 고등학교 때부터 자기는 변호사가 되어 억울하고 불쌍한 사람들을 변호하는 선한 일을 하겠다고 다짐하면서 자랐다. 그러나 내 아내가 아들에게 갖는 기대는 아버지의 뒤를 이어 목사가 되었으면 좋겠다는 것이었다. 마음껏 뒷바라지를 해 줄 수 있으니 훌륭한 목사가 되어 많은 영혼을 구원하는 하나님의 종이 되기를 바라는 것이다. 나 역시 내심 그런 마음이 있었다. 나는 가난해서 기초 공부도 제대로 하지 못하고 목사가 되었기에 아들에게 기대를 걸고 싶은 마음도 있었다. 가만히 보면 아들에게는 목사가 갖추어야 할 자질들을 제대로 갖추었다는 생각이 들었다. 다른 사람을 설득하는 능력이 있고 찬양에도 소질이 있었다. 만약 아들이 목사가 된다면 나보다는 훨씬 훌륭한 목회자가 될 수 있을 것 같았다. 그러나 한 번도 아들에게 신학을 하라는 말은 하지 않았다. 이 길이 아무나 할 수 있는 길이 아니라는 생각이었기 때문이고 어쩌면 내가 힘들게 걸어온 그 길을 아들에게도 걷게 하고 싶은 마음이 없었는지도 모른다. 지금 나는 하나님의 은혜로 이렇게 목회를 하고 있다는 것을 생각하면 다만 감사할 뿐이니…

아들 역시 제 어머니의 신학을 했으면 좋겠다는 말에 "어머니, 그런 말씀하지 마세요. 하나님께서는 저를 콜 하지 않으셨거든요. 만일 하나님께서 나를 필요로 하신다면 저를 직접 부르실 텐데, 제겐 그런 부르심이 없습니다. 저는 법대에 들어가서 열심히 공부해 어려움에 처한 사람들을 변호하는 하나님의 일꾼이 되겠습니다. 그리고 열심히 목회하시는 목사님의 뒷바라지를 잘하는 훌륭한 장로가 되렵니다."라고 하는 것이다.

결국 아들은 법대 석사 과정을 하고, 현재는 꿈을 이루지 못하고 다른 길로 가고 있지만, 나의 기도는 아들의 말대로 목사님과 하나님의 교회를 훌륭하게 섬기면서 어려움에 처한 사람들을 위해서 일하는 훌륭한 장로가 되기를 기도하며 기대하고 있다.

내가 은퇴할 당시에 딸은 미국에서 살고 있었고, 아들은 결혼하여 김포지역에 살면서 본 교회에 출석을 했는데 은퇴 3년 정도 남겨두고 준비를 하고 있을 때 아들이 하는 말이 "아버지, 아버지께서 은퇴하시고 본 교회에 출석하지 않으시면 저도 교회를 떠나려고 합니다." 왜냐고 물으니 "후임 목사님께 신경을 쓰시게 해 드려서는 안 되지요"라고 한다. 사실 내가 은퇴 후에 본 교회 출석을 피한 이유는 전임자가 있으므로 후임자에게 미칠 영향을 생각해서였다. 사실 그런 케이스들을 주변에서 많이 보았기 때문이다.

내가 은퇴 후에 아들은 자기가 살고 있는 주변에 있는 교회에 나가 등록을 하여 열심히 봉사하고 있는데 며느리의 직장 발령으로 인해 2년간 떠났다가 다시 돌아온 것을 포함하여 10년간을 충성스럽게 봉사하니 감사할 따름이다.

며느리는 명문대 국어 국문학과 석사 과정을 마치고 임용고시를 하여 중학교 국어 교사로 봉직하고 있으며, 그 사이에서 태어난 손녀 [세아]는 건강하고 예쁘게 성장하여 2024년도에 중학교 2학년이 되는데 아빠의 사랑을 많이 받고 자라서인지 아빠의 키를 따라가는 것같이 훌쩍 자랐다. 요즈음 태권도에 재미를 붙여 열심히 운동하며 체력단련을 하고 있는데, 나는 항상 건강하게 자라서 많은 사람들에게 희망과 용기를 주는 크리스천 리더가 되게 해 달라고 기도한다. 그런데 얼마 전에 아들이 "세아가 정신과 의사가 되어 어려운 사람들을 돕고 싶다"라고 하는 이야기를 듣고 "주님의 뜻대로 이루어 주소서"라고 기도했다. 그러니까 세아는 우리 집의 6대 믿음의 후손이 된다.

"여호와께서는 너에게 복을 내리시고, 너를 지켜 주시고, 여호와께서 너에게 자비를 베푸시며, 너에게 은혜를 내려 주시기를 빈다. 여호와께서 너를 내려다보시고, 너에게 평화를 주시기를 빈다."(민수기 6장 24-26절)

아론의 축복 선언이다.

"하나님! 우리의 자녀들을 축복하여 주소서. 온전히 하나님의 자녀입니다."

7. 믿음의 뿌리를 찾아서

우리 가문의 믿음의 조상되시는 큰 증조할아버지의 존함은 족보상에는 박용헌(朴容憲)씨요, 본명은 박덕배(朴德培/1846년 9월 15일-1914년 4월 13일) 씨, 동생이신 우리 증조할아버지는 족보상에는 박용연(朴容連) 씨요 본명은 박덕삼(朴德三/1850년1월19일-1919년6월1일)이신데 이 두 형제분이 언더우드 선교사에게 전도를 받고 예수를 영접하여 송마리교회(1897년 11월 20일 창립)에 다니시면서 신앙생활을 하셨다는 것이다.

(1) 증조할아버지 형제분

명절날 아침 식사를 하고 나면 마음 설레면서 제일 먼저 찾아가는 곳이 있다. 바로 월곶면 소창굴 공동묘지에 안장되어 있는 증조할아버지 형제분의 묘소다. 그곳에 가면 두 분의 묘가 나란히 있는데 소년시절부터 어른들을 따라서 성묘를 다녔고 청년 시절에는 벌초를 위해 찾아가기도 했는데 관리를 제대로 하지 않아서 봉분이 나지막하게 되어 있다. 아마도 가난한 가정에서 제대로 관리를 하지 못했기 때문인 것 같다. 나는 그곳에 갈 때마다 우리 믿음의 조상을 주신 하나님께 감사한 마음으로 묘소 앞에서 기도했고 최선을 다해 관리를 했다.

우리 가문의 믿음의 조상되시는 큰 증조할아버지의 존함은 족보상에는 박용헌(朴容憲)씨요, 본명은 박덕배(朴德培/1846년 9월 15일-1914년 4월 13일) 씨, 동생이신 우리 증조할아버지는 족보상에는 박용연(朴容連)씨요 본명은 박덕삼(朴德三/1850년1월19일-1919년6월1일)이신데 이 두 형제분이 언더우드 선교사에게 전도를 받고 예수를 영접하여 송마리교회(1897년 11월 20일 창립)에 다니시면서 신앙생활을 하셨다는 것이다.

내가 어렸을 때 열심히 예배당에 다니며 성경 암송하는 것을 보시던 80이 넘으신 증조할머니(1871년 7월 12일-1963년 1월 14일)께서 하시는 말씀이 "너희 증조할아버지 두 분은 겸상해서 식사를 하시다가 저 언덕길에 누가 지나간다고 하면 누가 먼저 전도할 것이냐 하면서 수저를 놓고 달려 나가서 전도를 하셨단다"라는 말씀을 하셨다. 또 동네 연세 많으신 할머니 한 분은 말씀하시기를 "언더우드 선교사께서 말을 타고 김포지방에 전도하러 오시면 같이 뒤좇아 다니면서 전도지를 나눠주면서 전도하셨다"라고 말씀해 주셨다.

그렇게 시작된 우리 가문의 신앙은 할아버지 대에서 신앙이 희미해졌다가 아버지 대에서는 아주 끊어지고 말았다. 그럴 수밖에 없었다고 생각되는 것이 초대 신앙인들의 열정은 십 리 밖의 먼 거리의 교회에라도 다닐 수 있었겠지만 그 후대들은 어려서부터 먼 곳에 있는 교회에 다니기가 어려웠을 것이고 더구나 외정시대와 6.25 사변 등의 격변기에 힘들게 농사일을 하면서 십 리 밖의 교회를 나간다는 것이 여간 힘든 일이 아니었을 것이다. 김포읍 교회가 1894년도에, 그리고 송마리교회가 1897년도에, 그리고 누산교회가 1904년도에 설립되었는데 이 교회들이 우리 마을에서 십 리가 넘는 곳에 있었다. 그러므로 교통수단이 좋지 않던 농경시대에 그 먼 교회에 제대로 출석하는 일이 힘들었을 것이라고 생각이 된다. 그러다가 6.25 사변 후에 서암교회(1954년 3월 7일 창립)가 세워지면서 우리 가정은 다시 교회에 출석하게 된 것이다.

(2) 다시 점화된 신앙의 불꽃

내 증조할아버지 형제분께서 열심히 신앙생활 하실 때 우리 할아버지 박선원(朴善遠. 1899년 7월 10일-1962년 6월 30일)께서는 송마리교회의 개척자인 김범현 안수집사(1916년 12월 26일 집사피선/송마리교회 당회록)의 장녀 김선애(金善愛. 1899년 5월 25일-1976년 10월 14일)와 당시 교회에서 담임목사의 주례로 결혼식을 했다는 이야기를 전해 들었다.

내 할아버지께서는 해방 이후 한문선생으로 마을의 젊은이들을 가르치기도 하였으며 박 씨 문중의 족보를 정리하며 관리하셨고 6.25 사변 즈음에는 구장(지금의 이장)을 보면서 마을 일을 맡아하셨다. 6,25 당시 북한군이 후퇴하면서 우리 집을 불사르겠다며 으름장 놓는 것을 두려운 마음으로 지켜보던 일이 지금도 생생하다.

6.25 사변 이후 할아버지는 사업을 하신다며 외부로 다니시면서 외도하셔서 4남 2녀의 장남인 우리 아버지께서는 가난을 물려받아 우리 가정을 힘들게 이끌어가야만 했다. 그러던 중 6.25 사변 후에 세워진 서암교회에 처음에는 할머니와 막내 삼촌께서 나가시게 되었고 나는 주일학교 교사인 삼촌을 따라서 주일학교에 다니면서 동생들과 동네 친구들을 전도하며 주일학교에 열심히 다녔다.

(3) 부모님 전도

그렇게 신앙을 이어갔지만 나의 아버지와 어머니는 신앙생활을 하지 않았다. 그 후 내가 군에 입대하면서 부모님을 전도해야 되겠다는 결심을 하고 기도하던 중 매 주일마다 부모님께 편지를 썼다. 편지의 내용은 주로 "훈련이 너무 고달픈데 아버지, 어머니께서 교회에 나가셔서 기도해 주시면 잘 감당할 수 있을 것 같습니다."였다. 맏아들의 간절한 기도가 응답되어 몇 달 후에 동생에게서 반가운 편지가 왔다. 아버지 어머니께서 교회에 등록하셨다고… 그 소식을 들은 나는 성경 찬송 두 벌을 사서 소포로 보내드렸고 그다음 휴가 때 나가서 부모님과 함께 나란히 앉아 예배를 드릴 때의 감격은 지금도 잊을 수가 없다. 그러나 아버지께서는 몸이 아프셔서 주일을 제대로 지키지 못하셨고 어머니는 집사가 되었으며 후에 시무 권사로 임직하여 사역하시다가 부천으로 이사를 하신 후에도 얼마 동안 서암교회에 출석하시다가 내가 시무하는 김포중앙교회로 나오시게 되었는데 내가 은퇴 후 고향 동리로 이사를 오면서 다시 서암교회로 출석하셨다.

(4) 믿음의 뿌리를 간직하여

내가 회갑이 되던 2004년 추석날 증조할아버지 묘소에 성묘를 가니 광고문 말뚝이 박혀 있는 게 아닌가! 그 내용을 보니 김포시의 계획에 따라 이곳을 개발하려고 하니 묘지를 옮기라는 내용이다. 그래서 시청에 알아보니 한 주 안에 옮기면 납골당 설치비용을 시에서 보조해 주겠다는 것이다. 그래서 나는 숙부님들과 의논하여 급하게 서둘러 김포시에서 조성한 양택리에 납골당을 만들게 되었고 그 납골당에 제일 먼저 우리 가문의 믿음의 조상이신 증조할아버지 두 분의 유골을 안치하게 되었다.

그 후에 당숙모를 비롯해서 몇 분의 유골을 안치하면서 앞으로 이곳이 비좁을 것 같다며 막내 삼촌께서 사비로 강화 파라다이스 추모공원에 납골당 하나를 더 마련하여 2017년 7월 11일 선산에 있던 11기의 유골 모두를 화장하여, 큰할아버지 직계는 양택리 공원묘지에 두고, 우리 직계는 강화 파라다이스로 옮기는 과정에 당숙과 6촌들과 의논하여 우리 가정의 믿음의 조상이신 큰 증조할아버지 유골을 강화납골당에 모시게 되었다. 사실은 믿음의 조상 두 형제분을 모두 모시고 싶었지만 큰댁에서 서운해할 것 같아 그리했는데 잘한 것 같다.

새로 마련한 강화 파라다이스 추모공원(송해면 하도리 208-7/나2단 77열26번)에 증조부(德培), 조부(善遠), 조모(金善愛), 아버지(天喜), 어머니(金壽女), 숙부(英喜.商鎬.), 숙모(劉仁鉉.裵銀順), 사촌동생(南濬), 동생(基濬)이 안치되었다.

그렇게 신앙을 이어 오면서 현재 증조할아버지 후손으로 목사 2명(박영준, 동생 박대준), 장로 2명(막내 삼촌 박상구, 동생 박동준), 안수집사 1명(매제 김영필, 권사 7명(어머니 김수여, 막내 숙모 하용자, 큰고모 박영순, 작은 고모 박영애, 제수 김경자, 누이동생 박경숙, 박은숙)과 다수의 집사가 하나님의 교회를 섬기는 사역자들이 되었고 조카(박승영)가 장로회신대학을 졸업하여 목회하는 중이며, 대준 동생의 딸 찬미가 감리교 목사와 결혼하여 사모로 사역 중이다.

나의 아들이 2023년 11월 12일에 고촌중앙교회에서 안수집사로 임직하였으니 하나님께 감사드리며 거룩한 교회에 신실하고 충성된 일꾼이 되기를 하나님께 기도드린다.

아들 집사안수

8. 어머니를 천국으로 보내드리며

그렇게도 꽃을 좋아하시던 어머니, 코로나19 사태가 지나고 우리 집 담장에 장미꽃이 만발한 5월 하순 늦은 봄날, 97세를 일기로 하나님 나라에 입성하셨다.

2023년 5월 20일 밤 9시경 어머니께서 계시는 요양원에서 전화가 왔다. 어머니께서 호흡이 좋지 않아 병원 응급실로 가야 되겠어서 119를 불렀으니 다시 연락을 하는 대로 병원으로 오라는 것이다. 준비하고 있는데 고려병원 응급실로 출발했다고 연락이 왔다. 기도하며 부지런히 병원 응급실에 도착하니 응급차로 오시면서 계속 응급조치를 했고, 병원에 도착해서도 계속하고 있다기에 상태가 어떠냐고 의사에게 물으니 좋지 않은 상황이라고 하기에 최선을 다해 달라고 부탁을 하고, 동생들에게 전화로 현재의 상황을 통화하는 사이에 결국은 하나님께 부름 받아 가셨으니 그때가 밤 10시 12분경이었다.

2015년 6월에 노인들이 살기에 편안하게 건축한 주택에 입주하여 어머니를 모시고 살던 중, 2년 전에 아내가 허리가 아파서 병원에 입원을 하면서 이천에 살고 있는 동생이 2년만이라도 모시겠다며 어머니를 모시고 가서 잘 계셨는데 얼마 전부터 대소변을 가리지 못하는 상황이 오니 동생도 모시기 힘들다고 하여 형제들과 의논하여 대소변 문제가 해결될 때까지만이라도 우리 집 근처에 있는 요양원에 모시자고 하여 모시게 되었는데 결국은 2개월 만에 하나님 나라에 부름받아 가신 것이다.

그렇게도 꽃을 좋아하시던 어머니, 코로나19 사태가 지나고 우리 집 담장에 장미꽃이 만발한 5월 하순 늦은 봄날. 97세를 일기로 하나님 나라에 입성하셨다.

내가 26살 되던 해 신학교에 간다며 가출하면서 어머니에게 목회자가 되더라도 최선을 다하여 부모님을 섬기겠다며 다짐하고 나갔고, 결혼하여 목회하면서 아내와 함께 '어머니께서 세상 떠나신 후에 후회가 없도록 최선을 다 해 홀로 계신 어머니를 섬기자'고 했지만 어머니의 마음에는 차지도 못했을 것이다.

신학교에 가기 전에 열심히 일하던 나에게 아버지께서 토지를 사시면서 맏아들인 내 이름으로 등기를 해 주셨으나 내가 가출한 후 아버지께서 세상을 떠나시고, 7남매 모두 결혼한 후에 연세가 많으신 어머니께서 더 이상 농촌에 살고 싶지 않다고 하셔서 내 명의로 된 밭을 팔아서 부천에 작은 연립주택을 마련하여 손자 둘과 함께 사시도록 해 드렸으니, 그때가 내가 일산신광교회에 시무하던 때였다.

그동안 주택을 구입하고 남은 돈에 보태어 매월 어머니 생활비를 해 드렸다. 동생들도 모두 힘들게 사는데 저들에게 신경이 쓰이지 않도록 우리는 최선을 다했다. 어머니와 함께 있는 조카들이 점점 커 가면서 생활비와 교육비도 많이 들었고, 우리에게도 두 남매가 같이 성장하고 있어 경제적으로 버거웠지만, 아내는 말없이 최선을 다해 주어서 고마웠다.

아내의 경기도지사상 표창

대한 노인회 김포시지회에서는 아내가 정성을 다해 어머니를 섬긴다는 사실을 알고 경기도에 상신하여 2022년도 어버이날 5월 8일에 경기도지사에게서 표창장을 받게 해 주셨으니 아내에게 많은 위로가 되었으리라고 생각이 된다.

장례 절차는, 5월 20일(토) 밤, 후배가 경영하는 마송장례식장에 영안실이 준비되었고 다음날이 주일이어서 23일(화)에 김포중앙교회 담임목사의 집례로 천국 환송예배를 드렸으며, 많은 조문객들이 찾아와 우리 형제자매들을 위로해 주어 감사했으니, 우리 형제들이 주 안에서 잘 살았기에 이럴 수 있었겠다 싶어 동생들을 격려하기도 했다.

9시에 발인하여 부평 승화원을 거쳐 강화 파라다이스 공원에 준비된 납골묘지에 안장하고 마지막 기도하면서 "하늘에서 우리를 지켜보실 어머니께서 보시기에 부끄럽지 않도록 형제자매의 우애를 지키면서 살자"라고 격려했고, 그동안 함께한 조카들에게 용돈을 주면서 위로하고 돌아왔다.

어머니 천국환송

후기

아니,
왜 그러세요?

2023년 3월 23일 오후 3시30분. 혈압약과 당뇨약을 받기 위하여 정기적으로 진료하는 날, 우리병원 내분비내과 박상미 과장께서 내 차드를 보면서 고개를 갸우뚱 하며 “짜증이 나네요.”라고 한다. 왜냐고 물으니 “혈압 당뇨 고지혈 모두가 아주 정상인데 왜 백혈구가 매번 떨어지고 있네요.”라고 한다. 그러면서 아직은 위험 단계는 아니니 다음 검사 때까지 좀 더 기다려 보자고 한다.

그 후, 9월 21일 오전 10시, 예약된 시간에 검사결과를 보러 내분비내과로 갔더니 박과장께서 정색을 하고 말한다. “감염에 위험이 있으니 앞으로 마스크를 꼭 쓰시고 특별히 많은 사람들이 모이는 곳에 가시는 일은 삼가십시오.”라고 하며 대학병원의 혈액종양과에 가서 검사를 받아 보는 것이 좋겠다고 한다. 병실을 나와 김 본부장을 만나 이 사실을 이야기하니 우리 병원에도 혈액종양과가 생겼으니 우선 진료를 받아보자고 하여 안내를 받아 찾아갔더니 다시 정밀검사를 해 보자고 하여 채혈을 하고 한 주 후에 결과를 보기로 하고 진료실에서 나왔다.

그런데 턱뼈 관절에 이상이 생겨 입을 벌릴 때나 음식을 씹을 때 소리가 나며 아프기도 하다. 웬일일까? 할 즈음에, 하루는 아침에 세수를 하고 거울을 보는데 왼쪽 귀젖 부분이 다르다는 생각이 들어 손으로 만져보니 귀젖 밑에 도토리 알만한 혹이 있다. 손으로 만져 보아도 아무런 통증이 없어 대수롭지 않게 생각하다가 동네 이비인후과에 갈 일이 있어 의사에게 보여 주었더니 "아마도 볼거리 종류인 것 같으니 약을 복용해 보시지요."라며 한 주간치 약 처방을 받아 3일간 약을 복용했지만 아무런 반응이 없어 좀 불안한 생각이 들어 종합병원 이비인후과에 가서 CT를 찍고 한 주 후에 결과를 보러 가니 과장께서 "사모님은 안 오셨나요?"라고 묻는다. 거북한 예감이 들었다. 혼자 왔다고 하니 약간 주저하다가 "목사님이시죠? 그럼 아시는 의사도 있으실 것이니 소견서와 CT자료를 드릴 테니 큰 병원에 가셔서 수술을 받으십시오. 우리 병원에서는 좀 힘이 들겠습니다."라고 한다. 불안한 마음으로 소견서를 받아 가지고 장문외과 김주현 원장에게로 가서 자료를 보여 주었더니 모든 것을 점검해 보고는 "이것은 암이 분명합니다. 기도하셔야겠습니다. 암이 아니라면 제가 돌팔이 의사입니다." 나는 순간적으로 당황해하면서도 "그래요? 하나님께서 하시는 일에 순종을 해야죠."라고 했으나 불안한 마음을 감출 수는 없었다. 김원장은 즉시 컴퓨터를 뒤지더니 전화를 한다. "선배님, 그 병원에 침샘 전문 의사님이 계시지요? 연락처를 알려 주십시오. 우리 교회 목사님께서 침샘에 문제가 있어 진료를 받으셔야 되겠습니다."라고 한다. 이화여자대학교 서울병원이라고 한다. 그 선배께서 하는 말이 "여기에서 진료를 하다가 집이 목동병원 근처라서 지금은 그곳에서 진료를 하시니 그곳으로 전화를 해 보라"며 연락처를 알려 주어 즉시 통화가 되어 다음날 11월 3일 아침 8시로 예약을 했다.

병원을 나오기 전, 전에는 항상 내가 기도를 했으나 오늘은 "김원장님께서 기도해 주십시오."했더니 즉시 병원 바닥에 무릎을 꿇고 아주 조용하고 간절하게 기도를 드린다. 내 마음속으로 눈물이 난다. 하나님께서 하시는 일에 순종을 하겠다고 했지만 앞으로 일어날 일들을 생각하니 왠지 간절한 마음으로 하나님을 바라보게 된다. 후에 김원장에게 "어떻게 한 마디로 암이라고 장담을 했느냐?"라고 물으니 "그렇게 하지 않으면 목사님께서 볼거리 정도로 생각하고 미루시지 않을까 해서 단호하게 그렇게 말한 것입니다."라고 한다.

다음날 아침 일찍 이대목동병원 207호실 이비인후과 김한수 교수를 만나 상담을 하니 조직검사와 MRI 검사를 해보자고 하여 예약하고 검사를 한 결과 "악성 종양은 아닌 것 같지만 그래도 정확한 것은 절개를 해 보아야겠습니다."라고 하여 11월 27일(월요일) 입원하여 28일에 수술을 하기로 예약을 했다. 김교수께서는 수술할 위치가 아주 복잡한 부분이라며 안면근육 임파선이 지나는 곳이고 혹시나 뒤쪽으로는 뇌로 가는 신경도 있으니 잘못하면 안면 마비나 뇌에 손상이 갈 수도 있는 위험한 수술이라고 한다.

하루는 출근한 아들에게 전화를 해서 "오늘 내가 회사 근처에 갈 일이 있으니 점심식사시간에 시간이 되면 같이 식사할 수 있겠느냐?"라고 물으니 선약이 있다고 하여 만나지 못했고, 며칠 후에 만날 기회가 있어 혹시 마지막 일지도 모른다는 생각으로 내가 없을지라도 아들이 알아야 할 일들 몇 가지를 이야기해 주었다. 어쩌면 유언일지도 모른다는 생각을 하면서…

그동안 병원에 검사하러 다니는 일을 딸에게는 이야기를 하고 기도하라고 했으나 아들에게는 연말이어서 회사일도 힘들 것이니 미리 알리지 말자고 했는데 수술 일정을 잡고 나오면서 아들에게 전화해 사실 이야기를 했더니, "왜 이제야 말씀하세요?"라며 내 이야기를 다 듣고는 전화를 끊었는데 다음 날 전화를 해 와 "친구 의사와 상담을 해 보니 침샘에 관한 전문의가 삼성병원에 한 분이 있고 또 한 분은 이대병원 김한수 교수라고 하니 안심하고 수술을 받으세요. 그리고 병원비 걱정 마시고 상처가 다 아물 때까지 입원해 계시다가 퇴원하세요."라고 한다. 김교수께서는 수술 후 3일 후에 퇴원하라고 했었다. 자녀들이 있어서 든든하다는 생각이 들었다.

입원 전날 주일에는 김포성전에서 70교회 예배 인도를 내가 하며 설교를 하게 되어 준비를 하면서 '어쩌면 이번 설교가 내 일생의 마지막 설교일지도 모르겠구나.'하는 생각을 하며 준비를 했고, 설교하면서도 그런 상황을 이야기했더니 모든 예배자들이 숙연해지기도 했다.

입원하는 날, 11월 27일(월) 12시에 압구정동 투뿔 식당에서 원로목사회 임원회가 있어 참석하여 식사 후 "오늘 오후에 수술 일정이 잡혀 차는 마시지 못하고 일어나겠습니다."라고 했더니 곽선희 목사님께서 내 무릎에 손을 얹고 기도를 하신다. 감사드리며 곧바로 나와 고촌 아들 집에서 기다리고 있는 아내와 자녀들을 만나 아들 자동차로 병원으로 향했고 딸은 사위와 자기들 차로 뒷 따라와 아들이 입원수속을 다 하여 나와 아내는 병실로 들어갔고 자녀들은 내일 수술시간에 다시 오기로 하고 집으로 돌아갔다.

다음 날 오후 1시에 수술 일정이 잡혀 입원실에서 대기 중인데 12시에 수술실에서 이동식 베드를 가지고 와서 나를 태우고 수술로 간다. 아내는 자녀들에게 지금 수술실로 이동한다고 전화를 한다. 도착하자마자 수술실로 들어가니 직원들이 분주히 수술 준비를 하더니 잠시 후 집도할 김한수 교수가 들어와 내게 "편안하시지요?"라고 하며 누워 있는 나를 툭 치고는 나간다. 잠시 후 간호사가 "곧 마취에 들어가니 심호흡을 하세요."라고 하기에 몇 번 심호흡을 하던 중 잠들고 말았다.

약 4시간이나 되는 장시간을 대기실에서 기다리던 아내가 "여보"하기에 눈을 떠 보니 아내가 보였고, "아버지 수고 하셨어요."라고 하기에 쳐다보니 아들과 딸이 보이고는 다시 잠들었다가 "옆 침대로 옮겨 누우세요."라는 소리에 눈을 뜨고 내 병실 베드에 눕게 되었다.

그렇게 해서 12월 5일까지 입원생활을 했고 수술 다음 날부터 새벽 4시에 일어나 제자리에 서서 발뒤꿈치 들기 운동을 했다. 병원에 입원해 있으면 다리 근육이 빠질 수밖에 없는데 나는 목 부분을 수술했으니 팔과 다리는 아무 이상이 없어 식사를 하고 나면 일어나서 고통을 견디며 운동을 했다. 3일간은 통증이 심해 입원실 안 복도를 걸었고, 그 후에는 병원 밖으로는 나갈 수 없으니 넓은 병원 전체 복도를 한 두 바퀴씩 걸어 하루에 5 천

보는 걸었다.

그러면서 많은 생각을 했다. 은퇴 후에 어머니와 장모님을 모시고 어린 손녀까지 돌보면서 생활을 했고, 장모님은 6개월 정도 모시다가 처제에게 보내 드렸으나 그 후에도 아내의 몸이 마르는 것을 보면서 '혹시나 병이라도 나면 어쩌나!' 하는 생각을 했는데 다행히도 몸에 아무런 이상이 없었는데 차라리 지금 내가 이 정도의 병원 치료는 감사한 일이라는 생각이 들었다. 그리고 지난날 목회할 때는 내 몸의 질병으로 인해 목회에 지장이 없다가 은퇴 후에라니 얼마나 다행한 일인가. 모든 것이 하나님의 은혜라고 생각하며 하나님께 감사를 드렸다.

금년 들어서 왠지 내 삶을 정리해야 되겠구나 하는 생각이 들어, 10년 가까이부터 준비해 왔던 회고록도 마무리하여 출판사에 넘겼고, 지난 5월에는 요양원에 모셨던 어머니께서 하나님께 부르심을 받아 가셨기에 앞으로는 큰 부담 없이 지낼 수 있겠다는 생각을 하였는데 이렇게 생각지도 못한 일로 수술을 하고 보니 많은 것들을 생각하게 된다.

내가 젊었을 때 병드신 아버지와 그 힘든 농사일을 어머니께 맡기고 나는 하나님께 부름을 받았다며 가출했던 일, 나 나름대로 최선을 다 한다며 열심히 목회했지만 혹시나 성도들의 마음에 상처를 준 일들도 있었을 텐데... 하는 생각들.

그렇게 입원생활을 하면서 의사의 '악성종양은 아닌 것 같다'는 말에 안심하고 지냈던 것 같다. 그래서 가벼운 마음으로 쉰다는 생각을 하며 지냈다. 내가 수술을 위해 입원한다는 소식을 들은 김포중앙교회 권사회를 비롯해서 성도들이 새벽기도회 시간에 담임목사님의 인도로 통성기도를 했다는 소식을 듣고 마음에 큰 위안이 되었으며, 정재화 담임목사님과 장로님들께서 병문안을 와서 감사했다.

12월 5일. 입원 9일 만에 퇴원하는 날, 아들이 일찍 와서 짐을 챙겼고 딸은 집으로 와서 그동안 비워두었던 집안 청소를 하고 기다렸다. 퇴원 정산 처리가 다 되었다는 원무과의 연락을 받고 이비인후과 진료실로 가니 의사의 설명이 "절개 후 조직 검사 의뢰한 결과가 오늘 나왔는데 침샘 암입니다. 초기이기 때문에 깨끗하게 수술되었으니 항암 치료는 할 일이 없으니 정기적으로 검사를 받으면서 관리하시면 되겠습니다."라고 한다. 암이라는 의사의 말에 뒤통수 한 방 맞은 것 같은 느낌이 들었으나 입원 전에 김주현 원장에게 들은 말이 있으니 크게 두려움은 없었다. "앞으로 어떻게 치료를 받아야 하나요?"라고 물으니 "병원의 지시대로 정기적으로 검사만 잘 받으면 됩니다."라고 하기에 "혹시 전이나 재발 염려는 없나요?"라고 하니 "글쎄요. 십 년 후에 다시 재발할지 모르지요?"라고 하면서 아무 염려 말고 지내라고 하는 말을 들으며 진료실을 나왔고 아들이 퇴원정산을 무두 마쳤기에 아들 차를 타고 집으로 돌아왔다.

병실의 좁은 간이침대가 내 몸에 딱 맞는다며 내 옆에서 9일 동안 나를 간호한 아내가 고맙기만 하다.

퇴원하고 한 주 후에 CT 촬영을 하러 병원에 갔던 길에 혈액종양내과에서 채혈과 소변을 받아 제출하고 두 주 후에 결과를 보러 갔더니 "모든 부분이 정상인데 백혈구만 오르내리고 있는 상황이니 위험하지는 않으니 크게 염려하지 않아도 됩니다."라고 하는 의사의 말을 듣고 집으로 돌아왔다.

'이렇게 일생 중에 한 획을 그으면서 늙어가는 것이로구나!' 하는 생각이 든다. 그동안 나의 신체 연령이 67세라고 했는데 앞으로는 내 나이대로 80세로 껑충 뛸 것이다. 의사의 말이 "앞으로는 '나는 환자다'라는 생각을 하며 행동하십시오."라고 한다.

"하나님 아버지! 지금까지 인도해 주신 은혜를 감사를 드립니다. 앞으로 제게 남은 세월이 얼마가 되든지 하나님의 영광이 되며 살 수 있도록 지혜와 능력을 주세요. 아멘."

손경민 목사의 '은혜'라는 찬양이 지나온 나의 모든 삶을 말해 주는 것 같다.

> 내가 누려왔던 모든 것들이, 내가 지나왔던 모든 시간이,
> 내가 걸어왔던 모든 순간이, 당연한 것 아니라 은혜였소.

아침 해가 뜨고 저녁의 노을, 봄의 꽃향기와 가을의 열매,
변하는 계절의 모든 순간이, 당연한 것 아니라 은혜였소.
모든 것이 은혜 은혜 은혜 한없는 은혜
내 삶에 당연한 것 하나도 없었던 것을
모든 것이 은혜 은혜였소.

아멘!

"나는 네가 그렇게 될 줄 알았다"

초판인쇄일 _ 2024년 2월 20일
초판발행일 _ 2024년 2월 20일

펴낸이 _ 임경묵
펴낸곳 _ 도서출판 다바르

주소 _ 인천 서구 건지로 242, A동 401호(가좌동)
전화 _ 032) 574-8291

지은이 _ 박영준 목사

기획 및 편집 _ 장원문화인쇄
인쇄 _ 장원문화인쇄

ISBN 979-11-93435-04-5 (03230)